학습 이론과 실제

권대훈 저

Learning: Theory and Practice

학지사

머리말

Man's power to change himself, that is, to learn, is perhaps the most impressive thing about him. (Thorndike, 1931)

교육의 본질은 학습을 도와주는 활동이다. 교육이 학습을 도와주는 본연의 역할을 제대로 수행하려면 학습에 관한 체계적인 지식을 갖추어야 한다. 학습이론은 학습을 과학적으로 탐구하여 교육에서 학습을 촉진하는 방안(교육목표를 설정하고 교육과정을 구성하며 수업을 설계·실행하고 수업효과를 평가하는 지침 등)을 제시한다. 학습에 관한 탐구는 심리학이 학문으로 정립된 후 괄목하게 발전하면서 오늘에 이르고 있다.

이 책은 교육과 관련된 학습이론을 포괄하기 위해 13개 장으로 구성하였다. 각 장의 내용은 개략적으로 다음과 같다.

제1장 학습의 성격에서는 학습의 개념을 소개하고 학습이론의 철학적 근원, 고전적 학습이론, 학습이론의 쟁점 및 적용, 학습자 모형을 다루었다. 제2장 학습의 신경생리학적 기반에서는 뇌의 구조와 기능, 뉴런과 시냅스 및 신경전달물질, 뇌의 발달, 뇌 연구의 교육적 함의를 서술했다.

행동주의는 두 장으로 나누어 제3장에서는 고전적 조건형성, Watson의 행동주의, 근접이론, 결합설(도구적 조건형성)을 소개했고, 제4장은 행동주의를 대표하는 Skinner의 조작적 조건형성이론의 기본원리, 주요 개념, 교육적 적용을 다루었다. 제5장 사회인지이론에서는 모델링, 동기적 과정, 상호적 교수와 인지적 행동수정, 교육적 함의를 서술했다.

제6장은 인지심리학을 대표하는 정보처리이론을 기억의 단계, 인지과정, 망각, 정보처리이론의 대안모형, 정보처리이론의 교육적 함의로 나누어 서술했다. 제7장에서는 메타인지와 주요 학습전략을 소개했다. 제8장에서는 인지심리학에 기반을 둔 교수이론인 발견학습, 유의미수용학습, Gagné의 교수이론을 소개했다.

제9장 구성주의에서는 구성주의의 관점, 구성주의의 지식 및 교육에 대한 견해, 객관주의와 구성주의의 비교, 구성주의 교육, 구성주의의 딜레마를 다루었다. 제10장은 인지적 구성주의의 토대를 제공한 Piaget의 인지발달이론을 인지발달 기제, 인지발달 단계, 교육적 함의로 나누어 서술했으며, 제11장은 사회적 구성주의의 토대를 제공한 Vygotsky의 사회문화이론을 소개했다.

제12장은 학습동기를 설명하는 다양한 이론을 소개했고, 제13장은 학습동기를 유발할 때 특별히 고려해야 할 사항들을 서술했다.

인간은 학습을 통해 자신을 근본적으로 변화시킬 수 있다. 세상은 예측할 수 없을 정도로 빠른 속도로 변하고 있다. 급변하는 세상에 적응하고 번성하려면 학습을 통해 사회가 요구하는 역량을 갖출 필요가 있다. 이 책을 읽는 독자들이 학습에 관한 긍정적 신념을 형성하고 학습을 통해 자신을 획기적으로 업그레이드하여 원하는 삶을 살아가기를 바란다.

학습이론을 포괄적으로 다룬 이 책이, 미흡한 점이 적지 않지만, 교육학을 전공하는 학생은 물론 교육계에 종사하는 분들이 학습을 이해하기 위해 참고할 수 있는 도서로 활용되기를 기대한다.

마지막으로 이 책을 쓰는 과정에서 원고를 검토해 준 권구경, 권순형, 김현정, 오다영, 장은수 선생, 그리고 이 책을 출판해 주신 학지사의 김진환 사장님과 박나리 님을 비롯한 관계자 여러분께 진심으로 감사드린다.

2024년
저자 권대훈

차례

제 **1** 장

학습의 성격

교육(특히 학교 교육)의 본질은 학습을 도와주는 활동이므로 학습은 교육의 존립 근거를 제공한다. 학습이 가능하지 않으면 교육은 존재할 필요가 없다. 교육과 관련이 있는 모든 사람, 활동, 조직은 학습과 관련된다. 학습의 관점에서 학생은 학습의 주체(즉, 학습자)로 교육이 표적으로 하는 대상이고, 교사(교육자)는 학생들의 학습을 지원하는 역할을 하는 사람이다. 또 수업이나 교수는 의도적으로 학생들의 학습을 지원하는 활동이고, 평가는 학습 여부를 확인하고 판단하는 활동이며, 학급과 학교는 학습을 뒷받침하는 조직이다. 따라서 교육이 본연의 역할을 하려면 학습이 무엇이고 학습이 어떤 과정을 통해 일어나며 어떤 요인들이 학습에 영향을 주는지 이해할 필요가 있다. 학습이론은 학습을 과학적으로 탐구하여 교육활동을 하는 데 필요한 기초지식을 제공한다.

학습이론(특히 교육과 관련된 학습이론)을 살펴보기 전에 이 장에서는 먼저 ① 학습의 의미, ② 학습이론의 철학적 근원, ③ 고전적 학습이론, ④ 학습이론의 쟁점 및 적용, ⑤ 학습자 모형을 소개한다.

1. 학습의 의미

인간은 학습을 통해 수많은 지식, 기능, 태도, 신념, 행동을 획득한다. 아무리 유전자가 우수하더라도 학습하지 않으면, 선천적으로 타고난 일부를 제외하면, 알거나 할 수 있는 것은 거의 없을 것이다. 이 절에서는 학습의 개념, 그리고 학습의 유형 및 의의를 살펴본다.

1) 학습의 개념

학습(learning)은 경험을 통해 행동잠재력(예: 지식, 신념, 태도 등)이 변화되는 과정을 뜻한다. 학습을 공부와 동일시하는 사람들이 있지만, 학습은 공부보다 훨씬 더 넓은 개념이다. 우리가 알고 할 수 있는 것은 대부분 학습의 소산(所産)이다. 구구단을 외우고, 말을 하며, 글을 읽고 쓰고, 중력의 원리를 이해하며, 젓가락으로 음식을 먹고, 휴대폰으로 문자메시지를 보내는 것 모두 학습한 것이다. 학습의 개념을 더 구체적으로 살펴보면 다음과 같다.

첫째, 행동잠재력은 후천적인 경험으로 인해 변화해야 한다. 행동잠재력의 변화 원인은 선천적 요인과 후천적 요인으로 나눌 수 있는데, 학습은 후천적인 경험(연습, 관찰 등)으로 일어나는 행동잠재력의 변화를 가리킨다. 선천적인 요인에 의한 변화, 즉 **성숙**(maturation)은 학습으로 간주하지 않는다.

둘째, 학습을 통한 행동잠재력의 변화는 상당 기간 지속해야 한다. 따라서 행동잠재력의 일시적인 변화(예: 약물, 질병, 피로, 알코올이 유발한 일시적인 변화)는 학습으로 간주하지 않는다. 약물, 질병, 피로, 알코올이 유발한 변화는 그 요인들을 제거할 때 원래 상태로 되돌아가므로 일시적이다.

셋째, 학습은 수행과 다르다. 학습은 행동잠재력의 변화를, **수행**(performance)은 행동잠재력을 관찰할 수 있는 행동으로 나타내는 것을 뜻한다(단, 학습을 행동이 변화되는 과정으로 정의하는 행동주의는 학습을 수행과 동일시한다). 예컨대, 중력의 정의를 기억하는 것은 학습이고, 중력의 정의를 말하거나 글로 쓰는 것은 수행이다. 따라서 학습으로 행동잠재력이 변화되어도 수행할 수도 있고, 수행하지 않을 수도 있다. 행동잠재력의 변화는 직접 관찰할 수 없으므로 행동을 관찰하여 추론해야 한다. 그래서 행동은 행동잠재력의 변화를 추론할 수 있는 창문에 비유된다. 행동잠재력의 변화를 추론할 수 있는 구체적인 행동은 다음과 같다(Ormrod, 2020).

- 새로운 행동을 한다(예: 처음으로 구구단을 외운다).
- 기존 행동의 빈도가 변화된다(예: 친구에게 더 자주 인사한다).
- 기존 행동의 속도가 변화된다(예: 구구단을 더 빨리 외운다).
- 기존 행동의 강도가 변화된다(예: 좋은 성적을 받기 위해 더 열심히 공부한다).
- 기존 행동보다 더 정교하고 복잡한 행동을 한다(예: 특정 주제에 관해 더 심층적인 글을 쓴다).
- 특정 상황(자극)에서 과거와 다른 행동을 한다(예: 개를 피하던 아이가 개를 쓰다듬는다).

넷째, 학습은 행동잠재력의 긍정적 변화와 부정적 변화를 포괄하지만, 교육에서 학습은 긍정적 변화만 학습으로 간주한다. 행동잠재력은 긍정적으로 변화될 수도 있고, 부정적으로 변화될 수도 있다. 구구단이나 영어단어를 기억하는 것은 긍정적으로 변화된 것이고, 욕설이나 폭력 행동을 학습한 것은 부정적으로 변화된 것이다. 교육에서 긍정적 변화만 학습으로 간주하는 것은 교육이 바람직한 변화를 추구하는 가치지향적인 활동이기 때문이다.

2) 학습의 유형

학습은 학습자, 학습내용, 학습목표, 학습상황 등에 따라 달라지는 복잡한 과정이므로 구체적인 학습의 유형은 열거할 수 없을 정도로 다양하다. 학습의 유형은 행동이나 행동잠재력을 변화시키려는 의도를 기준으로 의도적 학습과 우연적 학습으로 구분할 수 있다.

의도적 학습(intentional learning)은 행동잠재력을 변화시키려는 의도가 있는 상황에서 일어나는 학습을 가리킨다. 학교학습은 학습자의 지식, 기능, 태도를 계획적으로 변화시키려는 의도적 학습이다. 의도적 학습을 형식적 학습(formal learning)이라고도 한다. 학교학습의 구체적인 유형은 변화시키려고 의도하는 목표를 기준으로 지식이나 사고를 변화시키려는 **인지적 학습**(cognitive learning), 태도나 정서를 변화시키려는 **정의적 학습**(affective learning), 신체 동작과 기능을 변화시키려는 **심동적 학습**(psychomotor learning)으로 나눌 수 있다. 국어, 과학, 수학과 같은 교과에서 용어, 개념, 법칙, 이론을 학습하는 것은 인지적 학습이고, 태도나 가치를 학습하는 것은 정의적 학습이며, 발음이나 악기연주와 같은 기능을 학습하는 것은 심동적 학습이다.

우연적 학습(incidental learning)은 뚜렷한 의도가 없이 어떤 것을 경험하는 과정에서 행동잠재력이 부수적으로 변화되는 과정으로 내재적 학습과 비형식적 학습으로 나뉜다. 내재적 학습(implicit learning, 암묵적 학습)은 당사자가 의식하지 못한 상태에서 일어나는 행동잠재력의 변화를 말한다. 어린아이가 말을 배우는 과정은 내재적 학습이다. 비형식적 학습(informal learning)은 가정이나 놀이 장면 등에서 우연히 어떤 것을 학습하는 것을 말한다.

3) 학습의 의의

학습의 관점에서 '인간은 학습하는 동물'이다. 인간의 학습능력은 그 어떤 생명체와도 비할 수 없을 정도로 높다. 모든 종(種)의 생명체들은 학습할 수 있지만(식물도 학습한다), 인간을 제외한 다른 생명체들이 학습할 수 있는 것은 상당히 제한되어 있다. 인간은 월등한 학습능력을 활용하여 수많은 것을 학습한 덕분에 생존하고 나아가 다른 생명체들을 제치고 번성할 수 있었다. 인간의 학습능력이 낮았다면 인간의 조상은 까마득한 과거에 멸종했을 것이다.

인간은 학습을 통해 생존에 필요한 지식과 기능을 획득한다. 학습하지 않으면 그 누구도 생존할 수 없다. 또 개인은 학습을 통해 정체성을 형성한다. 우리는 어떻게 한국인의 정체성을 갖게 되었을까? 단군의 후손으로 한국인 특유의 유전자를 갖고 있어 한국인의 정체성을 갖게 되었을까? 그렇지 않다. 그 이유는 바로 우리가 우리나라 고유의 지식, 가치, 신념, 사상, 행동양식을 학습했기 때문이다. 만약 우리가 미국에서 성장했다면 한국인 고유의 유전자에도 불구하고 미국의 지식, 가치, 사상, 행동양식을 학습했을 것이고, 그 결과 미국인의 정체성을 갖게 되어 미국인처럼 사고하고 행동할 것이다.

그뿐만 아니라 인간은 학습으로 자신을 근본적으로 변화시킬 수 있다. "배우지 않으면 짐승과 다를 바 없다."라는 옛말은 학습의 중요성을 단적으로 나타내 준다. 세상에 태어난 인간은 무엇을 얼마나 학습하는가에 따라 완전히 다른 존재로 바뀌는데, 학습을 통해 생물학적인 인간은 사회적이고 문화적인 존재로 자신을 업그레이드시킬 수 있다. 따라서 개인의 삶에서 학습의 중요성은 매우 중요하다.

『명심보감(明心寶鑑)』「권학편(勸學篇)」에 수록된 장자(莊子)의 말도 학습의 중요성을 강조하고 있다.

> 인지불학(人之不學, 사람이 배우지 않으면)
> 약등천이무계(若登天而無階, 하늘에 오르려고 하는데 계단이 없는 것과 같다. 즉, 아무것도 할 수 없다.)
> 학이지원(學而智遠, 배워서 지혜가 깊어지면)

여피상운이도청천(如被祥雲而睹青天, 하늘에 올라 상서로운 구름 속에서 푸른 하늘
　을 바라보는 것과 같고)
등고산이망사해(登高山而望四海, 높은 산에 올라 사해를 바라보는 것과 같다. 즉, 많
　은 것을 알 수 있다.)

　사회문화적 측면에서도 학습은 매우 중요하다. 학습은 문화를 계승하고 새로운 문화
를 창조하는 바탕이 된다. 문화와 전통은 새로운 세대가 문화권 고유의 지식, 가치, 기술,
신념, 사상, 행동을 학습해야 비로소 계승된다. 새로운 세대가 고유의 문화를 학습하지
않으면 문화는 단절된다. 나아가 학습은 새로운 문화를 창조하는 토대가 된다. 인간은
학습능력을 활용하여 끊임없이 새로운 문화를 창조해 왔고, 앞으로도 새로운 문화를 창
조할 것이다. 현대인이 조상과 다른 삶을 사는 것은 학습능력을 활용하여 새로운 문화를
창조한 덕분이다. 학습능력이 제한된 동물들은 새로운 문화를 창조하지 못하고 조상과
같은 삶을 반복하고 있으며, 아무리 많은 시간이 흘러도 사실상 같은 삶을 되풀이하면서
살아갈 것이다.

2. 학습이론의 철학적 근원

　학습이론은 인식론에 근원을 두고 있다. 철학의 한 분야인 **인식론**(epistemology)은 지
식의 원천, 지식의 성질, 지식획득방법을 사변적으로 탐구하는 소위 지식의 이론(theory
of knowledge)을 일컫는데, 심리학이 학문으로 정립되기 전(심리학이 학문으로 정립된 시기
는 독일의 Wilhelm Wundt가 Leipzig 대학교에 심리학 실험실을 개설한 1897년이다.) 학습은 철
학의 한 분야인 인식론의 탐구대상이었다. 인식론의 핵심 질문은 다음과 같다.

① 지식의 원천은 무엇인가? 지식은 선천적인가? 아니면 후천적인가?
② 인간은 어떻게 지식을 획득하는가? 지식은 감각경험을 통해 획득되는가? 아니면
　이성적 사고를 통해 획득되는가?

인식론은 합리론과 경험론으로 나눌 수 있는데, 합리론과 경험론은 각각 Plato의 사상과 Aristotle의 사상에 근원을 두고 있다. 합리론과 경험론의 인식론적 견해를 간단하게 살펴본다.

1) 합리론

합리론(rationalism)은 이성을 지식의 원천으로 간주하는 인식론을 뜻한다. 인식론의 근본적인 물음에 관한 합리론의 견해는 다음과 같다.

① 지식은 선천적이다.
② 인간은 이성적 사고(논리적 분석)를 통해 지식을 획득한다.

요컨대, 합리론에 따르면 지식의 원천은 이성이며, 학습은 선천적으로 존재하는 관념을 회상하는 과정이다. 감각정보를 제공하는 외부 세계는 존재하고 있지만, 관념은 정신의 작용을 통해 인식할 수 있다.

합리론은 Plato(B. C. 427?~B.C. 347?) 사상에 근원을 둔다. 감각경험으로 획득하는 지식과 이성으로 획득하는 지식을 구분한 Plato에 따르면 감각정보는 선천적인 관념(이데아, idea)의 재료에 불과하며 관념은 이성적 사고를 통해 인식할 수 있다. 예컨대, 나무에 관한 감각경험은 선천적으로 존재하는 나무라는 관념을 드러내는 재료에 불과하며 나무의 진정한 성질은 관념에 관한 이성적 성찰로 알 수 있다. Plato의 사상을 계승한 프랑스 철학자 René Descartes(1596~1650)는 감각은 기만적이므로(예: 사물은 관점에 따라 다르게 보인다.) 지식은 감각경험이 아니라 이성적 성찰을 통해 획득된다고 주장했다.

학습이론은 논리적으로 개발되므로 합리론은 학습이론 개발에 중요한 역할을 한다. 경험적 관찰에 근거하지 않은 이론은 타당하지 않을 수 있지만, 이론적 구조가 없는 경험적인 관찰자료는 아무 의미가 없다. 인지심리학은 인식론적으로 합리론에 기반을 두고 있다.

2) 경험론

경험론(empiricism)은 경험을 지식의 원천으로 간주하는 인식론을 지칭한다. 인식론의 근본적인 물음에 관한 경험론의 견해는 다음과 같다.

① 지식은 후천적이다.
② 지식의 유일한(혹은 주요) 원천은 감각경험이다.

요컨대, 경험론에 따르면 지식은 물리 및 생물 현상에 대한 후천적인 경험과 관찰을 통해 획득된다.

경험론은 Aristotle(B.C. 384~322)의 사상에 연원을 둔다. Aristotle의 사상을 계승한 Locke(1632~1704)의 백지설에 따르면 인간은 백지상태(blank tablet or tabula rasa)로 출생하며 경험을 통해 지식을 획득한다.

경험론은 학습이론에 실험방법의 이론적 토대를 제공했다. 학습이론은 행동과 정신의 작동원리를 규명하기 위해 실험을 설계하여 행동과 정신과정을 관찰한다. 제3장 및 제4장에서 다루는 행동주의는 인식론적으로 경험론에 기반을 두고 있다.

3) 합리론과 경험론의 통합

선천적으로 소유한 선험적 지식(priori knowledge, 예: 수학적 지식)과 경험으로 획득한 후험적 지식(posteriori knowledge)을 구분한 Immanuel Kant(1724~1804)는 진리를 탐구하려면 합리론과 경험론이 모두 필요하다고 보고 합리론과 경험론을 변증법적으로 통합했다. 변증법 논리를 적용하면 합리론은 정(thesis)에 대응되고 경험론은 반(antithesis)에 대응되는데, 대부분 합리론과 경험론을 통합한 합(synthesis)의 견해를 가지고 있다.

학습이론은 경험론과 합리론의 견해를 모두 활용한다. 이것은 이론에 근거하여 실험에서 관찰한 결과를 설명하며 이론이 경험적으로 관찰한 결과를 제대로 설명하지 못하면 이론을 수정한다는 것을 뜻한다.

3. 고전적 학습이론

구조주의, 기능주의, 연합주의는 학습이론에 영향을 준 고전적 학습이론이다. 구조주의, 기능주의, 연합주의의 견해를 간단하게 살펴본다.

1) 구조주의[1]

구조주의(structuralism)는 의식의 기본요소를 분석하는 데 주력한 고전적 심리학파를 가리킨다. 구조주의는 물질을 구성요소로 분석하고 구성요소의 결합방식을 탐구하는 자연과학(화학은 물질을 원소로 분석하고, 생물학은 생물체를 세포로 분석한다.)의 영향을 받았다. 구조주의에 따르면 마음은 단순관념으로 구성되어 있으므로 마음을 탐구하려면 단순관념으로 나누어야 한다. 구조주의는, 퍼즐 조각들이 전체로 결합되는 것처럼, 감각과 지각이 연합하여 의식이 된다고 본다. 예컨대, 과일에 대한 지각은 크기, 색상, 모양, 향기와 같은 요소로 구성된다.

Wilhelm Wundt(1832~1920)는 의식의 기본요소들을 알면 기본요소들이 복잡한 정신현상으로 결합되는 방식을 규명할 수 있다고 가정하고 의식의 기본요소를 분석했다. 물을 수소와 산소로 분해하는 것처럼, 복잡한 정신을 단순요소로 분석하려는 입장을 **환원주의**(reductionism)라고 한다. 구조주의는 **내성법**(introspection, 자신의 사고내용을 관찰하여 기술하도록 하는 일종의 자기분석법)으로 의식의 기본요소를 분석했다. 사과를 보여 주고 모양, 크기, 색상, 질감을 보고하도록 하는 방법이 내성법이다.

Wundt의 후계자인 미국 심리학자 Titchener(1867~1927)는 모든 의식을 감각(지각의 기본요소), 심상(image, 마음속에 형성된 사물의 모습), 정의(affections, 사랑/미움과 같은 정서의 기본요소)로 환원할 수 있다고 주장하고, Wundt와 자신의 접근을 구조주의라고 불렀

---

1) 심리학 문헌에는 구조주의를 구성주의로 번역하기도 한다. 그렇지만 구성주의(constructivism)와 혼동 소지가 있으므로 구조주의로 사용하는 것이 바람직하다고 생각한다.

다. 구조주의는 현대 심리학을 태동시킨 동인 역할을 했다. 단, 구조주의는 접근방식이 현대 심리학과 다르고 연구목적(의식의 구조 규명) 및 연구방법(내성법)의 측면에서 비판받고 있다. 주관적 자기보고를 활용하는 내성법은 객관적인 방법이 아니라는 비판이다.

2) 기능주의

기능주의(functionalism)는 정신의 과정과 기능을 탐구하는 데 주력한 고전적 심리학파를 가리킨다. William James(1842~1910)는 정신이 일상생활에서 어떤 기능을 하는가를 탐구한 자신의 접근을 기능주의라고 불렀다. 진화론의 영향을 받은 기능주의에 따르면 정신은 환경에 적응하는 데 도움을 주기 때문에 진화과정에서 발달했다.

기능주의는 정신의 목적, 의도, 기능을 분석하고 유기체와 환경의 전반적 관계를 탐구했다. 연구방법 측면에서 기능주의는 특정 연구방법만 고수하지 않고 다양한 연구방법을 융통성 있게 활용하여 일상생활에서 정신의 기능을 탐구했다.

기능주의는 구조주의의 환원주의를 배격하고 전체주의 접근을 취했다. 의식의 흐름(stream of consciousness)이라는 James의 유명한 표현은 의식이 전체적이고 연속적이며 끊임없이 변화되므로 특정 시점에서 별개 요소로 나눌 수 없음을 뜻한다. 기능주의는 실용주의(pragmatism)를 태동시킨 동력으로 작용했다.

3) 연합주의

연합주의(associationism)는 마음속에서 사상(事象)이나 관념이 결합되는 방식에 관심을 둔 학설이다. 주요한 연합원리는 다음과 같다.

① 근접(contiguity): 거의 동시에 발생하는 사상들은 연합된다.
② 유사(similarity): 비슷한 사상들은 연합된다.
③ 대비(contrast): 대비되는 사상(예: 뜨거움과 차가움, 낮과 밤 등)들은 연합된다.

연합주의에 따르면 복잡한 관념은 단순관념들이 결합된 것이므로(예: 나무라는 관념은 잎이나 가지와 같은 단순관념들이 결합이 된 것이다), 단순관념을 분석하면 복잡한 정신을 이해할 수 있다.

연합주의는 행동주의와 인지심리학 일부 이론의 토대를 제공했다. 따라서 연합주의가 행동주의와 인지심리학 중 어느 한 접근에만 영향을 준 것은 아니다. Ebbinghaus (1850~1909)는 무의미철자를 이용한 실험에서 정보를 시연(rehearsal, 정보를 속으로 되뇌는 활동)하면 마음에 연합이 형성되어 기억을 촉진한다는 사실을 입증했다. Thorndike (1874~1949)는 '만족'이 자극−반응 연합을 형성하는 데 핵심적인 역할을 한다는 사실을 효과의 법칙(law of effect)으로 정립했다. 행동주의는 관찰할 수 있는 자극과 반응의 연합에 주안을 둔 극단적인 연합주의 이론이다.

4. 학습이론의 쟁점 및 적용

학습이론(learning theories)은 학습을 설명하는 과학적으로 수용할 수 있는 일련의 원리를 가리킨다. 그런데 학습은 복잡한 과정이므로 다양한 학습이론이 존재한다. 구체적인 학습이론을 소개하기 전에 이 절에서는 학습이론을 대표하는 행동주의와 인지심리학의 견해를 비교하고 학습이론을 교육에 적용할 때 고려할 사항을 살펴본다.

1) 학습이론의 쟁점

행동주의와 인지심리학은 대표적인 학습이론이다. **행동주의**(behaviorism)는 환경을 학습을 결정하는 요인으로 가정하고 조건형성 법칙을 발견하는 데 주력한다. 반면, **인지심리학**(cognitive psychology, 인지주의)은 인지를 학습을 결정하는 주요 요인으로 가정하고 인지과정 및 인지구조를 분석한다. 행동주의와 인지심리학의 학습에 관한 견해는 큰 차이가 있다.

① **학습의 정의 및 내용**: 행동주의는 학습을 행동이 변화되는 과정으로 정의하고, 인지심리학은 학습을 인지가 변화되는 과정으로 정의한다. 따라서 학습되는 내용에 대한 행동주의와 인지심리학의 견해는 차이가 있다. 행동주의에 따르면 자극-반응 관계, 습관, 행동-강화 관계를 학습하고, 인지심리학에 따르면 지식, 신념, 도식을 학습한다.

② **탐구목적**: 행동주의는 자극, 행동, 강화 및 처벌의 관계를 이해하는 데 목적이 있다. 반면, 인지심리학은 정보에 주의를 기울이고 저장하며 인출하는 인지과정과 인지구조를 이해하는 데 목적이 있다.

③ **학습에 영향을 주는 요인**: 행동주의는 환경(자극)을 학습의 결정요인으로 간주한다. 행동주의를 대표하는 Skinner에 따르면 학습은 행동의 결과(강화 혹은 처벌)에 따라 결정된다. 인지심리학은 환경으로는 학습을 제대로 설명할 수 없으며 인지과정 및 인지구조가 학습에 큰 영향을 미친다고 주장한다.

④ **문제해결**: 행동주의에 따르면 새로운 문제는 과거 방식으로 해결한다. 과거 방식으로 문제가 해결되지 않거나 완전히 새로운 장면에서는 시행착오를 통해 문제를 해결한다. 반면, 인지심리학에 따르면 인지, 즉 사고를 통해 문제를 해결한다.

⑤ **기억**: 정신과정을 탐구하지 않는 행동주의는 기억에 관심이 없지만, 인지심리학은 기억이 학습에서 큰 영향을 준다고 가정한다. 인지심리학을 대표하는 정보처리이론에 따르면 학습은 정보를 기억에 저장하고 인출하는 과정이다.

⑥ **동기**: 행동주의는 동기를 행동의 빈도나 확률이 증가하는 현상으로 정의하고 동기와 학습을 같은 원리로 설명한다. 행동주의를 대표하는 조작적 조건형성이론에 따르면 강화하면 동기(즉, 행동확률)가 높아지고 처벌하면 동기(즉, 행동확률)가 낮아진다. 이에 반해 인지심리학은 동기와 학습이 같은 개념이 아니라고 보고 목표, 신념, 귀인, 자기효능과 같은 인지과정에 비추어 동기를 설명한다. 인지심리학에 따르면 동기는 주의집중과 정보처리에 영향을 준다.

⑦ **전이(transfer)**: 전이는 선행학습이 후속학습에 영향을 주는 현상을 가리킨다. 즉, 전이는 학습한 지식이나 기능을 새로운 장면에 적용하는 과정이다. 수학에서 배운 구구단을 마트에서 물건을 살 때 활용했다면 전이가 된 것이다. 행동주의에 따르면

전이는 학습한 행동을 새로운 장면에 일반화한 것으로, 선행학습과 새로운 학습에 같거나 유사한 요소가 존재할 때 일어난다. 따라서 전이를 촉진하려면 선행학습과 새로운 학습의 동일요소 혹은 유사성을 강조해야 한다. 반면, 인지심리학은 지식이나 기능을 새로운 장면에 어떻게 적용할 것인지 이해할 때 전이가 일어난다고 주장한다.

⑧ 학습형태: 행동주의는 조건형성과 같은 단순학습을 적절하게 설명하고, 인지심리학은 지식획득이나 문제해결과 같은 복잡한 형태의 학습을 적절하게 설명한다.

⑨ 학습자에 관한 가정: 행동주의는 백지상태(tabula rasa)로 출생한다고 가정하는 경험론의 견해를 수용한다. 반면, 인지심리학은 대안을 탐색하고 모호성을 감소시키려는 요구와 가능하면 모든 것을 단순화시키려는 경향성을 선천적으로 타고난다고 주장한다.

⑩ 교사 역할: 행동주의에 따르면 교사는 바람직한 행동을 유발하는 환경을 조성하고, 교육목표를 명세화하며, 교육목표를 달성하는 데 필요한 행동을 강화해야 한다. 반면, 인지심리학에 따르면 교사는 단순히 학습환경을 조성하는 역할이 아니라 교사-학생 관계의 적극적인 참여자로 학생들이 사실과 개념을 기억하고 구조화하도록 조력해야 한다.

2) 학습이론의 적용

일반적으로 **이론**(theory)은 현상을 설명하기 위한 상호 관련된 일련의 진술(원리, 법칙, 신념 등)을 뜻한다.

원리(principle)는 현상을 상당히 잘 설명하는 진술을 가리킨다. 확실한 증거에 근거하여 도출되는 원리는 잠정적 성질이 있으므로 새로운 증거가 나타나면 수정된다. **법칙**(rule)은 부정할 수 없는 관찰과 의심할 수 없는 논리에 근거하여 도출된 진술을 말한다. 법칙은 합리적 의심의 범위를 넘어서는 정확한 진술로, 원리와 달리 예외나 의심이 허용되지 않는다. 단, 법칙은 상반된 증거에 비추어 논쟁이 될 수 있으므로 **진리**(truth)는 아니다. 한편, **신념**(belief)은 사적(私的)이고 개인적인 진술을 가리킨다. '뚱뚱한 사람은 낙천적이다.'라는 생각은 신념이다. 신념은 세상을 이해하고 해석하는 필터 역할을 하므로 사람들은 자신의 신념에 비추어 세상을 이해하고 신념대로 살아간다. 그런데 신념은 객관적 증거나 타당한 논리에 근거하지 않은 경우가 많고, 신념에 반(反)하는 증거에도 불구하고 쉽게 바뀌지 않는다.

이론은 현상을 설명하고 예언하는 토대를 제공한다. 좋은 이론은 다음과 같은 특징을 갖고 있다.

① 중요한 사실(관찰)을 요약하고 조직한다. 좋은 이론은 복잡하고 혼란스러운 사실에 질서를 부여한다.
② 명료하다. 모호하고 이해하기 어려운 이론은 좋은 이론이 아니다.
③ 단순하고 간명하다. 지나치게 자세하고 복잡한 이론은 좋은 이론이 아니다. 간명성의 원리(principle of parsimony, Occam의 면도날)에 따르면 가장 좋은 이론은 단순하며 최소의 원리로 많은 현상을 설명한다.
④ 현상을 정확하게 설명하고 예언한다. 이론의 유용성은 설명과 예언의 정확성에 따라 좌우된다. 현상을 설명, 예언하지 못하는 이론은 아무 쓸모가 없다.
⑤ 내적 일관성이 있다. 모순되는 설명과 예언을 포함하는 이론은 좋은 이론이 아니다.
⑥ 최소한의 가정(assumption, 사실이라고 간주하나 입증이 불가능한 전제)을 한다. 많은 가정에 근거한 이론은 평가하기 어렵다. 또 잘못된 가정에 입각한 이론은 그릇된 결론을 유도한다.
⑦ 상상력을 자극하여 새로운 연구와 발견을 유도한다.

학습이론은 학습을 탐구할 때 연구문제를 도출하는 이론적 근거와 연구의 결과를 해석하고 설명하는 지침을 제공한다. 따라서 학습이론이 없으면 학습을 탐구하기 위한 연구문제를 도출할 수 없고 연구결과를 의미 있게 해석할 수 없다. 교육과 관련하여 학습이론은 수업을 계획 · 실행 · 평가하고, 학습문제의 원인을 진단하여 문제를 해결하는 방안을 제시한다.

뒤에서 다룰 행동주의, 인지심리학, 구성주의는 대표적인 학습이론이다. 그런데 학습은 학습자, 학습과제, 학습상황에 따라 달라지는 복잡한 과정이므로 특정 학습이론이 모든 학습을 설명할 수 없고 모든 학습문제에 대한 해법을 제공할 수 없다. 이는 물리학이나 화학의 특정 이론이 모든 물리현상이나 화학현상을 설명할 수 없는 것과 같은 이치라고 할 수 있다. 따라서 교육에서는 특정 학습이론을 고수할 것이 아니라 개방적이고 절충적인 관점에서 학습자, 학습목표, 학습과제, 학습상황에 따라 적합한 학습이론을 융통성 있게 활용하는 것이 바람직하다. 다양한 학습이론을 이해하면 특정 학습이론의 편향성과 제한점을 보완할 수 있다.

학습이론이 부정적인 영향을 줄 수도 있다. 가령, 학습을 연구할 때 특정 학습이론을 고수하면 그 이론으로 설명하기 어려운 현상을 간과하거나 불신할 소지가 있다. 또 특정 학습이론에 근거하여 학습을 연구할 때 이론과 일치하지 않는 결과를 인정(발표)하지 않을 개연성이 높고, 그로 인해 학습이론의 발전을 저해할 소지가 있다.

5. 학습자 모형

모든 학습이론은 나름대로 학습자에 대한 관점, 즉 학습자 모형을 갖고 있다. Bruner (1985)에 따르면 학습이론은 사실상 학습자 모형으로, 학습이론을 살펴보면 학습이론에 기저하고 있는 학습자 모형을 알 수 있다. Bruner(1985)는 다음과 같이 다섯 가지 학습자 모형을 제시했다.

① 백지 모형(tabula rasa, blank slate model): 일부 반사를 제외하고 지식, 경향성, 사고를 전혀 타고나지 않은 백지상태로 출생한다고 전제하는 학습자 모형이다. 백지 모형에 따르면 모든 신생아의 정신은 크기가 같은 빈 그릇이므로 평등한 상태로 출생한다. 성인이 되었을 때의 개인차는 출생 후 어떤 경험(학습)을 했는가에 따라 전적으로 결정된다. 백지 모형에 기반을 둔 행동주의 이론은 경험이 인간 행동을 결정하는 법칙(고전적 조건형성 및 조작적 조건형성)을 규명했다.

② 가설생성자 모형(hypothesis generator model): 인간이 의도를 갖고 기대와 가설을 통

해 경험을 선택하고 해석한다고 전제하는 학습자 모형이다. Tolman의 목적적 행동주의는 의도가 행동을 결정한다고 보는 가설생성자 모형이다.

③ **선천설**(nativism): 선천적인 능력, 선행경향성, 제약요건을 타고난다고 전제하는 학습자 모형이다. 동물행동학, 형태심리학, Chomsky의 이론은 선천설 모형에 속한다. 동물행동학은 각인(imprinting)을 선천적 경향성으로 간주하고, 형태심리학은 유의미한 전체(즉, 형태)를 지각하는 선천적인 경향성을 타고난다고 본다. Chomsky 이론은 인간이 언어획득장치(language acquisition device: LAD)를 선천적으로 타고나기 때문에 언어를 쉽고 빠르게 습득한다고 주장한다.

④ **구성주의**(constructivism): 세상과의 상호작용을 통해 지식 및 의미를 구성한다고 전제하는 학습자 모형이다. Bruner, Piaget, Vygotsky의 이론은 구성주의 모형에 속한다. Bruner에 따르면 경험이라는 재료를 활용하여 개념을 형성하고 정신구조를 조직하며, Piaget에 따르면 동화 및 조절을 통해 세계에 적응하기 위한 표상과 도식을 구성하고, Vygotsky에 따르면 사회적 상호작용을 통해 지식을 구성한다.

⑤ **초보자-전문가 모형**(novice-expert model): 초보자와 전문가의 차이를 분석하여 초보자를 전문가로 만드는 방안을 탐색하는 학습자 모형이다. 이 모형은 이론 자체보다 초보자(학습자)를 전문가로 만드는 실용적인 업무에 더 큰 관심이 있다. 컴퓨터의 정보처리과정에 근거한 정보처리이론과 뇌의 신경망에 근거한 연결주의 모형은 초보자-전문가 모형에 속한다. 정보처리이론에 따르면 인지는 컴퓨터와 비슷한 방식으로 정보를 처리한다. 인지를 뇌의 구조 및 기능에 비추어 설명하는 연결주의 모형에 따르면 뇌의 뉴런에 대응되는 기본단위들이 복잡하게 상호연결된 신경망은 지식과 인지적 처리의 기반이 된다. 다른 학습자 모형과 달리 초보자-전문가 모형은 영역특정적인 성격을 갖고 있어 영역(예: 장기, 읽기 등)마다 다른 모형이 개발되었다.

요약

1. 학습은 경험으로 행동잠재력이 변화되는 과정이다. 따라서 선천적인 요인에 의한 변화나 일시적인 변화는 학습으로 간주하지 않는다. 학습은 행동잠재력을 관찰할 수 있는 행동으로 나타내는 수행과 다르다.

2. 학습은 행동잠재력을 변화시키려는 의도를 갖는 상황에서 일어나는 의도적 학습과 행동잠재력을 변화시키려는 의도가 없는 상황에서 일어나는 우연적 학습으로 구분된다.

3. 인간은 학습을 통해 생존에 필요한 지식 및 기능을 획득하고, 학습을 통해 자신을 근본적으로 변화시킬 수 있다. 또 학습은 문화를 계승하고 새로운 문화를 창조하는 바탕이 된다.

4. 학습이론의 철학적 기반이 되는 인식론(지식에 관한 이론)은 합리론과 경험론으로 대별된다. 합리론은 지식이 선천적이고 이성적 사고를 통해 지식을 획득한다고 전제한다. 반면, 경험론은 지식이 후천적이고 감각경험을 통해 지식을 획득한다고 전제한다.

5. 구조주의는 내성법을 이용하여 의식의 구성요소를 분석한 고전적 심리학파를 말한다. 기능주의는 정신 혹은 의식의 작용과 기능을 전체주의 관점에서 탐구한 고전적 심리학파를 말한다. 연합주의는 마음속에서 사상이나 관념이 결합되는 방식에 관심을 둔 학설이다.

6. 학습이론은 학습을 설명하는 과학적으로 수용할 수 있는 일련의 원리를 가리킨다. 대표적인 학습이론인 행동주의와 인지심리학은 학습에 관한 견해가 크게 다르다. 행동주의는 ① 학습을 행동이 변화되는 과정으로 정의하고, ② 자극, 행동, 강화 및 처벌의 관계를 분석하며, ③ 환경을 학습의 결정요인으로 간주한다. 반면, 인지심리학은 ① 학습을 인지가 변화되는 과정으로 정의하고, ② 정보를 획득, 처리, 저장, 인출하는 인지과정과 인지구조를 이해하는 데 주력하며, ③ 인지과정 및 인지구조가 학습에 큰 영향을 준다고 가정한다.

7. 학습이론은 학습을 탐구하기 위한 연구문제를 도출하는 이론적 근거와 연구의 결과를 해석하고 설명하는 지침을 제시한다. 교육과 관련하여 학습이론은 수업을 계획, 실행, 평가하고 학습문제의 원인을 진단하고 문제를 해결하는 방안을 제시한다. 그런데 학습은 학습자, 학습과제, 학습상황에 따라 달라지기 때문에 특정 학습이론이 모든 학습을 설명할 수 없고 모든 학습문제에 대한 해법을 제공할 수 없다. 따라서 교육에서는 특정 학습이론을 고수하지 말고 학습자, 학습목표, 학습과제, 학습상황에 따라 적합한 학습이론을 융통성 있게 활용하는 것이 바람직하다.

8. 학습자 모형은 학습자에 관한 관점을 나타낸다. 백지 모형은 지식, 경향성, 사고를 전혀 타고나

지 않은 백지상태로 출생한다고 전제하고, 가설생성자 모형은 인간이 의도를 갖고 기대와 가설을 통해 경험을 선택하고 해석한다고 전제한다. 선천설은 선천적인 능력, 선행경향성, 제약요건을 타고난다고 전제하고, 구성주의는 세상과의 상호작용을 통해 지식 및 의미를 구성한다고 전제하며, 전문가-초보자 모형은 초보자와 전문가의 차이를 분석하여 초보자를 전문가로 만드는 방안을 탐색한다.

제**2**장
학습의 신경생리학적 기반

학습 목표

• 뇌의 구조와 기능을 설명한다.

• 뉴런과 시냅스의 성질과 기능을 설명한다.

• 뇌 발달의 주요 현상(시냅스 생성, 시냅스 제거, 수초화, 가소성, 결정기)
  을 기술한다.

• 신경생리학적 관점에서 학습이 어떻게 일어나는지 설명한다.

• 뇌 연구의 교육적 함의를 제시한다.

뇌(brain)는 생리적 과정은 물론 정신 및 행동을 관장하는 신경계의 핵심으로 ① 외부 정보를 수용하고, ② 정보를 해석하고 그에 근거하여 결정하며, ③ 결정에 근거하여 행동하도록 명령하는 기능을 한다. 따라서 뇌가 정상적인 기능을 하지 않으면 외부 세계를 전혀 알 수 없고, 사고나 행동을 할 수 없으며, 당연히 학습도 할 수 없다. 가장 기본적인 수준에서 학습은 뇌가 관장하는 생물학적 기능이다(Wlodkowski, 2008).

이 장에서는 학습의 신경생리적 기반을 ① 뇌의 구조와 기능, ② 뉴런, 시냅스, 신경전달물질, ③ 뇌의 발달, ④ 뇌 연구의 교육적 함의로 나누어 살펴본다.

1. 뇌의 구조와 기능

뇌는 유사한 기능을 하는 뉴런들이 모듈로 조직되어 있어 부위별로 기능이 전문화되어 있다. 뇌의 구조와 기능을 살펴본다.

1) 뇌의 구조

뇌는 크게 전뇌, 중뇌, 후뇌로 나뉜다. **전뇌**(forebrain)는 학습, 기억, 언어, 정서, 수의반응, 계획, 결정 등을 관장하며 시상, 시상하부, 변연계, 대뇌피질로 구성된다. 전뇌의 부위별 주요 기능은 다음과 같다.

⟨표 2-1⟩ 뇌의 구조와 기능

영역	영역 내 주요 구조	주요 기능
전뇌	시상	감각기관 및 운동기관의 정보전달, 수면 및 각성
	시상하부	생리적 반응과 정서조절
	변연계	학습, 정서, 동기 관장(해마는 학습 및 기억을 관장하고, 편도체는 정서, 공포, 분노, 공격성을 관장한다.)
	대뇌피질	감각정보 처리, 사고, 언어, 계산, 조직, 창조 등 고등정신기능 관장

중뇌		시청각반사
후뇌	뇌교	각성 및 수면
	연수	호흡, 심장박동, 혈압
	소뇌	균형 및 협응

① **시상**(thalamus): 감각 및 운동 기관의 정보(후각정보 제외)를 대뇌피질의 처리중추에 전달하고, 수면과 각성을 조절한다.

② **시상하부**(hypothalamus, hypo는 under라는 의미): 배고픔, 갈증, 수면, 체온과 같은 평형상태를 유지하는 신체반응을 통제하고, 스트레스를 받았을 때 심장박동과 호흡을 높이는 기능을 한다.

③ **변연계**(limbic system): 원시뇌(primitive brain)라고 부르는 변연계는 기억, 동기, 정서, 학습을 담당한다. 변연계의 활동이 낮을 때는 긍정적이고 낙관적이지만, 과잉으로 활동하면 부정적 사고를 자동 반복하므로 우울증에 걸린다. 변연계에서는 해마와 편도체가 특히 중요하다. **해마**(hippocampus)는 새로운 기억을 뇌에 저장하는 역할을 한다. 해마가 손상되면 순행성 기억상실증(anterograde amnesia)에 걸린다. 편도체(amygdala)는 타인의 정서를 이해하는 기능을 하고, 공포, 분노, 공격성을 관장한다.

④ **대뇌피질**(cerebral cortex, cerebral은 intelligent를 의미함): 고등정신기능(지각, 사고, 언어, 계산, 조직, 창조 등)을 관장하는 뇌의 가장 중요한 영역으로 두께는 대략 3㎜, 무게는 뇌의 80% 이상을 차지한다. 대뇌피질은 감각정보를 수용하는 감각영역, 수의운동을 조절하는 운동영역, 기억, 사고, 지각, 언어에 관여하는 연합영역으로 나뉜다. 대뇌피질은 전두엽, 두정엽, 후두엽, 측두엽의 기능이 분화되어 있다.

- **전두엽**(frontal lobes): 고등정신기능(사고, 계획, 문제해결, 기억회상, 메타인지, 의사결정 등)을 관장하며, 행복, 슬픔, 충동억제와 관련된다. 전두엽의 Broca 영역은 언어산출(말하기)을 관장하는데 이 부분이 손상되면 Broca 실어증(aphasia)에 걸린다. 전두엽의 한 영역인 전전두엽은 결정, 계획, 집행기능을 한다.

- **두정엽**(parietal lobes): 촉각, 온도, 압력, 통증, 신체운동과 같은 감각정보를 처리한다.

- **후두엽**(occipital lobes): 시각피질로 불리며 시각정보를 처리한다. 후두엽은 시각 정보를 활용하여 움직임, 색상, 깊이, 거리 등을 판단한다. 후두엽이 고도로 발달한 인간은 특정 자극에 주의를 집중하는 과정을 통해 시지각을 통제할 수 있다.
- **측두엽**(temporal lobes): 복잡한 청각정보, 특히 언어정보를 처리한다. 좌반구의 측두엽은 언어해석과 언어산출에 중요하다. Wernicke 영역은 언어정보 해석을 담당하는데, 이 영역이 손상되면 Wernicke 실어증에 걸린다.

중뇌(midbrain)는 시각반사 및 청각정보를 중개하는 기능을 한다. 뇌교, 연수, 소뇌로 구성된 **후뇌**(hindbrain)는 생명을 유지하는 기능을 한다. 뇌교(pons)는 뇌와 척수를 연결하고, 각성과 수면을 조절한다. 연수(medulla)는 호흡, 심장박동, 혈압을 관장한다. 소뇌(cerebellum)는 균형유지, 근육통제, 운동, 몸의 자세를 관장한다. 소뇌가 손상되면 균형 및 협응은 물론 수의운동을 시작하는 데 문제가 발생한다.

2) 편재화

편재화(lateralization, lateral은 side를 의미함)는 좌반구(left hemisphere)와 우반구(right hemisphere)가 처리하는 정보의 종류와 정보처리양식이 전문화(차별화)된 상태를 말한다. 운동 및 감각 정보의 경우 좌반구는 신체 오른쪽의 정보를 통제 · 처리하고, 우반구는 신체 왼쪽의 정보를 통제 · 처리한다. 인지적 정보의 경우 좌반구는 언어정보를 처리하고, 우반구는 공간정보를 처리한다. 정보처리양식의 측면에서 좌반구는 정보를 분석적으로 처리하고, 우반구는 정보를 전체적으로 처리한다. 따라서 좌반구는 언어능력, 논리적 분석, 문제해결, 수리력을 담당하며, 우반구는 비언어적 능력, 공간관계 파악, 얼굴 재인, 자세 및 표정 해석, 정서의 지각과 표현, 음악 및 미술 감상과 같은 기능을 담당한다. 좌반구와 우반구는 뇌량(corpus callosum)에 의해 연결되어 있다. 뇌량은 좌반구와 우반구의 정보를 교환하고 협응을 가능하게 한다. 그 결과 뇌는 언어정보 및 공간정보를 분석적으로 처리하는 동시에 전체적으로 처리할 수 있다. 좌반구와 우반구의 정보가 교환되지 않으면 정보를 제대로 처리할 수 없다.

분리뇌(split brain, 좌반구와 우반구를 연결하는 뇌량을 인위적으로 절단한 뇌) 환자는 좌뇌와 우뇌의 정보가 교환되지 않기 때문에 정보를 제대로 처리할 수 없다. 가령, 분리뇌 환자의 오른쪽 눈에 '사과'라는 단어를 보여 주면 단어를 정확하게 말하지만, 왼쪽 눈에 '사과'라는 단어를 보여 주면 어떤 단어를 보았는지 말하지 못한다. 또 분리뇌 환자는 사람 얼굴만 보고 이름을 말하지 못한다. 이름은 좌반구에서 처리되고, 얼굴은 우반구에서 처리되기 때문이다. 정상인은 언어정보와 공간정보가 뇌량을 통해 교환되므로 얼굴을 보고 이름을 말할 수 있다.

결론적으로 좌뇌와 우뇌는 편재화되어 있어 담당하는 인지기능이 다르지만 뇌는 전체로 기능을 발휘하기 때문에 인간을 좌뇌형 인간과 우뇌형 인간으로 양분하는 것은 바람직하지 않다.

2. 뉴런, 시냅스, 신경전달물질

미시적 수준에서 뇌는 뉴런, 시냅스, 교세포로 구성된다. 무려 9,000억 개에 달하는 교세포(glial cell)는 뉴런 사이의 공간을 채우는 세포로 ① 뉴런이 자리 잡도록 지지하고, ② 뉴런에 혈액과 영양을 공급하며, ③ 노폐물과 죽은 뉴런을 제거하고, ④ 뉴런이 정보를 주고받도록 지원한다. 뉴런, 시냅스, 신경전달물질을 살펴본다.

1) 뉴런

뉴런(neuron)은 감각하고, 사고하며, 학습하는 기능을 담당하는 신경세포를 말한다. 인간의 뇌는 약 1,000억 개의 뉴런으로 구성되어 있다. 뉴런은 체세포(피부, 혈액 등)와 두 가지 차이가 있다(Schunk, 2012). 첫째, 체세포는 손상되면 재생되지만, 뉴런은 같은 방식으로 재생되지 않는다. 둘째, 뉴런은 전기신호와 화학적 반응을 활용하여 다른 뉴런과 소통한다는 점에서 체세포와 다른 방식으로 조직화된다.

뉴런은 ① 감각기관에 투입된 정보를 수용하는 감각뉴런(sensory neuron), ② 근육을 자극하여 운동하도록 하는 운동뉴런(motor neuron), ③ 감각뉴런과 운동뉴런의 중간에 위치하며 감각뉴런이나 다른 간뉴런이 전달하는 정보를 수용하고 다른 간뉴런이나 운동 뉴런으로 정보를 전달하는 간뉴런(interneuron, 중간뉴런 혹은 개재뉴런)으로 나뉜다.

한편, 전선을 고무로 코팅하는 과정과 유사한 **수초화**(myelination)는 뉴런을 수초로 코 팅하는 과정으로, 정보를 전달하는 속도를 높여 메시지를 더 효율적으로 전달하도록 하여(수초화를 하면 메시지가 3,000배 정도 빨리 전달된다.) 뉴런의 효율성, 결과적으로 뇌의 효율성을 높여 사고 및 학습에 영향을 준다. 수초화는 아동기에 급속히 진행되며 청소년 기까지 완만하게 진행된다.

2) 시냅스

뉴런은 인접 뉴런과 물리적으로 미세하게 분리되어 있는데, 뉴런 사이의 미세한 간극 (gap)을 **시냅스**(synapse)라고 한다. 시냅스의 수는 뉴런의 수보다 훨씬 더 많은데(뉴런의 수는 10^{12}개, 시냅스의 수는 10^{15}개에 달하는 것으로 알려져 있다), 그 이유는 하나의 뉴런이 1,000여 개의 인접 뉴런과 연결되어 있기 때문이다. 뉴런은 시냅스를 형성하여 전문적인 기능을 수행한다. 뇌를 뉴런망(신경망)이라고 하는 것은 뉴런들이 시냅스에 의해 복잡하게 연결되어 있기 때문이다.

신경생리학적 관점에서 학습은 시냅스가 형성되고 변화되는 과정이다. 시냅스의 형성 및 변화는 학습, 인지, 인지발달에 결정적인 역할을 한다.

3) 신경전달물질

신경전달물질(neurotransmitter)은 특정 뉴런에서 인접 뉴런에 메시지(근육수축, 호르몬 분비, 사고 및 정서 활동을 통제하는 메시지)를 전달하는 화학물질을 말한다. 뇌가 정보를 처리할 수 있는 것은 신경전달물질이 작용하기 때문이다. 대표적인 신경전달물질은 다음과 같다.

① 아세틸콜린(acetylcholine): 주의, 각성, 학습 및 기억, 골격근 수축을 관장한다. 아세틸콜린이 과다분비되면 학습 및 기억이 촉진되지만, 결핍되면 학습 및 기억을 방해한다. 노인성치매인 알츠하이머병은 아세틸콜린 과소분비에서 기인한다.

② 도파민(dopamine): 근육수축, 학습, 기억, 정서처리, 쾌락을 관장한다. 도파민이 과다하면 조현병(정신분열증), 과소하면 Parkinson 병에 걸린다. Parkinson 병은 근육이 떨리고 동작을 시작하기 어렵고 동작이 굳어지는 운동장애 증상을 보이는데 일세를 풍미했던 헤비급의 제왕 Muhammad Ali(1942~2016)도 이 병으로 고생했다.

③ 노르에피네프린(norepinephrine, noradrenaline이라고 함): 아드레날린과 유사한 물질로 섭식, 기민성, 각성에 영향을 준다. 노르에피네프린이 부족하면 우울증, 과다하면 조증을 유발한다.

④ 세로토닌(serotonin): 기분과 수면을 조절하며, 충동과 공격적 행동을 제어한다. 세로토닌 결핍은 불면증과 부정정서(우울증), 세로토닌 수준이 높으면 긍정정서(행복감)를 경험한다.

⑤ 엔도르핀(endorphins, endogenous morphine의 약자, 내부에서 분비되는 모르핀을 뜻함): 내인성 신경전달물질로 통증을 없애고 쾌락과 행복감을 높인다.

3. 뇌의 발달

뇌는 수정 후 1개월 무렵부터 발달한다. 뇌는 수정 후 7개월에서 1세 사이에 하루 1.7g씩 증가한다. 뇌의 무게는 출생 직후 성인의 25%에 불과하지만 2세 말 성인의 75%까지 발달한다. 그래서 출생 전 3개월에서 2세까지를 뇌 성장의 급등기라고 한다. 뇌의 발달과 관련된 사항을 몇 가지 살펴본다.

1) 시냅스의 생성 및 제거

인간의 뇌는 일단 뉴런과 시냅스를 과잉으로 생성해 놓고 사용되는 뉴런과 시냅스는 강화하고 사용되지 않은 뉴런과 시냅스는 제거하는 방식으로 진화해 왔다.

　시냅스 생성(synaptogenesis)은 뇌가 출생 후 3년간 필요한 것보다 더 많은 시냅스를 생성하는 현상을 가리킨다. 뇌가 시냅스를 과잉으로 생성하는 것은 모든 자극을 수용하여 그 어떤 환경에서도 적응하기 위한 준비를 하는 데 목적이 있다. 시냅스 생성의 결과 어린 아동은 성인보다 더 많은 시냅스를 갖고 있다. 하나의 뉴런에 연결된 시냅스의 수는 출생 직후 대략 2,500개에서 2~3세가 되면 15,000개로 증가하며 3세 무렵 최대에 달한다.

　한편, **시냅스 제거**(synaptic pruning)는 자극을 받지 못한 뉴런이 시냅스를 상실하는 현상을 말한다. 과잉으로 생성된 시냅스 중 자극을 경험하지 못한 시냅스는 제거된다. 시냅스 제거는 불필요한 시냅스를 제거하여 뇌의 효율성을 높이는 데 목적이 있다. 시냅스들은 한정된 자극을 차지하기 위해 경쟁하는데, 모든 자극을 경험할 수 없으므로 시냅스 제거는 불가피한 현상이다. 시냅스 제거는 3세 이후 시작되며 청소년기까지 계속된다. 전전두엽의 시냅스 밀도는 3세에서 15세까지 감소하며, 그 후 상당히 안정화된다.

　시냅스 생성 및 제거는 뇌의 가소성과 적응력을 높이는 과정이다. 뇌는 일단 필요한 것보다 많은 시냅스를 생성해 놓고 자신이 성장하는 환경에서 필요한 시냅스는 강화하고 불필요한 시냅스는 제거하는 방식으로 발달한다.

　시냅스 형성과 시냅스 제거는 학습 및 발달의 생리적 기제로 작동한다. 점토로 조각할 때 어떤 부분은 점토를 덧붙이고 어떤 부분은 점토를 제거하는 것처럼, 학습은 새로운 시냅스를 형성하고 불필요한 시냅스를 제거하는 과정을 통해 이루어진다.

2) 결정기

　뇌의 발달에는 결정기가 존재한다. **결정기**(critical period)는 환경자극이 뇌 발달에 필수적인 역할을 하는 특정 시기를 말한다. 그래서 결정기는 '기회의 창문'에 비유된다. 결정기 가설에 따르면 뇌가 결정기에 적절한 환경자극을 받으면 정상적으로 발달하지만, 결정기가 지나면 환경자극을 받아도 '기회의 창문'이 닫혀 버리기 때문에 정상적으로 발달하지 않는다.

　언어발달, 외국어 학습, 감각발달에는 결정기가 존재하는 것으로 알려져 있다. 언어발

달의 경우 출생 초기 적절한 언어자극을 경험하면 언어가 정상 발달하지만 필요한 언어
자극을 경험하지 못하면 나중에 집중적인 언어훈련을 받아도 언어능력이 제대로 발달하
지 않는다. 외국어의 경우 취학전 혹은 초등학교 저학년, 늦어도 청소년 중기 이전에 외
국어를 학습하지 않으면 외국어를 유창하게 발음하기 어렵다. 시각도 정상적으로 발달
하려면 결정기에 시각자극을 경험해야 한다. 백내장 상태로 출생하더라도 시각발달의
결정기에 해당하는 2세 전에 수술하면 시각이 정상 발달하지만, 그 시기가 지나면 수술
해도 시각발달이 제한된다.

　그런데 결정기가 지나면 '기회의 창문'이 닫혀 버리기 때문에 환경자극을 받아도 발달
이 되지 않는다는 주장은 상당히 과장되어 있다. 만약, 이 주장이 정확하다면 결정기가
지나면 아무리 많은 경험을 하더라도 특정 영역에서 영원히 발달할 수 없다. 이 주장과
는 달리 학교에서 학습하는 지식 및 기능은 대부분 결정기가 존재하지 않으므로 '기회의
창문'이 서서히 닫힌다. 따라서 늦게 학습하더라도 지식이나 기능을 학습하는 데 큰 문
제가 없다.

3) 융통성

　뇌는 부위별로 기능이 전문화되어 있지만, 융통성을 갖고 있어 특정 부위가 반드시 특
정 기능만 수행하는 것은 아니다. 뇌손상 환자의 뇌를 상당 부분 수술로 절제해도 인지
기능이 거의 손상되지 않는데, 이것은 특정 부위가 손상되면 다른 부위가 손상된 부위의
기능을 대신하도록 뇌가 융통성 있게 적응한다는 것을 나타낸다.

　뇌는 인지적 처리가 필요한 과제 및 직무에 적응하여 융통성 있게 발달한다. 미로처
럼 복잡한 런던 시내 구석구석을 정확하게 기억해야 하는 런던의 택시 운전사들은 공간
정보를 처리하는 뇌의 부위가 다른 부위보다 상대적으로 더 크다고 하는데, 이것은 뇌의
부위 및 기능이 인지적 요구에 따라 융통성을 발휘한다는 것을 잘 보여 준다. 따라서 특
별한 경험과 훈련을 하면 뇌는 그에 맞추어 발달한다. 가령, 집중적으로 외국어를 학습
하면 그에 관련된 뇌 부위가 발달하고, 음악훈련을 하면 관련된 뇌 부위가 발달한다.

　결론적으로 뇌와 인지는 일방적으로 영향을 주는 것이 아니라 서로 영향을 주고받는

다. 즉, 뇌의 구조는 인지기능에 영향을 주고, 인지적 요구도 뇌에 영향을 준다. 뇌와 인지의 이러한 관계를 Martinez(2010)는 "뇌는 마음을 형성하고, 마음은 뇌를 형성한다(The brain shapes the mind, and the mind shapes the brain)."라고 했다.

4) 가소성

가소성(plasticity)은 뇌가 경험으로 변화되는 능력, 즉 경험의 영향으로 뉴런 간의 연결이 재조직되거나 수정되는 능력을 가리킨다. 뇌의 가소성은 경험의존가소성과 경험예기가소성으로 나뉜다(Greenough, Black, & Wallace, 1987).

경험의존가소성(experience-dependent plasticity)은 경험으로 새로운 시냅스가 형성되는 현상을 말한다. 경험의존가소성은 지식 및 기능 학습과 밀접한 관련이 있다. 풍부한 경험을 통해 시냅스를 강화하고 시냅스를 새로 형성하면 새로운 지식과 기능을 학습할 수 있다.

경험예기가소성(experience-expectant plasticity)은 과잉 생성된 시냅스가 외부 자극을 기대하는 가소성을 가리킨다. 뇌는 적절한 환경자극을 받으면 환경에 적응하여 제대로 발달할 수 있다. 가령, 뇌는 생후 1개월 동안 시각자극 및 청각자극을 기대하는데, 정상 범위의 빛과 소리가 뇌를 자극하면 시각 및 청각이 정상 발달하지만 시각자극 및 청각자극을 경험하지 못하면 시각 및 청각이 제대로 발달하지 않는다. 경험예기가소성은 한국 성인이 왜 r과 l의 발음을 구별하지 못하는지 잘 설명한다. 한국인 신생아의 뇌는 r과 l의 발음을 구별하는 시냅스가 있지만, 한국어를 학습하는 과정에서 두 발음을 구별하는 자극을 충분히 경험하지 못한 결과 두 철자의 발음을 구별하는 데 관련된 시냅스가 제거되어 성인이 되면 두 철자의 발음을 구별하지 못한다.

생의 초기에서 청소년기까지 작동하는 경험예기가소성에 의한 발달은 모든 영역에서 나타난다. 예를 들어, 정상범위의 언어자극을 경험하면 언어능력이 정상적으로 발달하고, 정상범위의 시각자극을 경험하면 시각이 정상적으로 발달한다.

4. 뇌 연구의 교육적 함의

신경생리학적 관점에서 학습은 시냅스가 변화되는 과정, 즉 기존 시냅스가 강화(혹은 약화)되거나 새로운 시냅스를 형성하는 과정이다. 학습하면 기존 시냅스 간 소통이 증진되어 시냅스가 강화되고 새로운 시냅스가 형성된다.

학습에는 뇌의 여러 부위가 관여한다. 새로운 정보에 주의를 기울이고 사고할 때는 전두엽이 활성화되고, 새로운 정보를 선행지식에 비추어 해석할 때는 대뇌피질의 모든 엽이 활성화된다. 해마는 뇌의 각 부위에 수용된 정보를 결합하여 새로운 기억을 생성하여 공고화한다. 편도체는 정서적 기억을 형성하고 주의를 기울이며 새로운 경험을 해석하는 데 영향을 준다.

별 모양의 교세포인 성상세포(astrocytes)는 학습 및 기억에서 뉴런만큼, 심지어 뉴런보다 더 중요한 기능을 하는 것으로 알려져 있다. 인간의 뇌에서 성상세포는 뉴런보다 더 많으며, 정상적인 뇌는 일생에 걸쳐 성상세포를 새로 만든다. 성상세포는 인접 성상세포 및 뉴런과 무수하게 연결되어 뉴런의 활성화 및 금지와 뉴런 간의 소통을 통제한다.

행동활성화 체제와 행동억제 체제는 성격 및 동기의 기제로 작동한다(Gray, 1970). **행동활성화 체제**(behavioral activation system: BAS)는 보상 및 접근동기와 관련된 신경계 신호를 수용하는 부위로, 보상을 추구하는 동기를 유발하는 가속체제(go system) 역할을 한다. 이 체제가 민감할수록 보상을 추구하는 경향이 높으므로 충동적이고 쾌락과 흥분을 추구하며 외향성이 높다. **행동억제 체제**(behavioral inhibition system: BIS)는 처벌 및 회피동기와 관련된 신경계 신호를 수용하는 부위로, 처벌을 회피하는 동기를 유발하는 중단체제(stop system) 역할을 한다. 행동억제 체제가 민감할수록 처벌자극을 회피하려고 하며 내향성이 높다. 행동억제 체제의 차이로 인해 사람들은 불안, 고통, 위험을 피하려는 경향이 다르다.

학습한 지식 및 기능을 장기간 보존하려면 공고화해야 한다. **공고화**(consolidation)는 새로 획득한 지식이나 기능이 뇌에 자리 잡는 신경생리학적 과정을 말한다. 공고화는 시냅스 공고화와 체제 공고화로 나뉜다(Ormrod, 2020). **시냅스 공고화**(synaptic consolidation)는 새로운 지식 및 기능 학습에 관련된 뉴런의 신경전달물질을 생성하고 수용성을 높여 시냅스를 강화하는 단계를 말한다. **체제 공고화**(system consolidation)는 관련된 뉴런망이 지속성을 갖도록 재구조화하는 단계를 가리킨다. 시냅스 공고화는 학습 후 몇 분 혹은 몇 시간 내에 일어나며, 뉴런망을 강화하는 체제 공고화는 몇 주 이상 지속될 수 있다. 공고화는 시냅스 공고화와 체제 공고화의 순서로 진행된다.

　뇌 연구는 학습 및 인지 이론의 발전에 기여했지만 과장되고 왜곡된 경향이 있다. 널리 회자가 되는 뇌기반 교육, 조기교육, Mozart 효과, 좌뇌형 인간 혹은 우뇌형 인간이란 말은 상당히 과장되어 있으므로 뇌 연구의 결과를 교육에 적용할 때는 신중해야 한다(Fischer & Daley, 2007).

　뇌 연구는 정보와 기능의 중요성에 관한 기준을 제시하지 못하고 있다. 정보와 기능의 중요성은 문화에 따라 다르고, 우선순위는 가치에 따라 결정된다. 또 뇌 연구는 정보나 기능을 어떤 방식으로 가르치는 것이 좋은가에 관해 명료한 지침을 제시하지 못하고 있다(Ormrod, 2020). Bruer(1997)는 뇌 연구의 결과를 수업이나 교육과정 설계와 같은 교육적 결정에 적용할 때 오류를 범할 소지가 크므로 연구결과를 교육에 직접 적용하지 말고 인지심리학에 비추어 연구결과를 해석해야 한다고 지적했다.

　현재까지 뇌 연구의 결과가 상당 부분 잠정적이라는 점을 고려할 때 뇌 연구의 교육적 함의는 다음과 같다(Ormrod, 2020).

① 출생 초기의 환경자극은 뇌 발달에 큰 영향을 준다. 출생 초기의 심각한 자극박탈은 뇌 발달을 저해한다. 출생 초기 적절한 환경자극을 받지 못하면 뇌 발달이 지체된다. 또 환경자극이 과도하면 뇌 발달에 부정적인 영향을 줄 수 있다. 지나치게 복잡한 고가의 장난감이나 영아 교육프로그램은 필요한 것보다 더 많은 자극을 주기 때문에 뇌 발달을 저해할 수 있다.

② 경험예기가소성이 영향을 주는 영역의 발달을 촉진하려면 생의 초기 적절한 환경자극을 주어야 한다. 즉, 시각자극을 제시하여 시각발달을 촉진하고, 언어자극을 제시하여 정상적인 언어발달을 촉진해야 한다.

③ 경험의존가소성이 영향을 주는 영역의 발달을 촉진하려면 풍부한 환경자극을 주

고 충분한 경험을 하도록 해야 한다. 예컨대, 적절한 교육프로그램으로 인지능력과 기능 습득을 촉진해야 한다.

④ 결정기는 특정 능력이나 기능을 획득할 수 있는 최적 시기에 관한 정보를 제공하지만, 유일한 시기에 관한 정보는 제공하지 않는다. 결정기 가설에 따르면 뇌가 정상 발달하려면 결정기에 적절한 환경자극을 경험해야 한다. 그런데 결정기는 동물연구에서 도출된 개념으로 과장된 측면이 있으므로 인간의 학습 및 발달에 적용할 때는 신중해야 한다. 인간의 경우 분명한 결정기가 존재하지 않는다. 그래서 결정기를 민감기(sensitive period)로 부르기도 한다. 민감기는 특정 기능 학습을 뇌의 발달 시기에 맞추는 것이 가장 바람직하지만, 그 시기를 놓쳐도 회복불가능하다는 것을 뜻하지는 않는다. 결정기에 필요한 경험을 하지 못한 경우 그 경험을 보상할 수 있는 프로그램을 제공해야 한다.

⑤ 뇌는 전체로 기능하기 때문에 좌뇌 교육이나 우뇌 교육은 존재할 수 없고, 따라서 뇌의 한 측면만 교육하는 것은 타당하지 않다. 일각에서는 우반구와 좌반구는 각각 기능이 전문화되어 있으므로 좌뇌형 인간과 우뇌형 인간을 별도로 교육해야 한다고 주장하지만, 좌뇌와 우뇌는 사고 및 학습에서 긴밀하게 협력하므로 특별한 사유가 없는 한 뇌의 한 측면만 교육하는 것은 바람직하지 않다.

⑥ 뇌 훈련의 효과는 잠정적이므로(즉, 과학적으로 입증되지 않았으므로) 뇌 훈련의 결과를 교육에 적용할 때는 신중해야 한다. 뇌 훈련이 뇌의 기능, 지능, 신경생리기능을 획기적으로 높인다는 주장이나 광고는 대부분 과장되어 있으므로 현혹되지 않아야 한다.

한편, 뇌 연구가 지지하는 교수법은 다음과 같다(Schunk, 2012).

① **문제기반학습**(problem-based learning: PBL): 실생활에서 당면하는 문제를 해결하는 문제기반학습에서 학습자들이 문제를 해결하면서 협력하고, 창의적으로 사고하고 지식을 독특한 방식으로 적용하며, 지식을 결합하고 활용하는 방식을 이해하면 새로운 시냅스가 형성된다. 또 문제기반학습은 학습동기와 정서적 관여도를 높여 뉴

런망 생성을 촉진한다.

② **시뮬레이션과 역할학습**: 시뮬레이션과 역할학습은 전통적 수업에서는 가능하지 않은 학습기회와 경험을 제공함으로써 학생들의 주의집중과 학습동기, 그리고 학습 참여도를 높여 학습을 촉진한다.

③ **능동적 토의**: 학생들이 인지 및 정서적으로 토의에 적극적으로 참여하면 학습이 촉진된다. 토의과정에서 새로운 아이디어를 기존 개념과 통합하는 인지활동을 하면 새로운 시냅스가 형성된다.

④ **그래픽**: 인간은 시각을 통해 정보를 대부분 수용하므로 시각적 정보는 주의집중, 파지, 학습을 촉진한다. 따라서 교사가 그래픽을 사용하고 학생들에게 그래픽을 많이 사용하도록 하면 시각적 정보처리를 활성화하여 학습을 촉진한다.

⑤ **긍정적 풍토**: 긍정적 태도와 긍정정서는 학습을 촉진한다. 뇌 연구에 따르면 정서적 관여도는 시냅스 연결에 영향을 준다. 긍정적 풍토를 조성하면 학생들의 문제행동을 최소화하고, 학습을 촉진할 수 있다.

뇌를 건강하게 관리하는 방법

소우주에 비유되고 살아 움직이는 고성능 컴퓨터에 비유되기도 하는 뇌가 정보를 원활하게 처리하려면 뇌가 건강해야 한다. 뇌를 건강하게 관리하는 방법은 다음과 같다(권대훈, 2017).

① 새로운 경험을 한다. 새로운 경험을 하면 뉴런, 시냅스, 신경전달물질이 생성되어 정보처리가 활성화된다.

② 운동한다. 운동은 뇌를 보호하고 뇌기능 퇴화를 방지한다. 운동하면 혈액순환이 촉진되어 영양소와 산소가 원활하게 공급되어 뉴런이 생성되고, 시냅스가 강화되며, 신경전달물질이 생성된다. 그 결과 기억 및 학습 능력이 향상된다.

③ 적당한 휴식과 수면을 취한다. 뇌를 과도하게 사용하면 독소나 활성산소가 급격하게 늘어나 뉴런이 손상된다. 그러므로 적당한 휴식과 수면을 통해 뇌의 긴장을 풀어 주는 것이 좋다.

④ 긍정적 사고를 한다. 긍정적 사고는 뇌에 긍정적 변화를 유발하여 기대하는 결과가 실제로 이루어지도록 하는 효과를 발휘한다. **위약 효과**(placebo effect)는 실제 효과가 없는 위약(placebo)이 효과를 나타내는 현상으로, 긍정적인 기대에서 기인한다. 반대로 진짜 약인데도 효과가 없을 것이라고 기대하면 약효가 떨어진다(노세보 효과, nocebo effect). 위약 효과는 몸과 마음이 상호작용하며, 긍정적 사고가 뇌를 긍정적으로 변화시킨다는 것을 잘 보여 준다. 사람은 하루에 6만 가

지가 넘는 생각을 하는데, 그중 80%가 부정적인 사고라고 한다. 부정적 사고는 뇌에 부정적 영향을 주고 결과적으로 행동 및 사고에 나쁜 영향을 준다.

⑤ 충분한 영양을 섭취한다. 필수 지방(오메가 3), 비타민, 미네랄, 포도당과 같은 영양소는 뇌에 에너지를 제공하며, 학습 및 사고에 큰 영향을 준다.

요약

1. 신경생리적인 수준에서 학습은 뇌가 관장한다. 따라서 뇌가 없거나 정상적인 기능을 하지 않으면 제대로 학습할 수 없다.

2. 뇌는 크게 전뇌, 중뇌, 후뇌로 나뉘며, 부위별로 유사한 기능을 하는 뉴런들이 모듈화되어 있어 부위별로 전문적인 기능을 수행한다. 시상, 시상하부, 변연계, 대뇌피질로 구성된 전뇌는 학습, 기억, 언어, 정서, 수의반응, 계획, 결정 등을 관장한다. 중뇌는 시각반사 및 청각정보를 중개하고, 생명 유지 기능을 하는 후뇌는 뇌교, 연수, 소뇌로 구성된다.

3. 좌반구와 우반구의 정보처리기능은 편재화되어 있어 처리하는 정보와 정보처리방식이 다르지만, 뇌는 통합된 전체로 기능을 한다.

4. 뇌는 미시적 수준에서 뉴런(신경세포), 시냅스, 교세포로 구성된다. 뇌를 신경망이라고 하는 것은 뉴런들이 시냅스에 의해 복잡하게 연결되어 있기 때문이다.

5. 뇌는 일단 뉴런과 시냅스를 필요한 것보다 더 많이 생성해 놓은 다음, 사용되는 뉴런과 시냅스는 강화하고 사용되지 않은 뉴런과 시냅스는 제거하는 방식으로 발달한다.

6. 결정기는 환경자극이 뇌의 발달에 필수역할을 하는 시기를 말한다. 언어발달이나 감각발달에는 결정기가 존재하는 것으로 알려져 있다.

7. 뇌는 부위별로 기능이 전문화되어 있지만, 융통성을 갖고 있다. 뇌는 인지에 영향을 주고, 인지적 요구는 뇌에 영향을 준다.

8. 가소성은 경험의 영향으로 뇌가 변화되는 능력, 즉 뉴런 간의 연결이 재조직되거나 수정되는 능력을 가리킨다. 가소성은 경험의 영향으로 새로운 시냅스가 형성되는 경험의존가소성과 과잉 생성된 시냅스가 외부 자극을 기대하는 경험예기가소성으로 나뉜다.

9. 신경생리학적 관점에서 학습은 시냅스가 변화되는 과정이다. 뇌의 여러 부위는 학습에 영향을 준다. 새로 학습한 지식 및 기능은 공고화를 통해 장기간 보존된다.

10. 뇌 연구의 결과는 학습 및 인지 이론의 발전에 기여했지만 과장되거나 왜곡되는 경우가 많으므로 뇌 연구 결과를 교육에 적용할 때는 신중해야 한다.

11. 문제기반학습, 시뮬레이션과 역할학습, 능동적 토의, 그래픽, 긍정적 풍토는 뇌 연구가 지지하는 교수법이다.

제**3**장

행동주의 (I)

학습 목표

- 행동주의의 학습에 관한 견해를 기술한다.
- 고전적 조건형성의 과정, 주요 현상, 교육적 함의를 기술한다.
- Watson의 학습에 관한 견해를 요약한다.
- 근접이론의 학습원리를 설명하고, 습관을 고치는 방법을 기술한다.
- 결합설의 학습과정을 설명하고 교육적 함의를 기술한다.

행동주의(behaviorism)는 객관적으로 관찰할 수 있는 행동을 탐구하는 이론적 접근이다. 행동주의가 행동을 탐구하는 근본적인 이유는 객관적으로 관찰할 수 있고 과학적인 탐구가 가능하기 때문이다. 구조주의 및 기능주의를 배격하고 20세기 전반까지 심리학을 주도한 행동주의의 학습에 관한 견해는 다음과 같다.

① 학습은 행동이 변화되는 과정이다. 행동주의에 따르면 정신은 주관적인 현상으로 객관적으로 탐구할 수 없으므로 심리학의 탐구대상이 아니라 철학의 탐구대상이다. 행동주의 창시자 Watson은 심리학이 객관적으로 관찰할 수 있는 행동을 탐구해야 한다고 선언했다.

② 모든 행동(즉, 바람직한 행동은 물론 바람직하지 않은 행동)은 학습된다. 출생 시의 상태를 백지상태(tabula rasa)로 가정하는 경험론의 영향을 받은 행동주의는 선천적인 소인(素因)을 인정하지 않는다.

③ 학습은 자극과 반응의 관계에 비추어 객관적으로 탐구할 수 있다. 자극(stimulus)은 감각기관에 수용된 빛, 소리, 냄새 등을, 반응(response)은 자극에 대한 행동을 가리킨다. 행동주의는 학습을 자극과 반응의 관계에 비추어 설명하므로 흔히 자극-반응 이론(stimulus-response theory: S-R 이론)이라고 부르기도 한다. 또 행동주의는 조건형성이론으로 불리는데, 조건형성(conditioning, 조건화)은 행동의 변화 혹은 행동을 변화시키기 위한 절차를 말한다. 따라서 '조건형성이 되었다.'라는 말은 '학습되었다.'라는 의미로, '조건형성을 시킨다.'라는 말은 '학습조건을 부여한다.'라는 의미로 사용되고 있다. 조건형성은 크게 대응적 반응(자극이 유도한 반응)의 조건형성을 탐구하는 고전적 조건형성(classical conditioning), 목표 달성에 도움을 주는 수단적 반응의 조건형성을 탐구하는 도구적 조건형성(instrumental conditioning), 조작반응(능동적으로 방출한 반응)의 조건형성을 탐구하는 조작적 조건형성(operant conditioning)으로 나뉜다. 고전적 조건형성은 중립자극과 무조건자극을 결합하는 절차를 활용하고, 도구적 조건형성 및 조작적 조건형성은 반응과 강화를 결합하는 절차를 활용한다.

④ **환경결정론**에 근거하여 환경이 행동을 결정한다고(즉, 환경이 행동의 원인이라고) 본다. 행동주의는 정신을 고려하지 않아도 행동을 기술·설명할 수 있으며, 적절한 환경을 제시하면 모든 학습자가 같은 학습을 한다고 주장한다.

⑤ **환원주의**(reductionism)에 근거하여 복잡한 환경을 단순한 자극으로 분석할 수 있다고 가정한다. 또 **연합주의**(associationism)에 근거하여 복잡한 행동은 단순한 반응이 결합한 것이라고 본다. 결국, 행동주의는 전체가 부분들의 합과 같다고 가정한다.

⑥ 인간과 동물은 질적 차이가 없으며 같은 방식으로 학습한다. 이러한 가정에 따라 행동주의는 동물실험을 통해 정립한 학습의 원리와 법칙을 인간에게 그대로 적용할 수 있다고 주장한다.

⑦ 가장 유용한 이론은 간명한 이론이다. 이 가정에 따라 행동주의는 소수의 원리로 모든 학습을 설명한다.

이 장에서는 ① Pavlov의 고전적 조건형성, ② Watson의 행동주의, ③ Guthrie의 근접이론, ④ Thorndike의 결합설(도구적 조건형성)을 소개한다. 조작적 조건형성은 다음 장에서 살펴본다.

1. 고전적 조건형성

고전적 조건형성(classical conditioning)은 무조건자극과 연합된 중립자극이 무조건자극의 기능을 획득하는 학습을 말한다. 조건형성은 학습(즉, 행동의 변화)과 같은 뜻을 갖고 있다. 고전적 조건형성은 소화과정을 탐구하여 노벨상을 받은 러시아 생리학자 Ivan Pavlov(1849~1936)가 탐구한 조건형성을 일컫는다.

Pavlov는 개가 발소리에 침을 흘리는 기제를 규명하여 고전적 조건형성이론을 정립했다. '고전적'이란 용어는 Pavlov가 탐구한 조건형성을 Thorndike가 탐구한 도구적 조건형성과 구분하기 위해 붙인 명칭이다. 개는 왜 전혀 관계없는 발소리에 침을 흘리게 되었을까? Pavlov는 발소리가 고기와 여러 차례 연합되면 개가 발소리에 침을 흘린다는 사실을 발견했다. 이 절에서는 고전적 조건형성을 살펴본다.

1) 고전적 조건형성의 절차

고전적 조건형성의 원리는 다음과 같이 요약할 수 있다.

무조건자극과 여러 차례 연합된 중립자극은 조건자극이 되어 원래 무조건자극이 유발하는 반응을 유발한다. 이때 무조건자극이 유발한 반응을 무조건반응, 조건자극이 유발한 반응을 조건반응이라고 한다.

예시: 종소리(중립자극)가 고기(무조건자극)와 여러 차례 연합되면 개는 종소리(조건자극)에 침을 흘린다(조건반응).

고전적 조건형성을 이해하려면 다음 개념을 이해해야 한다.

① **무조건자극**(unconditioned stimulus: UCS): 선천적으로 생리 · 정서적 반응을 유발하는 자극(예: 개는 고기에 저절로 침을 흘리므로 고기는 무조건자극이다.)

② **무조건반응**(unconditioned response: UCR): 무조건자극이 유발한 선천적인 생리 · 정서적 반응(예: 개가 고기에 침을 흘리는 반응은 무조건반응이다.)

③ **중립자극**(neutral stimulus): 특정 생리 · 정서적 반응과 관련이 없는 자극(종소리는 원래 침을 흘리는 반응과 관계없는 중립자극이다.)

④ **조건자극**(conditioned stimulus: CS): 무조건자극과 연합된 결과 생리 · 정서적 반응을 유발하는 기능을 획득한 자극(종소리를 들려주고 고기를 주는 절차를 반복하면 개가 종소리에 침을 흘린다. 이때 종소리가 조건자극이다.)

⑤ **조건반응**(conditioned response: CR): 조건자극이 유발한 생리 · 정서적 반응(개가 고기와 연합된 종소리에 침을 흘리는 반응은 조건반응이다.)

⑥ **연합**(association): 중립자극과 무조건자극을 결합하는 과정(예: 종소리를 들려주면서

고기를 주는 것)

고전적 조건형성의 전형적인 절차는 〈표 3-1〉과 같다.

〈표 3-1〉 고전적 조건형성의 절차

단계	자극	반응
1	무조건자극(고기)	무조건반응(침 분비)
2	중립자극(종소리)+ 무조건자극(고기)	무조건반응(침 분비)
3	조건자극(종소리)	조건반응(침 분비)

개는 원래 무조건자극 고기에 무조건반응으로 침을 흘린다(단계 1). 무조건자극은 선천적으로 특정 생리·정서 반응을 유발하는 자극이고, 무조건반응은 무조건자극이 유발한 생리·정서 반응이다. 개가 무조건자극(고기)에 침을 흘리는 것은 학습되지 않은 반응이다. 그런데 종소리는 침을 흘리는 반응과 아무 관계가 없다. 그래서 종소리를 중립자극이라고 한다.

개가 종소리에 침을 흘리도록 하려면 종소리를 들려준 후 고기를 주는 절차(단계 2: 중립자극과 무조건자극을 결합하는 절차)를 반복하면 된다. 그렇게 하면 종소리는 침을 유발하는 기능을 획득한다(단계 3). 이제 종소리를 조건자극, 조건자극이 유발한 반응을 조건반응이라고 한다. 조건반응은 학습된 반응이다. 개는 경험을 통해 종소리에 침을 흘리게 되었다. 조건반응은 영원히 지속되지 않는다. 조건반응이 영원히 지속된다면 환경 변화에 제대로 적응할 수 없다. 환경의 변화에 적응하려면 환경이 바뀔 때 조건반응을 수정해야 한다.

고전적 조건형성에서는 중립자극이 무조건자극의 기능을 대치한다는 점에서 **자극대치 학습**(learning through stimulus substitution)이라고 부르고, 조건자극은 무조건자극이 제시될 것이라는 신호 역할을 한다는 점에서 **신호학습**(signal learning)이라 부르기도 한다. 고전적 조건형성에서는 강화(무조건자극)를 통제할 수 없고, 강화가 반응에 선행한다는 점에서 제4장에서 다루는 조작적 조건형성과 근본적인 차이가 있다.

2) 고전적 조건형성의 주요 현상

고전적 조건형성의 주요 현상은 획득, 소거, 일반화, 변별, 자발적 회복, 고차적 조건형이다.

(1) 획득

획득(acquisition)은 조건자극에 조건반응을 하는 현상으로 학습과 같은 개념이다. 조건반응 획득에 영향을 주는 요인은 다음과 같다.

① **조건자극과 무조건자극의 연합횟수**: 조건반응의 획득은 무조건자극과 조건자극의 연합횟수에 비례한다. 이를 반복의 원리라고 한다.

② **무조건자극의 강도**: 무조건자극의 강도가 높을수록 쉽게 조건형성된다.

③ **조건자극과 무조건자극의 제시순서**: 조건자극이 무조건자극 앞에 제시되어야 조건반응이 쉽게 형성된다. 반대로 무조건자극이 조건자극보다 먼저 제시되면 조건형성이 쉽게 형성되지 않는다. 무조건자극을 조건자극보다 앞에 제시하는 절차를 역행조건형성(backward conditioning)이라고 한다.

④ **조건자극과 무조건자극의 시간간격**: 조건자극 제시 후 무조건자극을 제시하는 시간간격이 짧을수록 쉽게 조건형성이 된다. 즉, 조건자극과 무조건자극이 제시하는 시간이 근접해야 쉽게 조건형성이 된다. 조건자극 제시와 거의 동시에 무조건자극을 제시하는 절차를 동시조건형성(simultaneous conditioning)이라 한다. 조건자극을 제시하고 상당 시간이 지난 후 무조건자극을 제시하는 지연조건형성(delayed conditioning)에서는 조건반응이 쉽게 형성되지 않는다.

(2) 소거

소거(消去: extinction)는 조건반응이 소멸 혹은 감소하는 현상을 가리킨다. 앞의 실험에서 소거는 개가 종소리에 침을 흘리지 않는 원래 상태로 되돌아가는 현상이다. 학교공포증이 있는 학생이 학교에 공포를 느끼지 않는다면 소거가 된 것이다.

(3) 일반화

일반화(generalization)는 조건자극과 유사한 자극에 조건반응을 하는 자극일반화 (stimulus generalization)를 말한다. '자라 보고 놀란 가슴, 솥뚜껑 보고 놀란다'라는 속담은 자극일반화를 나타낸다. 일반화의 정도는 자극과 조건자극의 유사성에 비례한다. 일반 화는 조건자극과 연합된 신경활동이 뇌의 다른 영역으로 확산된 결과 나타나는 것으로 추정되고 있다.

일반화는 적응에 도움을 준다. 일상에서 우리는 완전히 동일한 자극을 경험할 수 없 다. 엄밀한 의미에서 친구 얼굴은 매 순간 다른데도 친구에게 같은 반응을 한다. 일반화 가 가능하지 않으면 어떤 일이 벌어질지 상상해 보기 바란다.

(4) 변별

변별(discrimination)은 원래의 조건자극에만 조건반응을 하고 다른 자극에는 조건반응 을 하지 않는 현상을 가리킨다. 변별은 자극일반화와 상반된 현상이다. 변별은 적응에 도움을 준다. 우리는 살아가면서 비슷한 자극을 수없이 경험하는데, 비슷한 자극을 변별 하지 못하면 제대로 적응할 수 없다.

(5) 자발적 회복

자발적 회복(spontaneous recovery)은 소거된 조건반응이 일정 시간 후 우연히 다시 나타 나는 현상을 일컫는다. 단, 자발적으로 회복된 조건반응은 오래 지속되지 않으며 원래 조 건반응보다 강도가 낮다. 조건자극을 무조건자극과 다시 결합하면 조건반응이 회복된다.

(6) 고차적 조건형성

고차적 조건형성(higher-order conditioning)은 조건자극과 연합된 또 다른 중립자극이 조건반응을 유발하는 현상을 말한다. 무조건자극과 연합된 중립자극이 조건자극(CS_1)이 되어 조건반응을 유발하는 현상은 1차 조건형성이다. 1차 조건형성이 되었을 경우 조건 자극에 제2의 중립자극을 연합시키면(중립자극 + CS_1) 제2의 중립자극도 조건반응을 유 발하는데, 이를 2차 조건형성이라고 한다. 예를 들어, 종소리 CS_1과 연합된 불빛은 CS_2가

되어 조건반응을 유발한다. 2차 조건형성이 되면 CS_2와 연합된 제3의 중립자극도 조건 반응을 유발한다(3차 조건형성).

고차적 조건형성은 시험실패가 왜 불안을 유발하는지 잘 설명한다. 원래 시험실패는 중립적 사건이지만, 시험실패가 부모나 교사의 처벌과 연합된 결과 불안을 유발하고(처벌을 유발하는 무조건자극이다), 시험장에 들어서기만 해도 불안을 경험한다.

3) 정서조건형성

고전적 조건형성은 정서의 조건형성을 잘 설명한다. 고전적 조건형성을 통해 형성된 정서반응을 **조건화된 정서반응**(conditioned emotional response)이라고 한다. 즉, 조건화된 정서반응은 쾌(快)를 유발하는 무조건자극과 연합된 조건자극이 유발한 긍정정서, 그리고 고통을 유발하는 무조건자극과 연합된 조건자극이 유발한 부정정서를 가리킨다. 이에 따르면 즐거움을 유발하는 무조건자극과 연합된 중립자극은 즐거움을 유발하고, 불안을 유발하는 무조건자극과 연합된 중립자극은 불안을 유발한다.

'아내가 귀여우면 처갓집 말뚝에도 절한다'라는 속담은 긍정정서의 조건형성과정을 잘 보여 준다. 이 속담에서 '아내'는 긍정정서(무조건반응)를 유발하는 무조건자극이고, '처갓집 말뚝'은 원래 중립자극이었으나 무조건자극(아내)과 연합되어 긍정정서(조건반응)를 유발하는 기능을 획득한 조건자극이다. 좋아하는 사람과 연합된 것을 저절로 좋아하는 것은 고전적으로 조건형성이 되었기 때문이다. 유명 연예인을 모델로 기용하는 광고는 소비자의 긍정정서를 유발하여 제품을 판매하기 위한 전략이다. 광고에서 연예인은 소비자의 긍정정서를 유발하는 무조건자극이고 제품은 중립자극인데, 제품이 연예인과 연합되면 소비자의 긍정정서를 유발한다.

불안과 같은 부정정서도 고전적으로 조건형성이 된다. 예를 들어, 중립자극이 불안과 관련된 무조건자극과 연합되면 불안을 유발한다. 아이가 간호사를 보거나 병원이라는 말만 들어도 우는 것은 조건형성이 되었기 때문이다. 이 경우 주사가 공포(무조건반응)를 유발하는 무조건자극인데 간호사와 병원은 원래 중립자극이었지만 주사와 연합하여(즉, 병원에서 간호사에게 주사를 맞은 후) 조건자극이 되었다. 그래서 아이는 간호사를 보고 울음을 터뜨린다. 위험한 상황과 관련된 자극(예: 사이렌 소리)에 공포반응을 나타내는 것도 같은 원리로 설명할 수 있다. 조건화된 정서반응은 생존에 도움을 준다.

4) 고전적 조건형성을 활용한 행동수정

고전적 조건형성을 응용하면 바람직하지 않은 반응을 소거시키거나 바람직한 반응으로 대치할 수 있다. 가령, 고전적 조건형성을 활용하여 흡연이나 과음과 같은 습관을 소거시키거나 바람직한 반응으로 대치할 수 있다. 고전적 조건형성 절차를 이용해서 바람직하지 못한 행동을 수정하기 위한 기법을 소개한다.

(1) 소거

소거(extinction)는 조건자극에 조건반응을 하지 않는 현상인데, 바람직하지 않은 조건반응을 소거시키려면 조건자극에 무조건자극이 연합되지 않도록 하면 된다. 흡연이나 음주의 경우 담배나 술은 조건자극이고 흡연이나 음주를 할 때 경험하는 생리적인 만족감은 무조건자극인데, 흡연을 하고 술을 마시는 이유는 생리적 만족감을 경험하기 때문이다. 따라서 흡연이나 음주 습관을 소거시키려면 담배를 피우거나 술을 마셔도 생리적 만족감이 없도록 하면 된다. 금연기법이나 금주기법은 주로 이 원리를 이용한 것이다.

(2) 역조건형성

역조건형성(counter-conditioning)은 바람직하지 않은 반응을 유발하는 조건자극을 바람직한 반응을 유발하는 무조건자극과 연합시켜 바람직하지 않은 반응을 바람직한 반응으로 대치시키려는 방법이다. 역조건형성의 구체적 절차는 다음과 같다.

① 바람직하지 않은 반응과 상반된 반응을 선택한다. 일반적으로 바람직하지 않은 반응은 부정정서(예: 두려움)이므로 긍정정서(예: 즐거움)가 상반된 반응이다.
② 바람직하지 않은 반응(예: 두려움)을 유발하는 자극(예: 개)과 바람직한 반응(즐거움)을 유발하는 자극(예: 친구)을 확인한다.

③ 바람직한 반응을 유발하는 자극을 제시한 후 바람직하지 않은 반응을 유발하는 조
   건자극을 제시한다. 개에 대한 두려움을 소거시키려면 친구를 만나게 한 다음 개를
   보여 준다.

역조건형성의 핵심은 바람직한 반응을 유발하는 자극이 바람직하지 않은 반응을 유발
하는 자극보다 더 강해야 한다는 것이다.

역조건형성으로 수업을 두려워하는 학생이 수업을 좋아하도록 하는 절차를 보자. 수
업시간(조건자극)에 처벌(무조건자극)하면 두려움이 조건형성이 된다. 이때 역조건형성
으로 두려움을 소거시키고 즐거움을 경험하도록 하려면 수업시간에 칭찬(제2의 조건자
극)하여 즐거움을 경험하도록 하면 즐거움이 두려움을 대치한다.

1단계 수업(조건자극 1)	→	두려움(조건반응)
2단계 칭찬(조건자극 2)	→	즐거움(조건반응)
3단계 수업 + 칭찬	→	즐거움(조건반응)
4단계 수업	→	즐거움

역조건형성은 바람직하지 않은 행동을 효과적으로 소거시키며, 소거된 행동이 자발적
으로 회복될 확률이 낮다. 체계적 둔감법은 역조건형성을 응용한 것이다.

(3) 체계적 둔감법

체계적 둔감법(systematic desensitization)은 불안을 유발하는 조건자극을 중립자극으로
환원하기 위해 불안을 유발하는 자극을 점진적으로 제시하여 불안을 소거시키려는 방법
이다. 체계적 둔감법의 핵심은 역조건형성으로 불안을 유발하는 조건자극을 이완과 결
합한다는 점이다. 체계적 둔감법은 크게 3단계로 구성된다.

① **불안위계 작성**: 불안을 일으키는 자극들을 불안을 유발하는 정도에 따라 순서대로
   배열한다. 비행공포증 환자의 불안위계는 다음과 같다.

비행공포증 환자의 불안위계
1. 비행기를 타고 여행한다. 2. 비행기 좌석에 앉아 있다. 3. 비행기 가까이 다가간다. 4. 멀리서 비행기를 바라본다. 5. 공항에 들어간다. 6. 비행기 소리를 듣는다. 7. 비행기 타는 것에 대해 다른 사람과 대화를 한다. 8. 비행기를 포함하지 않는 여행 계획을 세운다.

② 이완훈련: 근육을 이완하는 훈련으로 불안과 상반된 이완(relaxation)을 경험하도록 한다. 이 단계에서는 즐거운 장면을 상상하면서 이완하는 연습을 한다.

③ 상상하면서 이완하기: 충분히 이완된 상태에서 가장 약한 불안을 유발하는 자극을 상상하도록 한다. 이 상태에서 불안을 경험하면 상상을 중지하고 이완하도록 한다. 하위수준의 자극에 불안을 느끼지 않으면 상위수준의 자극과 이완을 결합한다. 가상적인 자극에 불안을 느끼지 않으면 실제 자극에 직면시켜 불안을 나타내지 않을 때까지 계속한다.

체계적 둔감법은 불안을 유발하는 자극을 처음에는 **역치**(threshold, 감지할 수 있는 최저수준)보다 낮은 수준에서 제시한 후 불안을 유발하지 않으면 점차 자극의 강도를 높여 간다는 점에서 뒤에서 소개할 역치법(threshold method)과 비슷하다.

(4) 홍수법

홍수법(flood method)은 공포나 불안을 일으키는 조건자극을 충분히 경험시켜 공포나 불안을 소거시키려는 방법이다. 물을 두려워하지 않을 때까지 물속에 넣어 두는 방법은 홍수법을 활용한 것이다. 홍수법과 유사한 내파치료(內破治療: implosive therapy)는 공포나 불안을 일으키는 대상이나 장면을 상상하도록 하여 공포나 불안을 극복하도록 하는 방법이다. 홍수법은 공포나 불안을 점진적으로 소거시키려는 체계적 둔감법과 대비된다.

(5) 혐오치료

혐오치료(aversion therapy)는 혐오자극을 활용하여 바람직하지 않은 반응을 소거시키려는 방법이다. 그런데 혐오치료는 바람직하지 않은 반응을 직접 소거시키는 것이 아니라 그 반응을 유발하는 상황(자극)을 회피하도록 한다는 점에서 다른 방법과 다르다. 유럽 어느 나라에서 코로나19 확산을 방지하기 위해 잔디에 악취 나는 닭의 배설물을 뿌려 사람들이 잔디밭을 피하도록 한 것은 혐오치료를 활용한 것이다(유럽인들은 잔디밭에서 일광욕을 즐기는 경향이 있다). 젖을 뗄 때 젖꼭지에 쓴맛의 약을 발라 아이가 젖꼭지를 회피하도록 한 어머니는 혐오치료를 적용한 것이다.

5) 고전적 조건형성의 교육적 함의

고전적 조건형성은 중립자극이 무조건자극과 여러 차례 연합될 때 일어나는 자동적 과정이므로 중립자극과 무조건자극의 연합은 고전적 조건형성의 필수조건이다. 따라서 중립자극이 무조건자극과 연합되지 않으면 조건형성이 되지 않고 조건형성이 되어도 조건반응이 쉽게 소거된다.

그런데 인간의 경우 중립자극과 무조건자극이 단 한 번만 연합되어도 조건형성이 되기도 하고, 조건자극이 무조건자극과 계속 연합되지 않아도 조건반응이 쉽게 소거되지 않는다. 또 중립자극과 무조건자극의 관계를 인식하지 못하면 조건형성이 되지 않는 경우가 있고, 두 자극이 관련이 없는데도 관련된다고 생각하면 조건형성이 되기도 한다.

Pavlov의 이론과 배치되는 이러한 현상은 고전적 조건형성이 자동적인 과정이 아니라 인지가 매개한다는 것을 시사한다. 고전적 조건형성을 인지적 관점에서 해석하면 중립자극은 무조건자극에 관한 기대에 영향을 주기 때문에 조건자극의 기능을 획득한다. Pavlov의 실험에서 개는 종소리를 듣고 무조건자극(고기)을 기대했기 때문에 종소리에 침을 흘렸다고 해석할 수 있다. 인지적 관점에서 볼 때 조건자극은 무조건자극에 관한 정보(무조건자극이 제시되는 시점 및 장소, 무조건자극의 양과 질에 관한 정보)를 제공한다.

고전적 조건형성의 교육적 함의는 다음과 같다.

① 학교 및 학습에서 긍정정서를 경험하도록 해야 한다. 학생들이 긍정정서를 경험하면 수업, 교사, 친구 등이 긍정정서와 연합되므로 학습이 촉진된다. 또 긍정정서는 그 자체가 중요한 교육목표로 타당하다.

② 학교 및 학습에서 부정정서를 경험하지 않도록 해야 한다. 그렇게 하자면 학급이 질서 있고 안전해야 하며, 교사와 학생들이 서로 존중하고 배려해야 한다. 특히 학습이 부정정서와 연합되지 않도록 해야 한다. 학습이 부정정서와 연합되면 학습과 관련된 모든 것(수업, 교사, 과제, 시험 등)에 부정정서가 조건형성이 되어 학습을 방해한다. 학습에 부정정서를 경험하면 부정정서를 소거시키고 긍정정서로 대치해야 한다.

③ 성공을 극대화하고 실패를 최소화해야 한다. 학업 및 대인관계에서 성공하면 긍정정서를 경험한다. 반면, 학업 및 대인관계에서 실패하면 불안이나 공포가 조건형성이 된다. 일단 불안이나 공포가 조건형성이 되면 쉽게 소거가 되지 않을뿐더러 대처능력이 손상된다. 그런데 항상 성공만 경험하고 실패를 전혀 경험하지 않는 것이 바람직한 것은 아니다. 실패를 경험하지 않으면 학교 내외에서 불가피하게 당면할 수밖에 없는 실패상황에 제대로 대처할 수 없다. 실패나 실수에서도 많은 것을 학습할 수 있다.

④ 적절하게 일반화하고 변별하도록 가르쳐야 한다. 그러기 위해서는 상황의 유사성과 차이점을 정확하게 인식하도록 해야 한다.

⑤ 학교나 학습에 관련된 불안이나 공포를 극복하도록 도와주어야 한다. 불안이나 공포를 소거시킬 때는 체계적 둔감법이나 역조건형성을 활용할 수 있다.

2. Watson의 행동주의

행동주의 심리학의 창시자 John B. Watson(1878~1958)은 심리학은 과학이므로 자연과학의 연구방법을 통해 객관적으로 관찰할 수 있는 행동을 탐구해야 한다고 선언했다. 객관적으로 관찰할 수 있는 행동이란 사람들이 동의하는 행동을 말한다. Watson은 의식을 연구대상으로 하는 구조주의 및 기능주의, 그리고 만족이나 불만족과 같은 주관적인 개념을 포함하는 Thorndike의 결합설을 배격했다.

Locke 백지설의 영향으로 극단적인 환경결정론(인간 행동이 전적으로 환경에 의해 결정된다는 관점)을 견지한 Watson은 소수의 반사 및 기본정서를 제외하고 정신능력이나 성격을 타고난다는 선천설을 부정했다. Watson에 따르면 부유한 사람과 가난한 사람, 용감한 사람과 겁쟁이, 유명한 사람과 평범한 사람의 차이는 선천적 차이가 아니라 경험 및 기회의 차이에서 기인한다. 모든 인간이 선천적으로 동등하다는 Watson의 견해는 당대의 시대정신을 반영하고 있다. Watson의 극단적인 환경결정론은 "건강한 유아 12명과 양육할 수 있는 좋은 공간을 마련해 준다면 유아들을 원하는 전문가(의사, 판사, 화가, 상인, 거지, 도둑 등)로 만들 수 있음을 확신한다."라는 주장에 잘 나타나 있다.

Watson은 다음과 같은 연합법칙을 제안했다.

① **빈도의 법칙**(law of frequency): 자극과 반응이 연합된 빈도가 높을수록 자극-반응 연합이 강해진다.
② **신근성의 법칙**(law of recency): 자극에 대해 최근 나타난 반응일수록 자극과 연합될 확률이 높다.

Watson은 Pavlov의 고전적 조건형성이 인간의 학습 및 성격을 잘 설명한다고 믿었다. 그는 생후 11개월 된 Albert가 공포증을 습득하는 과정을 통해 종래 선천적인 것으로 간주하던 정서반응이 조건형성된다는 사실을 입증했다. Albert는 처음에는 흰 쥐(중립자극)에 공포를 전혀 나타내지 않았다. 그런데 흰 쥐를 보여 주면서 철봉 소리(무조건자극)를 들려주었더니 격렬하게 몸부림치며 울음을 터뜨렸다(무조건반응). 이 과정을 반복했더니 Albert는 흰 쥐를 보고 울음을 터뜨렸으며(조건반응), 토끼나 개 등 흰 털을 가진 동물이나 물건에도 공포를 나타냈다(일반화).

Watson의 이론은 심리학은 물론 아동 양육과 교육에 큰 영향을 미쳤으나, 학습의 역할을 과장하고 유전의 역할을 경시했으며 인간을 지나치게 단순화시켰다는 지적을 받고 있다.

3. 근접이론

Edwin R. Guthrie(1886~1959)의 **근접이론**(contiguity theory)은 학습을 자극-반응 연합으로 설명하는 행동주의 이론이다. Pavlov나 Skinner와 달리 Guthrie는 저서 및 논문도 적고 제자와 추종자도 거의 없었지만 그의 이론은 대부분의 학습이론 교재에서 소개될 정도로 탁월성을 인정받고 있다. 이 절에서는 Guthrie의 근접이론을 간단히 소개한다.

1) 근접의 원리

근접의 원리(contiguity principle)는 시공간적으로 근접한 사상(事象, 두 개의 자극 혹은 자극과 반응)들이 연합(즉, 학습)된다는 원리를 말한다. 근접(contiguity)은 사상들이 시공간적으로 가까이 있음을 뜻한다.

Guthrie(1935)는 원래 근접의 원리를 "어떤 자극조합(combination of stimuli)에 어떤 반응을 했을 경우 그 자극조합이 다시 나타나면 같은 반응을 하는 경향이 있다."라고 정의했다. Guthrie는 1938년 근접의 원리를 "반응할 때 활성화된 자극패턴은 같은 반응을 유발한다."라고 수정했다.

근접의 원리에 따르면 학습의 충분조건은 근접(자극과 반응의 시·공간적 연합)이다. 고전적 조건형성에서도 근접은 중요한 조건이다. 앞서 살펴본 것처럼 중립자극과 무조건자극이 시간적으로 근접하지 않으면 조건형성이 쉽게 되지 않는다.

학습을 자극과 반응의 근접에 비추어 설명하는 근접이론은 효과의 법칙을 중시하는 Thorndike의 이론이나 강화를 중시하는 Skinner의 이론과 근본적인 차이가 있다. 근접이론에 따르면 강화는 자극-반응 결합(즉, 학습)이 아니라 후속반응에 영향을 주므로 강화를 하지 않아도 학습되며, 자극에 새로운 반응이 연합되는 것을 차단하여 학습해소(unlearning, 망각)를 방지한다. 또 근접이론에 따르면 처벌도 학습에 영향을 주지 않는다. 처벌은 반응을 억압하기만 할 뿐 대안적 반응을 제시하지 못한다.

2) 일회시행학습

일회시행학습(one-trial learning)은 단 1회의 시행(즉, 자극-반응 연합)만으로 학습되는 실무율 학습(悉無率 學習, all-or-none learning, 자극이 반응과 처음 연합되는 순간 학습되거나 학습되지 않는 학습)을 말한다. 일회시행학습에 따르면 어떤 자극에 한 번만 반응하면 자극-반응이 완전히 연합된다(즉, 학습된다). Guthrie는 이를 "자극패턴은 반응과 처음 연합되는 순간 완전한 연합강도를 획득한다."라고 했다. 이는 어떤 장면에서 일단 어떤 행동을 하면 그 장면에서 같은 행동을 한다는 것을 뜻한다. 일회시행학습에 따르면 어떤 상황에서 어떤 행동을 했는지 알면 앞으로 그 상황에서 어떻게 행동할 것인지 예측할 수 있다.

일회시행학습은 연합강도(학습강도)가 무조건자극과 조건자극의 반복횟수에 따라 결정된다는 Pavlov의 이론이나 연습의 법칙을 중시하는 Thorndike의 이론과 다른 극단적인 견해에 속한다.

3) 습관을 변화시키는 방법

습관(habit)은 다양한 상황에서 특정 방식으로 행동하는 지속적인 경향성을 가리킨다. 처음에는 사람이 습관을 만들지만, 습관이 되면 제2의 천성이 되어 습관의 지배를 받기 때문에 습관이 사람을 만든다.

습관을 고치기 어려운 이유 중 하나는 습관이 무수한 단서(자극)와 연합되어 있고 습관과 연합된 결정적 단서를 찾기 어렵기 때문이다. 습관을 바꾸려면 습관을 유발하는 결정적인 단서에 완전히 다른 행동을 하도록 하면 된다. Guthrie는 억제조건형성(inhibitory conditioning, 바람직하지 못한 습관을 억제하는 반응을 조건형성시키는 절차)을 활용하여 습관을 변화시키는 세 가지 방법을 소개했다.

(1) 역치법

역치법(閾値法: threshold method)은 단서(자극)가 습관을 유발하지 않도록 처음에는 단서를 역치(threshold, 식역, 감지할 수 있는 최저수준의 자극)보다 낮은 수준에서 제시한 후 그 단서가 습관을 유발하지 않으면 점차 강도를 높여 가면서 제시하여 습관을 고치는 방법이다. 역치법의 핵심은 단서가 습관을 유발하지 않도록 반드시 역치보다 낮은 수준에서 제시해야 한다는 것이다. 단서가 역치보다 낮으면 습관을 유발하지 않는다.

야생마에게 안장을 채울 때 처음에는 야생마가 감지하지 못하도록 가벼운 담요에서 시작해서 점차 안장 무게를 늘려 가는 방법은 역치법을 응용한 것이다. 아이에게 매운 음식을 먹일 때도 역치법을 응용하여 매운맛을 점차 높이면 된다.

역치법은 체계적 둔감법과 비슷하지만, 체계적 둔감법은 불안이나 공포를 일으키는 자극을 직접 경험하지 않고 상상하도록 한다는 점에서 자극을 직접 경험하도록 하는 역치법과 다르다.

(2) 피로법

피로법(fatigue method)은 잘못된 습관을 지칠 때까지 반복하도록 하여 습관을 고치는 방법이다. 이 절차를 반복하면 습관을 유발하는 자극은 습관을 회피하도록 하는 기능을 획득한다. 야생마를 지치게 하여 길들이는 로데오(rodeo) 방법은 피로법을 활용한 것이다. 장난감을 집어 던지는 아이의 행동을 고치려면 장난감을 온종일 집어 던지도록 하면 된다.

(3) 상반반응법

상반반응법(incompatible response method)은 잘못된 행동(습관)을 유발하는 단서에 정반대 행동을 결합하여 잘못된 습관을 소거시키는 방법이다. 이때 두 행동은 동시에 할 수 없고, 정반대 행동은 소거시키려는 습관보다 더 매력적이어야 한다. 예를 들어, TV를 보면서 주전부리하는 행동을 없애려면 그림을 그리게 하고, 학생들의 지나친 경쟁을 고치려면 협력학습을 하도록 하여 집단성취를 기준으로 보상하면 된다. 상반반응법은 역조건형성(counter-conditioning) 또는 상호제지(reciprocal inhibition)로 불리는데, 체계적 둔감법은 이 방법을 응용한 것이다.

4. 결합설(도구적 조건형성)

Pavlov가 고전적 조건형성을 탐구할 무렵 심리학자 및 교육학자로서 명성이 높은 미국의 Edward Thorndike(1874~1949)는 도구적 반응의 조건형성을 탐구하여 20세기 전반 학습이론을 주도한 **결합설**(connectionism) 혹은 **도구적 조건형성**(instrumental conditioning)을 제안했다. 도구적 반응은 목표를 달성하기 위한 수단적 반응을 일컫는다.

결합설에 따르면 학습은 감각경험(즉, 자극의 지각)과 신경충동(반응) 간의 연합을 형성하는 과정이다. 단, 결합설은 관념의 연합을 강조하는 초기의 연합주의와 달리 자극과 반응의 연합을 중시하는 이론이다. 이 절에서는 결합설을 살펴본다.

1) 시행착오학습

시행착오학습(trial and error learning)은 문제를 해결하기 위해 시행착오를 하는 과정에서 적절한 반응을 선택해서 결합하는 학습을 말한다. Thorndike에 따르면 학습은 시행착오를 통해 일어난다.

시행착오학습을 목표(먹이 획득, 목적지 도달, 우리 탈출 등)를 달성하려는 동물의 경우를 예로 들어 보자. 동물은 문제장면(S)에서 목표를 달성하기 위해 다양한 반응($R_1, R_2, R_3, \cdots, R_n$)을 하는데 특정 반응 R_3을 한 후 보상받으면 그 장면에서 반응 R_3가 선택되어 결합이 되고, 나머지 반응들은 소거된다.

시행착오학습은 도구적 학습(혹은 도구적 조건형성)이라고 하는데, 그 이유는 시행착오를 하는 과정에서 목표를 달성할 수 있는 수단적 반응을 선택해서 결합하기 때문이다. 시행착오학습은 시행착오 과정에서 성공적인 반응이 선택되고 바람직하지 못한 반응이 소거되는 점진적인 과정을 통해 일어난다. 따라서 시행착오학습은 학습이 비연속적인 과정으로 급격하게 일어난다는 형태이론의 통찰학습 견해와 대비된다.

2) 학습의 법칙

결합설의 주요 학습법칙은 효과의 법칙, 연습의 법칙, 준비성의 법칙이다.

(1) 효과의 법칙

효과의 법칙(law of effect)은 만족스러운 결과(보상, reward)가 수반된 반응은 출현확률이 증가하고, 불만족스러운 결과(처벌, punishment)가 수반된 반응은 출현확률이 감소한다는 법칙이다. 효과의 법칙에 따르면 자극-반응의 결합강도는 결과에 따라 결정되므로 보상(칭찬, 인정 등)을 받으면 자극-반응의 결합이 강해지고, 처벌을 받으면 자극-반응의 결합이 약해진다. 뒤에 수정된 효과의 법칙에 따르면 보상은 행동확률을 증가시키지만, 처벌은 행동확률을 거의 감소시키지 않는다.

(2) 연습의 법칙

연습의 법칙(law of exercise)은 연습횟수가 증가할수록 자극-반응의 결합이 강해지고(사용의 법칙: law of use), 연습횟수가 감소할수록 자극-반응의 결합이 약화된다(불사용의 법칙: law of disuse)는 법칙이다. 요컨대, 연습의 법칙은 반복연습이 학습을 촉진한다는 법칙이다. 뒤에 수정된 연습의 법칙에 따르면 보상이 수반되지 않는 단순반복은 반응을 강화하지 않으며, 단순히 연습하지 않는다고 반응을 약화시키지 않는다. 연습의 법칙은 20세기 초 미국교육에 큰 영향을 미쳐 교육계에서는 반복연습을 가장 중요한 학습방법으로 강조했다.

(3) 준비성의 법칙

준비성의 법칙(law of readiness)은 신경생리적인 준비가 되었을 때 반응하면 만족스럽지만, 준비되지 않았는데 반응을 강요하거나 준비되었는데도 반응을 금지하면 불만족스럽다는 법칙이다. 여기서 준비성은 만족이나 불만족을 결정하는 신경생리적 충동으로, 학습하는 데 필요한 선행학습의 수준을 뜻하는 통상적인 의미의 준비성과 다르다. 준비성의 법칙에 따르면 준비된 반응은 쉽게 학습된다. 준비성의 법칙은 효과의 법칙의 보조

법칙이다.

(4) 하위법칙

결합설의 하위법칙은 다음과 같다.

① **다양반응**(multiple response): 문제를 해결하기 위해 다양한 반응을 하는 과정에서 적절한 반응을 선택한다는 법칙이다. 이 법칙에 따르면 다양한 반응을 하면 문제를 해결할 수 있는 반응이 출현할 확률이 높아지므로 학생들에게 문제상황에서 다양한 반응을 하도록 해야 한다. 시행착오를 통해 문제를 해결하는 학습을 시행착오학습이라고 한다.

② **자세 또는 태도**(set or attitude): 어떤 행동을 하고, 또 결과가 만족스러운지 불만족스러운지는 자세나 태도가 부분적으로 결정한다는 법칙이다. 일정한 방식으로 행동하려는 경향성을 뜻하는 자세나 태도는 일종의 동기에 해당된다.

③ **요소의 우월**(prepotency of component): 사소한 요소를 무시하고 중요한 요소에 선택적으로 반응한다는 법칙이다. 이 법칙은 수업에서 중요한 내용을 강조해야 함을 시사한다. 그렇지 않으면 학생들은 사소한 내용에 주의를 기울이게 되므로 학습이 제대로 되지 않는다.

④ **유추반응**(response by analogy): 새로운 장면에서는 과거 유사한 장면과 같은 반응을 한다는 법칙이다. 프랑스어 단어를 영어단어와 비슷하게 발음하는 것은 유추반응이다. 이 법칙에 따르면 과거 반응을 알면 어떤 반응을 할지 예측할 수 있다. 이 법칙은 전이가 두 장면의 공통요소에 따라 결정된다는 전이의 동일요소설(identical element theory of transfer)의 토대가 되었다.

⑤ **연합이환**(聯合移換, associative shifting): 특정 자극에 대해 나타나던 반응이 다른 자극에 대해서 나타나는 자극대치(stimulus substitution)를 가리킨다. 연합이환은 고전적 조건형성에서 조건자극이 무조건자극을 대치하는 과정과 유사하다. 광고는 연합이환의 원리를 응용한 것이다. 긍정정서를 유발하는 모델과 상품을 짝지어 제시하면 결국 상품이 긍정정서를 유발한다. 연합이환은 근접에 의해 좌우되므로 효과

의 법칙이 지배하는 시행착오학습과 다르다.

〈표 3-2〉 결합설의 하위법칙

하위법칙	설명
다양반응	다양한 반응을 시도하는 과정에서 적절한 반응이 나타나서 선택된다.
자세 또는 태도	어떤 행동을 할 것인지 그리고 결과가 만족스러운지 아니면 만족스럽지 않은지 결정한다.
요소의 우월	사소한 측면은 무시하고 중요하고 우월한 요소에 선택적으로 반응한다.
유추반응	새로운 장면에서는 과거에 경험한 유사한 장면과 비슷하게 반응한다.
연합이환	특정 자극에서 나타나던 반응이 완전히 새로운 자극에서 나타난다.

3) 결합설의 교육적 함의

Thorndike는 주로 동물실험을 통해 학습을 탐구했지만, 인간의 복잡한 학습도 동물실험에서 규명된 학습원리로 설명할 수 있다고 확신하고 학습, 개인차, 전이, 지능, 측정 및 평가와 같은 교육문제에 큰 관심을 가졌다. Thorndike 이론의 교육적 함의는 다음과 같다.

① 습관형성: 학생들이 자발적으로 좋은 습관을 형성할 것이라고 기대하지 말고 의도적으로 좋은 습관을 형성시켜야 한다.
② 다양반응: 문제상황에서 다양한 반응을 하도록 해야 한다. 시행착오학습에 따르면 다양한 반응을 하는 과정에서 문제를 해결할 수 있는 반응이 나타난다.
③ 보상: 정확한 반응에 보상을 주면 학습이 촉진된다. 따라서 다양한 반응을 할 기회를 준 다음 정확한 반응을 하면 보상을 해야 한다.
④ 자세 및 태도: 자세 및 태도는 반응에 영향을 주므로 교육에서는 학생들의 자세 및 태도를 확인하고 바람직한 자세 및 태도를 형성하도록 해야 한다. 교사가 학생의 태도에 영향을 줄 수 있다는 점에도 유의해야 한다. 예컨대, 교사가 창의성을 중시하면 학생들도 창의적 행동을 중시하고 창의적으로 행동할 개연성이 높아진다.
⑤ 주의: 하위법칙 '요소의 우월'에 따르면 학습자들은 모든 자극에 똑같이 반응하지

않고 중요하거나 특징적인 자극에 선택적으로 반응한다. 따라서 수업에서는 핵심 내용을 고딕, 밑줄, 색상, 음성, 동작으로 강조하여 학생들이 주의를 집중하도록 해야 한다.

⑥ 준비도: 학습은 준비가 되었을 때 촉진되므로 학생들의 준비도를 확인해야 한다. 준비도는 신체적 성숙, 지적 발달 수준, 배경지식, 동기 등을 포함한다.

⑦ 일반화: 학습내용을 새로운 장면에 적용하는 일반화(즉, 전이)는 중요한 교육목표에 해당된다. 교육과정은 일반화를 극대화할 수 있도록 조직해야 한다. 일반화는 학습 장면이 새로운 장면과 유사할수록 촉진되므로 두 장면의 유사성을 높여야 한다.

요약

1. 행동주의는 객관적으로 관찰할 수 있는 행동을 탐구하는 이론적 접근이다. 따라서 행동주의는 관찰할 수 없는 정신과정에는 관심이 없다.

2. 행동주의에 따르면 ① 학습은 행동이 변화되는 과정이고, ② 모든 행동은 학습되며, ③ 학습은 자극과 반응의 관계에 비추어 객관적으로 탐구할 수 있고(자극-반응 이론), ④ 행동 변화의 원인은 환경에 존재하며(환경결정론), ⑤ 복잡한 환경과 행동은 단순한 요소로 분석할 수 있고(환원주의), 복잡한 환경과 행동은 단순한 요소들이 결합된 것이며(연합주의), ⑥ 인간과 동물은 질적 차이가 없고 같은 방식으로 학습하며, ⑦ 가장 유용한 이론은 간명한 이론이다.

3. 고전적 조건형성은 무조건자극과 연합된 중립자극이 무조건자극의 기능을 획득하는 자극대치학습을 가리킨다. 고전적 조건형성의 주요한 현상은 ① 획득(조건자극에 조건반응을 하는 현상), ② 소거(조건반응이 소멸 내지 감소하는 현상), ③ 일반화(조건자극과 유사한 자극에 조건반응을 하는 현상), ④ 변별(조건자극과 다른 자극에 조건반응을 하지 않는 현상), ⑤ 자발적 회복(소거된 조건반응이 일정 시간이 지난 후 우연히 다시 나타나는 현상), ⑥ 고차적 조건형성(조건자극과 연합된 중립자극이 조건반응을 유발하는 현상) 등이다.

4. 고전적 조건형성은 정서의 조건형성을 적절하게 설명한다. 고전적 조건형성을 통해 형성된 정서반응을 조건화된 정서반응이라고 한다. 즉, 조건화된 정서반응은 쾌(快)를 유발하는 무조건자극과 연합된 조건자극이 유발한 긍정정서, 그리고 불안을 유발하는 무조건자극과 연합된 조건자극이 유발한 부정정서를 가리킨다. 이에 따르면 즐거움을 유발하는 무조건자극과

연합된 중립자극은 즐거움을 유발하고, 불안을 유발하는 무조건자극과 연합된 중립자극은 불안을 유발한다.

5. 고전적 조건형성을 이용해서 바람직하지 않은 반응을 수정하는 기법으로는 ① 소거(조건자극에 무조건자극이 연합되지 않도록 하여 바람직하지 않은 조건반응을 소거시키는 방법), ② 역조건형성(바람직하지 않은 조건반응을 유발하는 조건자극을 바람직한 반응을 유발하는 무조건자극과 연합시켜 바람직하지 않은 반응을 바람직한 반응으로 대치하는 방법), ③ 체계적 둔감법(불안을 유발하는 자극을 점진적으로 제시하여 불안을 소거시키는 방법), ④ 홍수법(불안을 일으키는 자극을 충분히 경험시켜 불안을 소거시키는 방법), ⑤ 혐오치료(바람직하지 않은 반응을 유발하는 상황을 회피하도록 하여 바람직하지 않은 반응을 소거시키는 방법)가 있다.

6. 고전적 조건형성은 학교 및 학습에서 긍정정서를 경험하고 부정정서를 경험하지 않도록 해야 하고, 학생들이 학교나 학습에 관련된 불안이나 공포를 극복하도록 도와주어야 함을 시사한다.

7. 행동주의의 창시자인 Watson은 심리학이 객관적으로 관찰할 수 있는 행동을 탐구해야 한다고 선언했다. 환경결정론을 견지한 그에 따르면 모든 행동은 환경에 의해 결정된다.

8. 근접이론에 따르면 자극과 반응이 근접하면 학습되고(근접의 원리), 일회시행을 통해 학습되므로(일회시행학습) 반복이나 강화는 학습의 필수요건이 아니다. 근접이론은 습관을 고치는 방법으로 ① 역치법(단서가 습관을 유발하지 않도록 단서를 처음에는 역치보다 낮은 수준에서 제시하고 점차 강도를 높여 가면서 제시하여 습관을 고치는 방법), ② 피로법(잘못된 반응을 지칠 때까지 반복하도록 하여 습관을 고치는 방법), ③ 상반반응법(잘못된 행동을 유발하는 단서에 정반대 행동을 결합시켜 잘못된 습관을 고치는 방법)을 제시하고 있다.

9. 도구적 반응의 학습을 탐구한 결합설 혹은 도구적 조건형성이론에 따르면 문제를 해결하기 위해 시행착오를 하는 과정에서 적절한 반응을 선택해서 결합한다(시행착오학습). 결합설의 주요 학습법칙은 ① 효과의 법칙(보상이 수반된 반응은 출현확률이 증가하고 처벌이 수반된 반응은 출현확률이 감소한다는 법칙), ② 연습의 법칙(자극-반응의 결합강도는 연습에 비례한다는 법칙), ③ 준비성의 법칙(신경생리적인 준비가 되었을 때 반응하면 만족스럽지만 준비되지 않았는데 반응을 강요하거나 준비되었는데도 반응을 금지하면 불만족스럽다는 법칙)이다. 또 하위법칙에 따르면 태세, 우월한 요소(요소의 우월), 동일요소(유추반응), 고전적 조건형성(연합이환)과 같은 요인들이 학습에 영향을 준다.

제**4**장

행동주의 (II): 조작적 조건형성이론

학습 목표

- 조작적 조건형성의 기본원리를 기술한다.

- 정적 강화, 부적 강화, 정적 처벌, 부적 처벌을 비교한다.

- 강화물의 종류를 열거, 설명한다.

- 조작적 조건형성의 주요 개념(강화물, 강화계획 등)을 설명한다.

- 조작적 조건형성의 교육적 적용방안을 설명한다.

  B. F. Skinner(1904~1990)의 조작적 조건형성이론은 Pavlov의 고전적 조건형성이 주도하던 1930년대에 행동주의의 새로운 지향을 부여한 이론이다.[1] **조작적 조건형성**(operant conditioning)은 조작적 행동(operant behavior, 능동적으로 방출한 수의행동)을 학습하는 절차를 일컫는다. 조작적 행동은 Pavlov가 탐구한 대응적 행동(respondent behavior, 자극이 유발한 행동)과 근본적으로 다른 행동이다.

  조작적 조건형성은 행동의 생존(및 도태)에 관한 학습이다. 진화론에 따르면 진화과정에서 적응에 도움되는 특성을 선택하는데, 진화론의 영향을 받은 Skinner는 조작적 조건형성을 통해 도움이 되는 조작적 행동을 학습한다고 가정한다(Lefrançois, 2006). 유기체는 조작적 조건형성을 통해 어떤 행동을 하고 어떤 행동을 하지 않을 것인지 학습한다. 또 Skinner는 보상 및 처벌이 학습에 영향을 준다는 Thorndike의 효과의 법칙을 수용했다.

  Skinner는 정신을 알 수 없고 설령 안다고 하더라도 행동을 이해하는 데 전혀 도움이 되지 않기 때문에 과학적으로 탐구할 가치가 없다고 단언했다. Skinner는 비둘기와 쥐를 대상으로 한 수많은 실험을 통해 강화와 처벌이 행동을 통제한다는 원리를 도출하고 인간이 자유의지를 가진 존엄한 존재라는 기존 사상을 부정했다. 환경결정론을 견지한 Skinner에 따르면 인간은 환경의 지배를 받기 때문에 자유의지가 없으며, 존엄한 존재도 아니다.

  Skinner는 청년 시절 작가가 되려고 열망했으나 포기했는데 Skinner의 이론으로 설명하면 작가가 되려는 행동이 '강화를 받지 못해' 소거된 셈이다. 그러다 Pavlov와 Watson의 저작에 매료된 후 심리학에 매진하여 큰 업적을 쌓았다. Skinner는 1971년 시사주간지 『Time』이 당대의 가장 저명한 학자로 선정했고, 1975년 어느 여론조사가 미국의 가장 저명한 과학자로 선정했을 정도로 명성이 높았다. Skinner는 자신의 업적에 대한 자

---

1) Skinner(1950)는 「학습이론이 필요한가?(Are theories of learning necessary?)」라는 논문에서 학습이론이 필요하지 않다고 단언했고, 후에 이론은 실용적 가치가 전혀 없다고 선언했을 정도로 이론에 대해 부정적인 견해를 갖고 있었다. 그런데 Skinner는 이론 자체에 반대한 것이 아니라 사변적인 개념으로 행동을 설명하는 이론에 반대했다.

부심이 유별나게 높은 인물이었다. Skinner는 어느 TV 프로그램에 출연했을 때 "집이 불타고 있는데 박사님의 저서와 자녀 중 하나만 구해야 한다면 어떤 선택을 하시겠습니까?"라는 사회자의 짓궂은 질문에 조금도 망설이지 않고 자신의 저서를 선택하겠다고 답했다고 한다. 유전자보다 저서가 인류에 더 큰 공헌을 할 것이라는 확신에서 저서를 선택했다고 한다. 자신의 이론에 대한 자부심으로 가득 찬 Skinner는 소설 『월든 투(Walden Two)』(1948)에서 조작적 조건형성이론을 적용한 이상세계를 묘사하기도 했다.

　행동주의를 대표하는 이론으로 1950년대 이후 심리학을 주도한 조작적 조건형성이론은 인간을 지나치게 단순화시켰다는 비판에도 불구하고 한 시대를 풍미했으며 여전히 큰 영향을 미치고 있다. 이 장에서는 조작적 조건형성이론의 기본원리와 주요 개념, 그리고 교육적 적용을 살펴본다.

1. 조작적 조건형성의 기본원리

　조작적 조건형성이론은 다음 가정에 따라 조작적 행동을 지배하는 법칙을 탐구했다(Lefrançois, 2006).

① 자연현상(날씨, 지진 등)에 법칙이 존재하는 것처럼 인간 행동에도 법칙이 존재한다.
② 행동의 원인은 외부 환경에 존재하며, 객관적으로 탐구할 수 있다.
③ 행동은 결과(즉, 강화와 처벌)가 통제한다. 즉, 행동은 자신이 통제하는 것이 아니다.

　조작적 조건형성이론의 핵심은 행동의 결과(강화와 처벌)가 행동을 통제한다는 것이다. 따라서 조작적 조건형성의 기본원리는 다음과 같이 요약할 수 있다.

　강화를 받은 행동은 반복하고, 처벌받은 행동은 반복하지 않는다.

　강화(reinforcement)는 행동을 증가시키는 결과(절차)로, 정적 강화와 부적 강화로 나뉜다. **정적 강화**(positive reinforcement)는 행동 후 선호자극을 제시하여 행동확률을 증가시키는 결과를 말한다. 쥐가 레버를 누를 때 먹이를 주고, 인사할 때 칭찬하며, 열심히 일한 직원에게 보너스를 주고, 열심히 공부할 때 높은 성적을 주는 것은 정적 강화에 해당된다. **부적 강화**(negative reinforcement)는 행동 후 혐오자극을 제거하여 행동의 빈도나 강도를 증가시키는 결과를 말한다. 쥐가 레버를 누를 때 전기충격을 차단하고, 공부할 때 부모가 잔소리하지 않으며,[2] 자동차 안전벨트를 맬 때 경고음이 중단되는 것, 모범수를 감형하는 것은 부적 강화에 해당된다.

한편, **처벌**(punishment)은 행동을 감소시키려는 결과(절차)로, 정적 처벌과 부적 처벌로 나뉜다. **정적 처벌**(positive punishment, 제시형 처벌)은 행동 후 혐오자극을 제시하여 행동을 감소시키려는 절차를 말한다. 지각할 때 꾸중하고, 인터넷 게임을 할 때 잔소리하는 것은 정적 처벌이다. **부적 처벌**(negative punishment, 제거형 처벌)은 행동 후 선호자극을 제거하여 행동을 감소시키려는 절차를 말한다. 지각할 때 감점하고, 자녀가 늦게 귀가할 때 용돈을 주지 않고, 교통법규를 위반할 때 범칙금을 부과하는 것은 부적 처벌이다. 처벌과 부적 강화는 혼동하기 쉬운데, 목적 및 절차가 다르다. 부적 강화는 행동을 증가시키기 위해 행동 후 혐오자극을 제거한다. 반면, 처벌은 행동을 감소시키기 위해 행동 후 혐오자극을 제시하거나 선호자극을 제거한다.

강화와 처벌은 목적 및 절차가 다르다는 점에 유의해야 한다. 강화는 행동을 증가시키는 데 목적이 있고, 처벌은 행동을 감소시키는 데 목적이 있다. 절차의 측면에서 강화는 행동을 증가시키기 위해 행동 후 선호자극을 제시하거나(정적 강화) 혐오자극을 제거한다(부적 강화). 반면, 처벌은 행동을 감소시키기 위해 행동 후 혐오자극을 제시하거나(정적 처벌) 선호자극을 제거한다(부적 처벌).

---

2) 부모나 교사도 부적 강화의 영향을 받는다. 아이가 울 때 부모가 안아 주면 아이는 울면 안아 준다는 것을 학습하여 더 자주 운다. 이 경우 아이는 정적 강화를 받고(부모가 안아 준다.) 부모는 부적 강화를 받는데(아이가 울지 않는다), 부모는 아이의 울음을 멈추려고 안아 준다. 교사도 부적 강화의 영향을 받는다. 학생들에게 과제를 내면 학생들은 과제를 면제해 달라고 투덜대는데, 투덜대는 소리가 듣기 싫어 과제를 면제해 주면 학생들이 투덜대지 않으므로 교사는 부적 강화를 받는다(이 경우 학생은 정적 강화를 받는다). 그렇게 되면 교사는 다음에 학생들의 불만을 피하려고 과제를 내지 않게 된다.

〈표 4-1〉 강화와 처벌의 개념 및 예시

		자극의 성질	
		선호자극	혐오자극
자극 제시 방식	행동 후 제시한다.	정적 강화 (목적: 행동 증가) 예: 공부하면 칭찬한다.	정적 처벌 (목적: 행동 감소) 예: 지각하면 꾸중한다.
	행동 후 제거한다.	부적 처벌 (목적: 행동 감소) 예: 지각하면 감점한다.	부적 강화 (목적: 행동 증가) 예: 공부하면 잔소리하지 않는다.

조작적 조건형성이론은 왜 어떤 행동을 하고 어떤 행동을 하지 않는지 명쾌하게 설명한다. 행동하는 것은 강화를 받았기 때문이고, 행동하지 않는 것은 강화를 받지 못했거나 처벌을 받았기 때문이다. 모든 유기체는 강화를 받은 행동을 반복하고, 처벌을 받은 행동을 하지 않는다. 이것은 강화나 처벌을 활용하면 행동을 얼마든지 통제할 수 있음을 의미한다. 강화가 행동을 통제하는 구체적인 사례를 보자.

- Skinner 상자 속의 쥐가 레버를 누를 때 먹이를 주면 쥐는 열심히 레버를 누른다.
- 도심의 비둘기들이 사람 주위로 몰려드는 것은 먹이를 받았기 때문이다.
- 아이가 인사할 때 칭찬하면 아이는 열심히 인사한다.
- 우리가 한국어를 할 수 있는 것은 한국어로 말할 때 강화를 받았기 때문이다.

2. 조작적 조건형성의 주요 개념

이 절에서는 조작적 조건형성의 주요 개념으로 ① 강화물, ② 강화계획, ③ 강화의 조건, ④ 행동조성, ⑤ 자극통제와 변별학습, ⑥ 일반화, ⑦ 수반관계계약을 살펴본다.

1) 강화물

강화물(reinforcer)은 행동을 증가시키는 자극을 말한다. 강화물의 종류를 살펴본다.

(1) 정적 강화물과 부적 강화물

정적 강화물(positive reinforcer)은 행동 후 제시할 때 행동을 증가시키는 자극을 말한다.[3] 과자, 칭찬, 돈은 정적 강화물이다. 반면, **부적 강화물**(negative reinforcer)은 행동 후 제거할 때 행동을 증가시키는 자극을 말한다. 잔소리, 질책은 부적 강화물이다. 따라서 정적 강화는 행동 후 정적 강화물을 제시하여 행동을 증가시키는 절차를, 부적 강화는 행동 후 부적 강화물을 제거하여 행동을 증가시키는 절차를 말한다.

(2) 일차적 강화물, 이차적 강화물, 일반화된 강화물

일차적 강화물(primary reinforcer)은 기본적 요구(물, 성, 수면, 온도 등)를 충족시키는 강화물을 말한다. 과자나 음식은 대표적인 일차적 강화물로 어린 아동이나 지적장애아동에게 효과적이다.

이차적 강화물(secondary reinforcer)은 일차적 강화물과 연합되어 강화기능을 획득한 학습된 강화물을 말한다. 칭찬, 승인, 성적, 지위, 휴식, 자격증, 비난, 질책, 실격은 이차적 강화물이다. 일차적 강화물과 연합된 중립자극은 이차적 강화물의 기능을 획득한다. 이차적 강화물의 성질은 일차적 강화물에 따라 좌우된다. 따라서 일차적 강화물이 정적 강화물이면 이차적 강화물도 정적 성질을, 일차적 강화물이 부적 강화물이면 이차적 강화물도 부적 성질을 갖는다.

일반화된 강화물(generalized reinforcer)은 여러 일차적 강화물과 연합된 강화물을 가리킨다. 돈, 지위, 권력, 명성은 일반화된 강화물이다. 돈은 대표적인 일반화된 강화물이

---

3) 강화물은 보상과 구분된다. 보상(reward)은 행동에 수반되는 만족스럽거나 바람직한 자극/사상을 뜻하는데, Skinner는 보상이 객관적으로 관찰할 수 없는 주관적 개념이라고 보고 보상이란 용어를 사용하지 않는다. 강화물은 만족이나 바람직성과 같은 주관적 판단이 아니라 행동에 미치는 효과에 비추어 정의된다. 따라서 행동을 증가시키지 않는 자극은 강화물이 아니다.

다. 일차적 강화물은 박탈조건에서만 효과가 있지만, 일반화된 강화물은 박탈 여부와 관계없이 효과를 발휘한다. 음식은 박탈조건에서만 강화기능을 하지만, 돈은 박탈 여부와 관계없이 강화기능을 한다.

(3) 강화물의 구체적 유형
강화물의 구체적인 유형은 물질 강화물, 교환 강화물, 활동 강화물, 사회적 강화물, 긍정적 피드백, 내재적 강화물로 나뉜다.

① **물질 강화물**(material or tangible reinforcer): 과자, 음식, 장난감과 같은 구체적 강화물
② **교환 강화물**(exchangeable reinforcer): 다른 강화물과 교환할 수 있는 강화물(토큰, 포인트, 쿠폰, 스티커, 스탬프, 칩 등)
③ **활동 강화물**(activity reinforcer): 운동경기, 게임 등 좋아하는 활동(Premack 원리는 강화물로 활동 강화물을 사용하는 프로그램이다.)
④ **사회적 강화물**(social reinforcer): 칭찬, 인정, 미소, 표정, 신체접촉, 언어 등 대인관계에서 제시되는 사회적 사상(事象)
⑤ **긍정적 피드백**(positive feedback): 피드백은 행동의 적절성 혹은 부적절성에 관한 정보(긍정적 피드백은 행동이 적절했다는 정보를, 부정적 피드백은 행동이 부적절했다는 정보를 제공한다.)
⑥ **내재적 강화물**(intrinsic reinforcer): 행동에 수반되는 성취감, 만족감, 유능감, 자부심 등

2) 강화계획

강화계획(reinforcement schedule)은 어떻게 강화할 것인가를 규정한 규칙을 말한다. 강화계획은 연속강화와 간헐강화로 나눌 수 있다.

(1) 연속강화
연속강화(continuous reinforcement)는 정확한 반응을 할 때마다 강화하는 계획이다. 인

사할 때마다 칭찬하는 것은 연속강화에 해당된다. 학습 초기에는 연속강화를 해야 한다. 그런데 연속강화에서는 강화를 주지 않으면 행동이 빨리 소거된다는 문제(즉, 소거에 대한 저항이 약하다.)가 있으므로 연속강화는 효과적인 강화계획은 아니다.

(2) 간헐강화

간헐강화(intermittent reinforcement)는 일부 반응에만 강화를 주는 부분강화(partial reinforcement)를 가리킨다. 간헐강화는 반응을 일관성 있게 지속시키는 **부분강화 효과** (partial reinforcement effect)가 있다. 아이가 10회 장난칠 때마다 관심을 보이는 부모가 있다고 하자(이 경우 관심이 강화물이다). 부모는 아이가 장난칠 때마다 강화하지 않았으므로 장난이 줄어들 것으로 예상하지만, 반대로 장난이 증가한다. 그 이유는 아이가 간헐강화를 받았기 때문이다. 부분강화 효과는 복권, 노름, 낚시 등에서도 흔히 발견된다.

간헐강화는 시간간격을 기준으로 강화하는 간격강화와 반응횟수를 기준으로 강화하는 비율강화로, 시간간격 또는 반응횟수를 고정하는 고정강화와 시간간격 또는 반응횟수를 바꾸는 변동강화로 나뉜다. 강화기준(시간간격 대 반응횟수) 및 변동 여부(고정 대 변동)를 조합하면 간헐강화는 다음과 같은 네 가지 유형으로 나뉜다.

① **고정간격강화**(fixed-interval reinforcement: FI): 시간을 정해 놓고 그 시간이 지난 후 나타나는 첫 번째 반응을 강화하는 계획이다. 전형적인 고정간격강화는 월급이다. 월말고사나 중간고사도 고정간격강화를 활용한 것이다(이때 성적이 강화물이다). 고정간격강화에서는 강화를 받을 시점을 예측할 수 있으므로 강화하는 시점이 가까울수록 반응확률이 높아지다가 강화 후 반응확률이 급격하게 떨어지는 현상이 나타난다. 정기적으로 시험을 칠 때 시험이 다가오면 열심히 공부하지만, 시험이 끝나면 공부하지 않는 것은 고정간격강화에서 기인한다.

② **변동간격강화**(variable-interval reinforcement: VI): 강화하는 시점을 수시로 바꾸는 강화계획이다. 수시고사는 변동간격강화를 활용한 것이다. 변동간격강화를 하면 강화를 받는 시점을 예측할 수 없으므로 반응확률을 일정하게 유지할 수 있다. 수시고사를 치면 학생들은 언제 시험을 칠지 알 수 없으므로 늘 공부해야 한다.

③ **고정비율강화**(fixed-ratio reinforcement: FR): 일정 횟수의 반응을 할 때 강화를 하는 계획이다. 근로자가 컴퓨터 5대를 조립할 때마다 보수를 지급하는 강화계획은 고정비율강화에 해당된다. 고정비율강화는 근로자들의 작업능률을 향상시키기 위해 많이 채택하고 있다.

④ **변동비율강화**(variable-ratio reinforcement: VR): 강화를 하는 반응횟수를 무작위로 바꾸는 강화계획이다. 변동비율강화를 하면 어떤 반응이 강화를 받을지 알 수 없으므로 일관성 있게 반응한다.

〈표 4-2〉 간헐강화 계획 예시

	시간(간격)	비율(반응횟수)
고정	고정간격강화 15초 후 나타나는 첫 번째 반응에 강화를 준다.	고정비율강화 다섯 번째 반응마다 강화를 준다.
변동	변동간격강화 평균 15초 간격으로 반응을 강화하되, 무작위로 강화를 준다.	변동비율강화 평균 다섯 번째 반응을 강화하되, 무작위로 강화를 준다.

(3) 강화계획의 효과

강화계획이 학습속도(반응을 학습하는 데 걸리는 시간/반응횟수), 소거속도(강화를 중단한 후 반응을 중단하는 시점까지 걸린 시간), 반응속도(일정 시간에 나타난 반응횟수)에 미치는 영향은 다음과 같다.

① **학습속도**: 학습 초기에는 연속강화를 해야 한다. 학습 초기 간헐강화를 하면 어떤 반응이 강화를 받을 수 있는지 알 수 없으므로 학습속도가 느려진다.

② **소거속도**: 연속강화를 하면 소거(강화하지 않을 때 반응을 중단하는 현상)가 빨리 일어난다(즉, 소거에 대한 저항이 약하다). 이상적인 강화는 처음에는 연속강화를 하다가 점차 간헐강화로 바꾸는 것이다. 소거에 대한 저항은 변동비율강화에서 가장 높다.

③ **반응의 일관성**: 고정간격강화를 하면 강화 직후 반응을 중단하고 강화시점이 다가

오면 열심히 반응하므로 반응의 일관성이 낮다. 일관성 있게 반응하도록 하려면 변동강화를 해야 한다.

3) 강화의 조건

강화는 조작적 조건형성이론의 핵심 개념으로 강화를 활용하면 바람직한 행동을 증가시킬 수 있다. 강화를 제대로 활용하려면 다음 사항을 고려해야 한다(Ormrod, 2020).

① 강화하려는 행동을 구체화해야 한다. 강화하려는 행동을 구체화하지 않으면 어떤 행동을 하고 어떤 행동을 하지 않아야 할지 알 수 없다. 수업에서도 도달점 행동을 구체적으로 정의하지 않으면 교사가 무엇을 가르치고 평가해야 하는지 알 수 없고, 당연히 학생들도 무엇을 학습해야 하는지 알 수 없다.

② 원칙에 따라 일관성 있게 강화해야 한다. 강화원칙이 없으면 바람직한 행동을 강화하지 않거나 잘못된 행동을 강화할 수 있다. 바람직한 행동을 강화하지 않으면 그 행동이 학습되지 않고, 잘못된 행동을 강화하면 잘못된 행동이 학습된다. 우연히 나타나는 관계없는 행동을 강화하면(우연적 강화) 미신행동(superstitious behavior)이 형성될 수 있다.

③ 효과적인 강화물을 확인해야 한다. 강화물은 사람에 따라 효과가 다르다. 음식은 배고픈 사람에게 효과적이지만 배부른 사람에게는 효과가 없다. 칭찬도 어떤 학생에게는 강화기능을 하지 못하고 불편함을 유발할 수 있다. 따라서 특정 강화물이 모든 학생에게 효과가 있다고 가정하지 말아야 한다. 또 강화물을 남용하지 말고 강화물의 효과가 무한하지 않다는 사실에 유의해야 한다.

④ 행동 후에 강화해야 한다. 행동 전에 강화하면 역효과가 나타난다. 실제 일화 하나를 소개한다. 학점에 지나치게 신경을 쓰는 학생들을 못마땅하게 여긴 미국의 어느 대학교수가 첫 시간에 모두 A 학점을 줄 테니 학점에 연연하지 말고 공부에 매진하라고 당부했다. 과연 학생들은 교수의 기대에 부응하여 공부에 매진했을까? 교수의 예상과 달리 대부분 다음 시간부터 수업에 결석했다고 한다.

⑤ 행동 즉시 강화해야 한다. 행동 즉시 강화하는 **즉시강화**(immediate reinforcement)는 행동 후 상당한 시간이 지나고 강화하는 **지연강화**(delayed reinforcement)보다 더 효과적이다. 교육현장에서 학생들은 시험을 치거나 과제를 제출한 후 상당한 시간이 지나야 자기 점수를 알 수 있으므로 강화 지연은 보편적인 현상이다.

⑥ 모든 학생에게 강화를 받을 기회를 주어야 한다. 교육현장에서는 강화를 받을 기회 자체가 없는 학생들도 있다.

⑦ 도달점 행동을 규칙적으로 수행하면 강화를 점진적으로 줄여 궁극적으로는 강화하지 않아도 자율적으로 행동하도록 해야 한다.

⑧ 새로운 행동을 학습하면 얻는 것이 많다는 사실을 주지시켜야 한다. 사람들은 행동의 손익(損益)을 의식·무의식적으로 분석한다. 행동하면 강화를 받는다는 사실을 알아도 얻는 것이 적거나 손해가 된다고 생각하면 행동하지 않는다.

⑨ 만족지연능력을 키워야 한다. **만족지연**(delay of gratification)은 장기적 목표를 달성하기 위해 즉시적 쾌락을 유보하는 능력을 말한다. 조작적 조건형성이론은 즉시강화를 강조하지만, 학교나 사회에서 성공은 만족지연능력에 의해 좌우되는 경우가 많다. 즉시강화가 가능하지 않으면 강화가 나중에 제시된다는 것을 주지하도록 해야 한다.

4) 행동조성

행동조성(shaping, 조형, 造形)은 강화를 이용해서 복잡한 행동을 점진적으로 형성하는 절차를 가리킨다. 행동조성은 차별강화와 점진적 접근으로 구성된다. **차별강화**(differential reinforcement)는 일부 행동만 강화하는 것을, **점진적 접근**(successive approximation)은 목표행동에 근접하는 행동을 강화하는 것을 뜻한다. 그래서 행동조성을 점진적 접근의 원리라고 한다.

복잡한 행동은 행동조성을 활용하여 점진적으로 형성해야 한다. 복잡한 행동을 조급하게 형성하려고 하면 성공하기 어렵다. 행동조성을 하려면 목표행동을 하위행동으로 분석한 후 하위행동을 차별강화하여 목표행동을 점진적으로 형성시켜야 한다. 행동조성이 성공하려면 반드시 기초행동 획득 후 다음 단계 행동을 강화해야 한다. 또 행동 즉시 강화해야 한다. 강화를 지연시키면 의도하지 않은 행동이 형성될 수 있다.

행동조성의 구체적 절차는 다음과 같다.

① 목표행동을 선정한다.
② 일상적인 조건에서 목표행동의 빈도(기저선, baseline)를 확인한다.
③ 효과적인 강화물을 선택한다.
④ 목표행동을 단순한 하위행동으로 세분한 후 순서대로 배열한다.
⑤ 가장 단순한 하위행동에서 시작하여 목표행동에 접근하는 하위행동을 차별강화한다.
⑥ 연속강화계획에 따라 목표행동을 할 때마다 강화를 준다.
⑦ 변동강화계획에 따라 목표행동에 강화를 준다.

행동조성은 동물훈련방법으로 널리 활용되었다. 행동조성을 활용하여 원숭이가 피아노를 치도록 훈련하려면 ① 피아노를 쳐다볼 때 강화하고, ② 피아노에 다가갈 때 강화하며, ③ 건반을 만질 때 강화하고, ④ 건반을 정확하게 누를 때 강화하는 식으로 단계별로 강화하면 된다.

인간도 행동조성을 통해 복잡한 행동을 학습한다. 예를 들어, 아이가 말을 배울 때 부모들은 처음에는 '어', '아'와 같은 발성에 강화하고, 그다음 '엄'이나 '음'과 같은 단어를 발음할 때 강화하며, 점차 '엄마'라는 단어를 정확하게 발음하면 강화한다. 이와 같은 과정을 통해 아이는 언어를 학습한다.

5) 자극통제와 변별학습

조작적 조건형성이론은 행동의 결과(강화 혹은 처벌)를 중시하지만, 자극이 행동에 영향을 준다는 사실을 인정한다. 그런데 자극은 고전적 조건형성에서는 반응을 직접 유발하는 기능을 하지만, 조작적 조건형성에서는 행동하면 강화를 받을 수 있다는 신호를 제공하는 기능을 한다는 차이가 있다.

자극통제(stimulus control)는 변별자극을 활용하여 행동을 통제하는 절차로, 변별자극을 활용하여 바람직한 행동을 하도록 하거나 바람직하지 못한 행동을 하지 않도록 하는 데 목적이 있다. **변별자극**(discriminative stimulus)은 행동하면 강화(혹은 처벌)를 받는다는 신호를 제공하는 자극을 말한다. 쥐가 빨간불이 켜졌을 때 레버를 누르면 강화를 받고 파란불이 켜졌을 때 레버를 누르면 처벌받았다면, 쥐는 빨간불이 켜지면 레버를 누르고 파란불이 켜지면 레버를 누르지 않는다(이 경우 불빛이 변별자극이다). 동물훈련에서는 휘파람, 호각, 손동작을 변별자극으로 활용한다. 변별자극은 어떤 행동이 적절하고 어떤 행동이 부적절한가에 관한 단서를 제공함으로써 바람직한 행동을 하도록 하거나 바람직하지 않은 행동을 하지 않도록 통제한다. **변별학습**(discriminative learning)은 변별자극이 존재하는 상황에서 적절한 행동을 학습하는 것을 가리킨다.

6) 일반화

일반화(generalization)는 학습한 행동을 다른 장면에 적용하는 것을 뜻한다.[4] 새로운 장면에서 행동하는 방식은 대부분 이미 학습한 행동을 일반화한 것이다.

일반화가 가능하지 않으면 어떤 일이 일어날까? 엄밀한 의미에서 우리가 당면하는 장면은 매 순간 다르므로 일반화가 되지 않으면 모든 장면에서 적절한 행동을 일일이 학습해야 한다. 그런데 모든 장면에서 적절한 행동을 일일이 학습하는 것은 사실 불가능한데, 일반화가 그러한 문제를 해결해 준다.

일반화 정도는 기존 장면과 새로운 장면의 유사성에 따라 좌우된다. 즉, 새로운 장면이 기존 장면과 비슷할수록 일반화가 많이 일어난다. 따라서 일반화를 촉진하려면 다양한 장면에서 행동할 때 강화하면 된다.

---

4) 고전적 조건형성에서 일반화는 조건자극과 유사한 자극에 조건반응을 하는 것을 말한다. 겉모습이 비슷한 남자를 아빠라고 부르는 아이는 일반화하고 있다.

7) 수반관계계약

수반관계계약(contingency contract) 혹은 **수행계약**(performance contract)은 교사(부모)와 학생이 목표행동을 하면 강화한다는 계약을 체결하여 행동을 증가시키는 방법을 말한다. 교사나 부모는 학생이 한 시간 동안 공부하면 강화를 준다는 계약을 하여 공부하는 행동을 증가시킬 수 있다.

수반관계계약이 효과를 거두려면 부모(교사)와 학생은 ① 목표행동, ② 목표행동의 조건, ③ 강화물을 합의해야 한다. 특히 목표행동은 구체적으로 정의해야 한다. 즉, 목표행동을 '공부를 열심히 한다.'와 같이 막연하게 진술하지 말고 '수학교과서를 10페이지까지 정확하게 이해한다.' 혹은 '2시간 동안 공부한다.'와 같이 구체적으로 정의해야 한다. 또 목표행동은 약간 어려우면서도 단기간에 달성할 수 있어야 한다. 달성할 수 없는 목표행동은 가치가 없다. 그리고 반드시 목표행동을 한 후 강화를 주어야 한다.

3. 조작적 조건형성의 교육적 적용[5]

조작적 조건형성이론을 적용하면 교육문제를 대부분 해결할 수 있다고 확신한 Skinner에 따르면 수업은 기본적으로 다음과 같은 행동조성 절차를 적용해야 한다.

① 도달점 행동 및 출발점 행동을 확인한다. 도달점 행동은 수업을 통해 달성하려는 행동이고, 출발점 행동은 도달점 행동의 기초행동이다.
② 출발점 행동에서 도달점 행동에 이르는 단계들을 순서대로 배열한다.

---

5) 조작적 조작형성 이론은 ① 인지를 무시했고, ② 환경결정론에 따라 인간의 자유의지를 부정했으며, ③ 강화물 정의에 문제가 있고(즉, 강화물을 행동을 증가시키는 결과로 정의되는데, 강화물을 이같이 정의하면 사람에 따라 강화물의 효과가 다르다는 문제점이 있고, 순환논리의 오류를 범하고 있어 강화물이 행동증가의 원인인지 설명할 수 없다), ④ 단순한 행동의 학습을 잘 설명하지만 문제해결이나 창의적 행동과 같은 복잡한 행동의 학습을 설명할 수 없으며, ⑤ 모든 행동이 학습된다고 보고 학습에서 선천적인 요인의 역할을 경시했다는 비판을 받고 있다.

③ 학습자에게 각 단계에 능동적으로 반응하도록 한다. 즉, 지식이나 기능을 수동적으로 수용하지 말고 말하고, 글을 쓰고, 실험하고, 실연하도록 한다.
④ 학습자의 행동에 즉시 피드백을 제공한다.

교육현장에서 학습자들의 개인차는 매우 크다. 전통적인 수업은 학습자들의 개인차에 대처하는 데 한계가 있지만 행동조성 원리에 따라 출발점 행동의 수준에 적절한 학습과제를 제시하고 학습자들이 자신의 속도대로 학습하도록 하면 개인차에 적절하게 대처할 수 있다. 조작적 조건형성이론을 수업에 적용한 구체적 방안은 다음과 같다.

1) 행동목표

행동목표(behavioral objectives)는 수업을 통해 달성하려는 학습성과를 구체적으로 진술한 목표를 말한다. 행동목표는 학습성과를 포괄적이고 추상적으로 진술한 일반목표(general objective)와 대비된다. 행동목표는 학습자에게 무엇을 어느 정도 학습해야 하는지에 관한 구체적인 정보를 제공하기 때문에 학습동기를 유발하여 학업성취를 높이고, 교사에게 수업 및 평가의 명료한 지침을 제공한다.

2) 프로그램 수업

프로그램 수업(programmed instruction: PI)은 학습과제를 소단원으로 세분한 후 순서대로 배열하여 학습자가 자신의 속도대로 학습하도록 만든 자기학습자료를 말한다. 교실수업에서 강화가 일관성이 없고 지연된다는 문제점을 해결하기 위해 고안된 프로그램 수업은 원래 교수기계(teaching machine)를 활용했으나, 1960년대와 1970년대에 교재 형태로 개발되었고, 그 후 소프트웨어 형태로 개발되었다. 프로그램 수업의 특징은 다음과 같다.

① 도달점 행동을 행동목표로 진술한다.

② 학습과제를 일련의 소단원, 즉 프레임(frame)으로 나눈다. 프레임은 매우 적은 학
   습정보로 구성된다.
③ 학습자는 각자의 속도로 학습한다.
④ 학습자는 프레임에 제시된 문항에 능동적으로 반응한다.
⑤ 학습자 반응에 즉시 피드백을 준다. 구체적으로 정답하면 다음 문항을 제시하고,
   오답하면 보충자료를 제시한다.

프로그램 수업자료는 학습자가 항상 정반응을 하고, 성취도가 점진적으로 향상되도록
구성되어 있다. Skinner는 오류가 잘못된 반응을 학습하도록 하므로 학습과정에서 오류
를 범하지 않도록 해야 한다는 견해를 갖고 있다.[6]
프로그램 수업의 구체적 형태는 선형 프로그램(linear program, 모든 학습자가 같은 순서
로 학습하는 프로그램)과 분지형 프로그램(branching program, 학습자마다 학습순서가 다른
프로그램)으로 나뉜다. 그런데 프로그램 수업은 학업능력이 높은 학생에게 지루함을 유
발하고, 내재적 동기가 높은 학생의 경우 내재적 동기를 감소시킬 수 있다는 문제점이
있다.

3) 컴퓨터 보조수업

컴퓨터 보조수업(computer-assisted instruction: CAI)은 컴퓨터를 활용하여 학습자료를
제시하는 수업을 말한다. 컴퓨터 보조수업은 ① 시청각 자료(비디오, 애니메이션 등)를 제
시할 수 있고, ② 다양한 반응자료(반응속도, 정답률, 오답률 등)를 기록하고 관리할 수 있
으며, ③ 학습진전도를 점검하고, ④ 어려움을 겪는 부분을 확인할 수 있으며, ⑤ 분지형
프로그램을 쉽게 활용할 수 있다는 장점이 있다. 컴퓨터 보조수업은 전통적인 수업에 비
해 학업성취와 학업태도에 긍정적인 영향을 미치는 것으로 알려져 있다.

---

6) 인지심리학은 오류가 추리 및 문제해결전략을 검토·재평가하여 학습에 도움을 준다고 본다.

4) 완전학습

완전학습(mastery learning)은 충분한 시간을 주고 적절한 수업을 하면 학습자들이 대부분 교과를 마스터할 수 있다고 전제하는 학습모형이다. 완전학습은 적절한 환경을 제공하면 모든 학습자가 복잡한 행동을 능히 학습할 수 있다는 조작적 조건형성이론의 낙관적인 신념을 반영하고 있다. 완전학습의 단계는 다음과 같다.

① 학습과제를 소단원으로 나눈다.
② 기본적인 개념 및 절차를 먼저 학습한 후 복잡한 개념 및 절차를 학습하도록 소단원들을 논리적인 순서로 배열한다.
③ 소단원의 완전학습 여부를 확인하기 위해 시험을 실시한다. 학습자들은 소단원을 완전학습해야 다음 소단원을 학습할 수 있다.
④ 소단원의 완전학습 여부를 판단하기 위한 구체적인 기준을 설정한다(예: 시험점수 90점 이상).
⑤ 소단원을 완전학습하지 못한 경우 보충활동을 한다.

5) 개별화 수업체제

개별화 수업체제(Personalized Systems of Instruction: PSI)는 조작적 조건형성 원리를 적용하여 개발한 완전학습 프로그램으로 Keller plan이라고 한다(Keller, 1977). 개별화 수업체제의 핵심 특징은 다음과 같다.

① 학습자는 각자 자신의 속도로 학습한다.
② 완전학습을 지향한다.
③ 자료를 스스로 학습한다.

개별화 수업체제에서는 각 단원의 시험에 합격해야 다음 단원을 학습할 수 있다. 성적은 통과한 단원의 수와 최종시험 점수를 고려하여 부여한다. 개별화 수업체제는 단원으로 쉽게 나눌 수 있고, 스스로 학습할 수 있는 교과에서 효과적이다. 따라서 집중적인 토의 및 상호작용이 필요하거나 총체적인 접근방식이 필요한 교과에는 부적합하다.

6) 백워드 설계

백워드 설계(backward design, 역행적 설계)는 수업을 계획하기 전 평가계획을 수립하는 설계를 말한다. 백워드란 수업을 계획한 후 평가를 계획하는 통상적인 수업설계와 반대로 평가계획을 먼저 수립하고 평가계획에 따라 수업을 설계한다는 것을 뜻한다. 따라서 백워드 설계의 절차는 다음과 같다.

① 수업목표를 설정한다.
② 수업목표 달성 여부를 확인할 수 있는 평가과제를 확인한다.
③ 수업목표를 달성하기 위한 수업방법과 경험을 선정한다.

7) 형성평가

조작적 조건형성이론의 함의는 학습 도중 학습진전도를 정기적으로 점검하기 위한 형성평가에 반영되어 있다. 수업하면서 학습진전도를 정기적으로 확인, 점검하면 학습효과를 높일 수 있는데, 수업 중 학습진전도를 확인하기 위한 평가를 **형성평가**(formative evaluation)라고 한다. 따라서 형성평가는 수업 후 성취도를 확인하기 위해 실시하는 **총괄평가**(summative evaluation)와 목적이 다르다. 형성평가의 구체적인 방법으로는 구두질문, 퀴즈(쪽지시험) 등을 활용할 수 있다.

요약

1. 조작적 조건형성은 조작반응(스스로 방출한 능동적인 반응)을 학습하는 절차를 말한다. Skinner에 따르면 유기체는 조작적 조건형성을 통해 자신에게 도움되는 행동을 학습한다.

2. 조작적 조건형성의 기본원리는 강화를 받는 행동은 반복하고, 처벌받는 행동은 반복하지 않는다는 것이다. 이것은 행동의 결과(강화와 처벌)가 행동을 통제한다는 것을 의미한다. 강화는 행동을 증가시키는 결과(절차)로, 정적 강화(행동을 증가시키기 위해 행동 후 좋아하는 자극을 제시하는 것)와 부적 강화(행동을 증가시키기 위해 행동 후 싫어하는 것을 제거하는 절차)로 나뉜다. 처벌은 행동을 감소시키기 위한 결과로, 행동 후 혐오자극을 제시하는 정적 처벌과 선호자극을 제거하는 부적 처벌로 나뉜다. 행동의 결과를 활용하면 행동을 얼마든지 통제할 수 있다고 전제하는 조작적 조건형성이론은 인간의 자유의지와 존엄성을 부정한다.

3. 강화물은 행동을 증가시키는 기능을 하는 자극을 뜻한다. 정적 강화물은 행동 후 제시할 때 행동을 증가시키는 자극을, 부적 강화물은 행동 후 제거할 때 행동을 증가시키는 자극을 가리킨다. 한편, 일차적 강화물은 기본적 요구를 충족시키는 강화물을, 이차적 강화물은 학습을 통해 행동을 증가시키는 기능을 획득한 강화물을, 일반화된 강화물은 여러 개의 일차적 강화물과 연합된 강화물을 가리킨다. 강화물로 사용되는 구체적인 자극은 물질(과자 등), 토큰, 활동, 사회적 자극(인정, 칭찬 등) 등 다양하다.

4. 강화계획은 정반응을 할 때마다 강화하는 연속강화와 일부 반응만 강화하는 간헐강화(부분강화)로 구분된다. 간헐강화가 연속강화보다 소거에 대한 저항이 더 높다. 간헐강화는 시간간격을 기준으로 강화하는 간격강화와 반응횟수를 기준으로 강화하는 비율강화로 구분된다. 이때 시간과 반응횟수는 고정할 수도 있고(고정강화), 바꿀 수도 있다(변동강화).

5. 강화를 제대로 활용하려면 ① 강화하려는 행동을 구체화하고, ② 원칙에 따라 일관성 있게 강화하며, ③ 효과적인 강화물을 확인하고, ④ 행동 후 강화하며, ⑤ 행동 후 즉시 강화하고, ⑥ 모든 학생에게 강화를 받을 기회를 주고, ⑦ 도달점 행동을 규칙적으로 수행하면 강화를 점진적으로 줄여야 한다.

6. 행동조성은 강화를 이용해서 복잡한 행동을 점진적으로 형성시키는 절차를 가리킨다. 행동조성은 차별강화와 점진적 접근으로 구성된다.

7. 자극통제는 변별자극을 활용하여 바람직한 행동을 하도록 하거나 바람직하지 않은 행동을 하지 않도록 하는 절차를 가리킨다.

8. 일반화는 학습한 행동을 다른 장면에 적용하는 것을 가리킨다. 새로운 장면에서의 행동은 대부분 학습한 행동을 일반화한 것이다.

9. 수반관계계약은 교사(부모)와 학생이 목표행동을 하면 강화를 한다는 계약을 체결하여 행동을 증가시키려는 방법이다.

10. 조작적 조건형성이론을 교육에 적용한 구체적 사례로는 ① 행동목표(수업을 통해 달성하려는 학습성과를 구체적으로 진술한 목표), ② 프로그램 수업(학습과제를 세분화한 후 순서대로 배열하여 학습자가 자신의 속도대로 학습하도록 한 자기학습자료), ③ 컴퓨터 보조수업(컴퓨터로 학습자료를 제시하는 수업), ④ 완전학습(충분한 시간을 주고 적절한 수업을 하면 학습자들이 대부분 교재를 마스터할 수 있다고 전제하는 학습모형), ⑤ 개별화 수업체제, ⑥ 백워드 설계(수업을 계획하기 전 평가계획을 먼저 수립하는 설계), ⑦ 형성평가(수업 중 학습진전도를 확인하기 위한 평가)를 들 수 있다.

제**5**장

사회인지이론

학습 목표

- 사회인지이론의 학습에 관한 견해를 서술한다.

- 모델링의 과정 및 효과를 기술한다.

- 사회인지이론의 동기적 과정을 설명한다.

- 자기효능을 정의하고, 자기효능의 원인 및 효과를 기술한다.

- 자기조절의 요소를 기술한다.

- 사회인지이론의 교육적 함의를 제시한다.

Albert Bandura의 **사회인지이론**(social cognitive theory)은 인간 학습이 사회환경에서 일어난다는 사실을 강조하는 이론이다. 사회인지이론에 따르면 인간은 다른 사람을 관찰하여 지식·기능·태도 등을 획득하고, 행동의 유용성 및 적절성 그리고 행동으로 어떤 결과를 얻을 수 있는지 학습하며, 자신의 능력에 관한 신념과 행동 후 기대하는 결과와 일치하는 방식으로 행동한다(Schunk, 2012). 사회인지이론에 따르면 인간은 직접 행동을 통해 학습하기도 하지만 다른 사람을 관찰하여 더 많은 것을 학습한다. 아이는 부모를 관찰하여 행동·신념·태도를 학습하고, 학생들은 교사를 관찰하여 행동·신념·태도를 학습한다.

행동주의를 대표하는 조작적 조건형성이론과 인지심리학을 대표하는 정보처리이론은 각각 내재적인 제한점이 있다. 강화가 행동에 미치는 영향을 체계적으로 탐구한 조작적 조건형성이론은 관찰할 수 있는 행동만 다루고 인간을 이해하는 데 불가결한 인지를 무시했다. 정보처리이론은 인지가 학습에 미치는 영향을 체계적으로 분석했지만, 사회환경이 학습에 미치는 영향을 고려하지 못했다.

조작적 조건형성이론과 정보처리이론을 통합한 이론으로 평가받는 사회인지이론의 학습에 관한 견해는 다음과 같다.

첫째, 학습은 인지가 변화되는 과정으로 수행과 다르다. 따라서 학습으로 인지가 변화되어도 수행으로 나타날 수도 있고, 수행으로 나타나지 않을 수도 있다. 학습을 수행으로 나타내는지는 동기, 흥미, 강화에 달려 있다.

둘째, 인지(주의, 파지, 강화기대, 처벌기대 등)는 학습에 큰 영향을 준다. 예컨대, 모델링하려면 모델 행동에 주의를 집중하고, 그 행동을 정신적으로 표상하여 파지해야 한다. 또 강화와 처벌은, 조작적 조건형성이론의 주장처럼 학습에 직접 영향을 주지 않고, 강화기대나 처벌기대를 통해 학습에 영향을 준다. 즉, 강화나 처벌은 강화나 처벌을 기대할 때만 행동에 영향을 준다. 따라서 어떤 행동이 강화를 받고 어떤 행동이 처벌받는지 인식하지 못하면 강화나 처벌은 학습이나 행동에 영향을 주지 않는다. 기대하는 결과가 나타나지 않는 것도 중요한 결과가 된다. 기대한 강화가 없으면 처벌 효과가 있고, 기대한 처벌이 없으면 강화 효과가 있다.

셋째, 환경, 개체, 행동은 서로 인과적인 영향을 주고받는다. 이러한 견해를 **상호결정론**(reciprocal determinism) 혹은 상호인과론(reciprocal causation)이라고 한다. 환경(environment, E)은 수업방법, 강화 및 처벌 방식과 같은 사회 및 물리 환경을, 개체(person, P)는 자기효능, 귀인, 메타인지, 지식, 신념, 태도와 같은 개인적 특성을 말한다. 행동(behavior, B)은 학습행동, 과제선택, 노력 등 관찰할 수 있는 행동을 가리킨다. 상호결정론은 환경이 행동에 일방적인 영향을 준다고 가정하는 행동주의 견해와 차이가 있다.

우선, 환경과 개체는 서로 영향을 주고받는다. 즉, 환경은 개체에 영향을 주고(예: 교사의 강화 및 처벌은 학생의 자기효능에 영향을 준다. 정적 강화를 하면 자기효능이 높아지나, 처벌하면 자기효능이 낮아진다), 개체도 환경에 영향을 준다(예: 학생의 자기효능 수준은 교사 행동에 영향을 준다. 교사는 자기효능이 높은 학생과 자기효능이 낮은 학생에게 다르게 행동한다).

또 환경과 행동은 서로 영향을 주고받는다. 즉, 환경은 행동에 영향을 주고(예: 교사의 강화는 학습행동에 영향을 준다. 예컨대, 교사가 강화하면 학습에 전념한다), 행동은 환경에 영향을 준다(예: 학생의 행동은 교사의 행동에 영향을 준다. 가령, 학생이 학습에 전념하면 교사가 칭찬하지만, 학습하지 않으면 교사가 질책한다).

마지막으로 개체와 행동은 서로 영향을 주고받는다. 즉, 개체는 행동에 영향을 주고(예: 자기효능이 높으면 도전적 과제를 선택하고 노력을 많이 하며 지속성이 높다. 반면, 자기효능이 낮으면 쉬운 과제를 선택하고 노력을 적게 하며 어려움이 있으면 곧 포기한다), 또 행동은 개체에 영향을 준다(예: 열심히 노력하면 자기효능이 높아지나, 노력하지 않으면 자기효능이 낮아진다).

넷째, 인간은 자신의 행동과 환경을 상당한 정도로 통제할 수 있다. 사회인지이론은 인간이 자신의 행동을 통제하고 환경을 창조 내지 수정할 수 있는 개인적 주도성(personal agency)을 갖고 있다고 본다. 이러한 견해는 환경결정론을 견지하는 행동주의의 견해(고전적 조건형성은 자극의 통제를 받고, 조작적 조건형성은 강화 혹은 처벌의 통제를 받는다.)와 근본적으로 다르다.

이 장에서는 사회인지이론을 중점적으로 살펴본다.

1. 모델링

사회인지이론에 따르면 인간은 대부분 모델링(modeling)으로 학습한다. 모델링의 의미, 모델링의 과정 및 효과를 살펴본다.

1) 모델링의 의미

모델링(modeling)은 모델 관찰을 통해 행동, 인지, 정의가 변화되는 과정을 말한다. 모델링은 **관찰학습** 혹은 **대리학습**이라고 부르기도 한다.

모델링의 사례는 열거할 수 없을 만큼 많다. 아이는 부모를 모델링하여 행동, 신념, 태도를 학습하고, 학생들은 교사나 또래를 모델링하여 행동, 읽기기능, 수리기능, 디지털 기기 활용 방법, 태도, 신념 등을 학습하며, 청소년들은 아이돌을 모델링하여 헤어 스타일, 의복 스타일, 행동양식을 모방한다.

모델링을 중시하는 사회인지이론의 견해는 행동을 통한 학습(learning by doing)을 중시하는 조작적 조건형성이론의 견해와 근본적으로 다르다. 사회인지이론은 실행학습과 대리학습을 구분한다. 실행학습(enactive learning)은 행동 후 결과를 직접 경험하는 학습을, 대리학습(vicarious learning)은 모델 관찰을 통한 간접학습을 가리킨다. 실행학습은 조작적 조건형성과 비슷한 측면이 있지만 강화 및 처벌의 역할이 다르다. 조작적 조건형성에서 강화나 처벌은 행동을 강화 혹은 약화하는 기능을 하지만, 실행학습에서 결과는 정보를 제공하는 기능을 한다.

모델은 실존 인물(부모, 교사 등)이 될 수도 있고, 역사적 인물이 될 수도 있으며, 상징적 인물(소설의 주인공, TV 프로그램의 주인공 등)이 될 수도 있다. 또 모델은 전혀 오류를 범하지 않는 완벽한 **숙달모델**(mastery model)과 처음에는 실수하고 수준이 낮으나 점차 개선되고 자신감을 획득해 가는 **대처모델**(coping model)로 구분할 수 있다(Schunk, Pintrich, & Meece, 2008). 노력과 긍정적 사고를 통해 어려움을 극복하면서 성장하는 과정을 보여 주는 대처모델은 비슷한 상황에서 학습이나 수행에 어려움을 겪는 학생들에게 큰 도움을 줄 수 있다.

모델링 형태는 실존 인물(부모, 교사 등)을 모델링하는 **직접적 모델링**(direct modeling), 상징적 인물(영화 주인공이나 소설 주인공 등)을 모델링하는 **상징적 모델링**(symbolic modeling), 여러 모델의 특성을 결합하여 모델링하는 **통합적 모델링**(synthesized modeling, 예: 국어 선생님과 수학 선생님의 특성을 결합하여 모델링하는 것)으로 나뉜다(Eggen & Kauchak, 2004).

모델링에는 직접 강화가 아닌 대리 강화가 작용한다. **직접 강화**(direct reinforcement)는 자신의 행동 후 경험하는 강화를 말한다. 공부를 열심히 하는 학생이 부모로부터 받는 칭찬은 직접 강화에 해당한다. 조작적 조건형성은 직접 강화의 영향을 받는다. **대리 강화**(代理强化, vicarious reinforcement)는 모델이 강화를 받는 것을 본 관찰자가 경험하는 간접 강화를 뜻한다. 공부를 열심히 하는 학생이 칭찬을 받는 것을 관찰한 학생들이 경험하는 강화가 대리 강화에 해당된다. 대리 강화가 작용하는 것은 모델이 강화받았으므로 관찰자도 모델과 같은 행동을 하면 강화를 받을 것이라고 기대하기 때문이다. 한편, **자기강화**(self reinforcement)는 스스로 강화를 하는 것을 말한다. 목표달성 후 스스로 칭찬하거나 특권(예: 자유시간)을 부여하는 자기강화는 바람직한 행동을 효과적으로 증가시킨다.

마찬가지로 모델링에는 직접 처벌이 아닌 대리 처벌이 작용한다. **직접 처벌**(direct punishment)은 자신의 행동 후 경험하는 처벌을 가리킨다. 거짓말 한 학생이 부모로부터 받는 꾸중은 직접 처벌이다. **대리 처벌**(vicarious punishment)은 처벌받는 모델을 볼 때 경험하는 간접 처벌을 말한다. 지각한 학생이 꾸중을 듣는 것을 관찰한 학생들이 경험하는 처벌이 대리 처벌이다. 일벌백계(一罰百戒)는 대리 처벌을 활용한 것이다. 대리 처벌이 작용하는 것은 모델이 처벌받았으므로 관찰자도 같은 행동을 하면 처벌받을 것이라고 기대하기 때문이다. **자기처벌**(self punishment)은 자신의 행동에 스스로 처벌하는 것을 가리킨다.

2) 모델링의 과정

모델링은 주의 단계, 파지 단계, 재생 단계, 동기화 단계를 거쳐 이루어진다.

모델 ⇨ | 주의 | ⇨ | 파지 | ⇨ | 재생 | ⇨ | 동기화 | ⇨ 수행

[그림 5-1] **모델링의 과정**

① **주의**(attention): 모델링하려면 먼저 모델에 주의를 집중해야 한다. 모델링은 모델이 다음과 같은 특성이 있을 때 촉진된다.

- **유능성**: 모델이 유능할수록 관찰자가 더 많이 모델링한다.
- **지위 및 권력**: 모델이 명성과 사회적 지위가 높고 권력을 많이 갖고 있을수록 더 많이 모델링한다.
- **유사성**: 관찰자는 연령, 성별, 집단, 지위가 자신과 비슷한 모델을 더 많이 모델링한다.
- **신빙성**: 모델의 신빙성은 모델링하려는 주의에 영향을 미친다. 모델의 신빙성은 일관성이 높은 모델을 가리킨다. 또 관찰자는 싫어하는 모델보다 좋아하는 모델에 더 주의를 집중하는 경향이 있다.
- **열정**: 모델의 열정이 높을수록 모델링을 촉진한다.

한편, 관찰자의 동기, 각성수준, 선행경험, 감각능력도 주의에 영향을 준다.

② **파지**(retention): 모델 특성을 상징적 표상으로 변환하여 기억하는 단계를 가리킨다. 모델의 특성을 기억하는 가장 간단한 방법은 시연이다. 파지단계에서는 언어적 표상(verbal representation, 행동단계별 명칭)과 시각적 이미지를 저장한다. 언어적 표상과 시각적 이미지는 관찰한 특성을 수행하는 지침으로 활용된다.

③ **재생**(reproduction): 모델 행동을 능숙하게 수행할 수 있도록 연습하고 실행하는 것을 말한다. 즉, 상징적으로 표상한 행위(마음속으로 상상한 행위)를 동작으로 나타내는 것을 말한다. 관찰한 행동을 실행하자면 신체능력을 갖추고 연습하며 피드백을 통해 수정해야 한다.

④ **동기화**(motivation): 행동을 수행하려는 동기를 형성하는 단계를 말한다. 모델링으

로 학습한 행동의 수행 여부는 강화 및 처벌, 정확하게 표현하면 강화기대 및 처벌기대에 달려 있다. 강화가 기대되는 행동은 수행하려고 하지만, 처벌이 기대되는 행동은 수행하려고 하지 않는다. 강화 및 처벌은 학습보다 수행에 더 큰 영향을 준다.

예를 들어, 덩크슛을 모델링하려면 ① 덩크슛을 잘하는 선수(모델)의 동작에 주의를 기울이고, ② 관찰한 덩크슛 동작을 기억하며, ③ 덩크슛을 직접 할 수 있도록 충분히 익히고, ④ 직접 덩크슛하려는 동기를 갖추어야 한다.

3) 모델링의 효과

① 관찰학습 효과(observation or modeling effect): 모델링으로 새로운 행동이나 기능을 학습하는 것을 말한다. 인간은 대부분 모델을 관찰하여 새로운 행동이나 기능을 학습한다. 그런데 모델링으로 바람직하지 않은 행동이나 신념도 학습할 수 있다는 점에 유의해야 한다. 예컨대, 폭력적인 TV 프로그램을 보고 폭력행동을 학습할 수 있다.

② 촉진 및 억제 효과: 모델링은 이미 학습한 행동을 촉진하거나 억제한다. 촉진 효과(facilitation effect)는 모델이 강화를 받는 것을 관찰한 후 기존 행동이 증가하는 현상을 말한다. 촉진 효과에는 대리 강화가 작용한다. 친구가 인사한 후 칭찬받는 것을 본 학생이 인사를 열심히 하는 것은 촉진 효과에서 기인한다. 억제 효과(inhibitory effect, 제지효과)는 모델이 처벌받는 것을 관찰한 후 기존 행동을 억제하는 것을 말한다. 지각 후 꾸중을 듣는 친구를 본 학생들이 지각하지 않는 것은 억제 효과에서 기인한다. 억지 효과에는 대리 처벌이 작용하는데, 일벌백계(一罰百戒)는 이러한 목적으로 활용된다.

③ 탈제지 효과(脫制止效果, disinhibitory effect): 금지된 행동을 한 모델이 강화를 받거나 처벌받지 않는 것을 관찰한 후 평소 억제하던 행동을 하는 현상을 가리킨다. 지각한 친구가 처벌받지 않는 것을 본 학생이 평소와 달리 지각하는 것은 탈제지 효과에서 기인한다. 교사는 의도와 달리 학생들의 문제행동을 증가시킬 수 있다는 사

실에 유의해야 한다. 예컨대, 문제행동을 하는 학생을 처벌하지 않거나 강화를 주면 다른 학생들이 문제행동을 따라 할 개연성이 있다.

2. 동기적 과정

사회인지이론에 따르면 목표, 가치, 자기효능, 결과기대는 학습 및 수행에 영향을 주는 동기원으로 작용한다(Schunk, 2012). 결론적으로 ① 달성하려는 적절한 목표가 있고, ② 학업에 높은 가치를 부여하며, ③ 자기효능 및 결과기대가 높을수록 학습동기가 높고 그 결과 학업성취가 높아진다. 목표, 가치, 자기효능, 결과기대를 살펴본다.

1) 목표와 가치

목표(goal)는 바람직한 최종상태에 관한 인지적 표상, 구체적으로 자신이 성취하려고 의도하는 것(예: A 학점 받기, 대학입학, 취업, 100만 원 모으기, 30분 운동하기 등)을 말한다. 목표는 현재 상태와 바람직한 상태 간의 격차에 주의를 집중하도록 하여 동기를 유발한다. 따라서 목표가 있는 사람은 목표가 없는 사람보다 동기가 더 높고 결과적으로 성취가 더 높다.

그런데 목표가 동기 및 성취에 미치는 영향은 다음과 같은 목표의 성질에 따라 달라진다.

① **명세성**(specificity): 목표가 구체적인 정도, 즉 성취하려고 의도하는 것에 관해 구체적 정보를 제공하는 정도를 말한다. 명세성이 높은 구체적 목표는 동기와 자기효능에 긍정적인 영향을 준다. 반면, 모호한 목표, 가령 '최선을 다한다.' 혹은 '열심히 공부한다.'와 같은 목표는 무엇을 어느 정도 해야 하는지에 관한 명료한 정보를 제공하지 않기 때문에 동기와 자기효능에 별 영향을 주지 않는다.

② **근접성**(proximity): 목표는 달성하는 데 걸리는 시간에 따라 근접목표와 원격목표로

구분된다. 근접목표(proximal goal)는 비교적 짧은 시간에 달성할 수 있는 단기적 목표를, 원격목표(distal goal)는 달성하는 데 많은 시간이 필요한 장기적 목표를 말한다. 근접목표는 원격목표보다 학습 및 동기에 더 큰 영향을 준다.

③ **곤란도**(difficulty): 목표는 곤란도를 기준으로 노력해도 달성하기 어려운 목표, 비교적 어렵지만 노력하면 달성할 수 있는 도전적 목표, 별로 노력하지 않아도 쉽게 달성할 수 있는 목표로 나뉜다. 목표의 곤란도 수준은 동기와 자기효능에 영향을 준다. 도전적인 목표는 동기와 자기효능을 높이지만, 너무 어려운 목표나 너무 쉬운 목표는 동기와 자기효능을 높이는 데 별 효과가 없다.

④ **합치성**(congruence): 목표가 자신의 가치, 흥미, 요구, 선호도를 반영하는 정도를 가리킨다. 목표가 자신의 가치, 흥미, 요구, 선호도와 부합할수록 자기효능에 더 긍정적 영향을 준다.

한편, 가치(value)는 학습의 중요성 및 유용성에 대한 지각을 말한다. 사회인지이론은 개인의 행동이 가치를 반영한다고 전제한다(Bandura, 1986). 사람들은 가치 있다고 생각하는 것을 추구하고 가치에 반(反)하는 것을 회피하는 경향이 있으므로 가치는 동기에 큰 영향을 준다. 따라서 학습이 중요하고 유용하다고 생각하면 학습동기가 높아진다.

가치는 외재적 가치와 내재적 가치로 나뉜다. **외재적 가치**(extrinsic value)는 학습이 성적, 취업, 인정 등을 획득하는 데 도움을 주는 수단적 가치를 말한다. 반면, **내재적 가치**(intrinsic value)는 학습 자체의 만족감이나 성취감을 가리킨다. 외재적 가치 및 내재적 가치는 동기와 비례한다.

가치는 목표, 자기효능, 결과기대와 긴밀하게 관련된다. 따라서 교사는 학생들이 학업에 높은 가치를 부여하도록 도움을 주어야 한다.

2) 자기효능

자기효능(self-efficacy, 효능기대)은 일정 수준에서 학습하거나 행위를 할 수 있는 자신의 능력에 관한 판단을 말한다(Bandura, 1986). 자기효능은 학습자기효능과 수행자기효능으로 구분할 수 있다(Ormrod, 2020). **학습자기효능**(self-efficacy for learning)은 새로운 지식이나 기능을 잘 학습할 수 있다는 판단을, **수행자기효능**(self-efficacy for performance)은 이미 학습한 기능을 잘 수행할 수 있다는 판단을 가리킨다. 따라서 자기효능은 제대로 학습할 수 있고 어떤 행동을 잘할 수 있다는 자신감을 가리킨다. 한편, **집단자기효능**(collective self-efficacy)은 집단이 일정 수준에서 과업을 달성하거나 행위를 수행할 수 있는가에 관한 판단을 뜻한다.

자기효능은 자기기술, 자기개념, 자기존중, 귀인과 구분된다(Snowman, McCown, & Biehler, 2009).

① **자기기술**(self-description): 자신에 대한 객관적인 기술을 말한다(예: 나는 6학년이다). 이에 반해 자기효능은 어떤 행동을 할 수 있는 능력에 관한 판단이다.

② **자기개념**(self-concept): 자신에 관한 총체적인 판단과 지각을 뜻하며 자기에 관한 과거지향적인 판단이다. 반면, 자기효능은 앞으로 어떤 행동을 잘할 수 있는가에 관한 미래지향적인 판단이다. 따라서 '나는 수학을 잘한다.'라는 판단은 자기개념에 관련되고, '나는 수학에서 높은 성적을 받을 수 있다.'라는 판단은 자기효능에 관련된다.

③ **자기존중**(self-esteem): 자기가치에 관한 판단을 뜻하는 자기존중은 자신의 삶이 전반적으로 잘되고 있는지를 나타내는 점수판에 비유되기도 한다. 자기존중은 행복과 정적 상관이 있으며 우울증이나 불안과 같은 부정정서로부터 자기를 보호한다. 자기효능은 자기존중과 직접적 관계가 없다. 따라서 특정 영역의 자기효능이 높아도 자기존중이 낮을 수 있고, 그 역도 가능하다. 가령, 수학자기효능이 낮아도 자기존중은 높을 수 있고, 수학자기효능이 높아도 자기존중은 낮을 수 있다.

④ **귀인**(attribution): 귀인은 발생한 사건이나 결과의 원인에 대한 설명으로 과거지향적인 구인이다. 반면, 자기효능은 앞으로 어떤 행동을 잘할 수 있는지에 관한 판단으로 미래지향적인 구인이다.

〈표 5-1〉 자기기술, 자기개념, 자기존중, 자기효능의 비교

개념	특징	예시
자기기술	• 자신에 관한 객관적인 기술	• 나는 6학년이다. • 내 키는 160cm이다. • 나는 과학 과목을 좋아한다.
자기개념	• 자신에 관한 총체적 지각 • 특정 영역의 능력에 관한 판단과 그에 관련된 자기가치를 포함 • 과거지향적 구인 • 위계적으로 조직된다(예: 학업자기개념=언어자기개념+수학자기개념+과학자기개념).	• 나는 축구를 잘한다. • 나의 학업능력은 평균수준이다.
자기존중	• 자기가치에 관한 판단(자신이 가치 있는가를 나타낸다.)	• 나는 다른 사람들보다 우월하다. • 나는 좋은 사람이다.
자기효능	• 특정 행위를 할 수 있는 능력에 관한 신념과 판단 • 미래지향적 구인	• 홈페이지를 만들 수 있다. • 사차방정식 문제를 절대로 풀 수 없을 것이다.

자료: Snowman et al. (2009).

(1) 자기효능의 영향

삶의 주도성과 긴밀하게 관련된 자기효능은 다음과 같은 영향을 준다.

① **활동 및 과제 선택**: 자기효능은 활동 및 과제 선택에 영향을 준다. 자기효능이 높을수록 도전적 과제를 선택한다. 사람들은 잘할 수 있다고 생각하는 과제를 선택하고, 잘할 수 없다고 생각하는 과제를 회피하는 경향이 있다.

② **목표**: 자기효능은 목표에 영향을 준다. 사람들은 자기효능이 높은 영역에서 목표를 설정하는 경향이 있다. 청소년들은 자기효능이 높은 교과를 고려하여 진로목표를 설정한다.

③ **신념**: 자기효능이 높으면 노력하면 성공할 수 있다는 긍정적 신념을 갖고 있지만, 자기효능이 낮으면 아무리 노력해도 성공할 수 없다는 부정적 신념을 갖고 있다.

④ **노력 및 지속성**: 자기효능이 높을수록 노력을 많이 하고 어려움이 있어도 포기하지

않고 지속한다. 자기효능이 높으면 실패해도 자기효능이 크게 손상되지 않는다. 역사적으로 위대한 성취를 한 인물들은 실패와 장애물에 굴하지 않고 지속하고 노력한 소위 회복자기효능(resilient self-efficacy)이 높았다.

⑤ **학습전략**: 자기효능이 높을수록 성공기대가 높으므로 효과적인 학습전략을 활용한다. 반면, 자기효능이 낮으면 성공기대가 낮으므로 효과적인 학습전략을 적극적으로 활용하지 않는다.

⑥ **정서**: 자기효능이 높을수록 긍정정서를 갖고 부정정서를 효과적으로 관리한다. 반면에 자기효능이 낮을수록 어려운 상황에서 불안, 좌절, 우울과 같은 부정정서를 경험한다.

결국 자기효능이 높을수록 성공기대가 높으므로 도전적인 과제를 선택하고 높은 수준의 목표를 설정하며, 노력을 많이 하고 지속성이 높으므로 성취가 높아진다. 반면, 자기효능이 낮으면 성공기대가 낮으므로 쉬운 목표를 설정하고, 조금만 어려움이 있어도 쉽게 포기하므로 성취가 낮아진다. 또 능력을 과대평가할 경우 비현실적인 목표를 설정하거나 자신의 능력을 과신하고 충분한 노력을 하지 않기 때문에 실패할 확률이 높아진다. 따라서 능력이 같아도 자기효능이 높을수록 동기 및 성취가 더 높다.

(2) 자기효능에 영향을 주는 요인

자기효능에 영향을 주는 요인들은 다음과 같다.

① **성공/실패**: 성공 및 실패 경험은 자기효능에 영향을 준다. 일반적으로 성공하면 자기효능이 높아지고, 실패하면 자기효능이 낮아진다.

② **생리상태**: 더 정확하게 말하면 생리적 신호에 대한 해석은 자기효능에 영향을 준다. 생리적으로 긴장하면 잘할 수 없다고 생각하므로 자기효능이 낮아진다.

③ **목표**: 학습목표를 스스로 설정하면 자기효능이 높아진다. 또 **근접목표**(proximal goal, 달성하는 데 시간이 적게 걸리는 단기목표)가 **원격목표**(distal goal, 달성하는 데 많은 시간이 걸리는 장기목표)보다 자기효능을 높이고, **구체적 목표**가 일반적 목표보다 자

기효능을 높인다. 학습 초기에는 쉬운 목표가 자기효능을 높이지만, 학습 후기에는 다소 어려운 목표가 자기효능을 높인다.

④ **인지전략**: 자신이 사용하는 인지전략이 학업성취에 도움이 될 것이라는 신념은 자기효능을 높인다. 또 자기효능이 높을수록 인지전략을 적극적으로 활용한다.

⑤ **모델**: 다른 사람들의 성공 혹은 실패는 자기효능을 판단하는 정보를 제공한다. 능력이 비슷한 또래가 성공하는 것을 관찰하면 자기효능이 높아지나, 실패하는 것을 관찰하면 자기효능이 낮아진다.

⑥ **피드백**: 성공을 노력에 관련짓는 피드백은 자기효능을 높인다(특히 학습 초기). 단, 학습 후기의 노력피드백은 자기효능을 손상시킬 수 있다. 학습 후기에 성공했을 경우 능력피드백은 자기효능을 높인다.

⑦ **보상**: 보상이 현재 잘하고 있다는 구체적 정보를 제공하면 자기효능이 높아진다.

⑧ **다른 사람**: 다른 사람이 칭찬하거나 할 수 있다는 확신을 심어 주면 자기효능이 높아진다. 그런데 다른 사람이 필요 이상으로 도와주거나 매우 쉬운 과제를 부과하면 자기효능이 낮아진다.

⑨ **집단의 성공/실패**: 집단의 성공은 자기효능을 높이고, 집단의 실패는 자기효능을 낮춘다.

3) 결과기대

결과기대(outcome expectation)는 행동으로 기대하는 결과에 관한 신념, 즉 행동이 소용이 있는가에 관한 신념을 뜻한다. 결과는 행동을 통해 얻을 수 있는 외적 결과(예: 좋은 성적, 실격), 내적 결과(예: 자긍심, 수치심), 능력 혹은 기능 향상 등을 가리킨다. 따라서 결과기대는 행동으로 긍정적 결과(높은 성적, 자긍심 등)를 얻거나 부정적 결과(처벌, 수치심 등)를 피할 수 있다는 신념을 말한다.

결과기대가 높으면 성공기대가 높지만, 결과기대가 낮으면 학습된 무력감이 형성된다. 사람들은 개인적 경험이나 다른 사람의 관찰을 통해 결과기대를 형성한다. 결과기대는 자기효능과 다르다. 앞서 설명한 것처럼 자기효능은 어떤 결과를 달성할 수 있는 행동을 할 수 있는가에 관한 신념(Can I do it?)이다.

자기효능과 결과기대는 상호 독립적인 관계가 있으므로 자기효능(상, 하)과 결과기대(상, 하)를 기준으로 할 때 학생들은 [그림 5-2]와 같이 네 유형으로 분류할 수 있다.

결과기대

	고	저
고	자신감이 높고 시의적절한 행동, 인지적 관여가 높음	사회적 적극성 항의 불만
저	자기비하 우울	체념 냉담 위축

자기효능

[그림 5-2] **자기효능 및 결과기대에 따른 행동**
(Bandura, 1982)

① 자기효능 및 결과기대가 모두 높은 학생들은 자신감이 높고 노력을 많이 하며 지속성과 인지적 관여도가 높다.

② 자기효능이 높으나 결과기대가 낮으면 많이 노력하고 인지적 관여도가 높으나 성적에 대해 항의하고 로비하려고 한다.

③ 자기효능이 낮으나 결과기대가 높으면 자신을 부정적으로 평가하고 실패할 때 자신을 비난하는 경향이 있다.

④ 자기효능 및 결과기대가 모두 낮으면 체념하고 냉담하며 노력하지 않고 학습무력감과 비슷한 특징을 보인다.

3. 상호적 교수와 인지적 행동수정

상호적 교수(reciprocal teaching)는 교사와 학생이 교사 역할을 교대로 하면서 교사-학생 간 대화와 학생-학생 간 대화를 통해 학습하는 교수법이다(Palincsar & Brown, 1984). 교사 및 또래 모델을 광범하게 활용하는 상호적 교수는 전문가(교사)가 주도하는 사회적 상호작용이 학습 및 인지발달에 중요하다고 전제하고 모델링을 활용하여 다음과 같은 독해전략을 가르친다.

① **요약하기**(summarizing): 교재의 중요한 정보를 확인, 의역, 통합한다. 이를 위해 "요지는 무엇인가?", "가장 중요한 정보는 무엇인가?", "필자는 왜 이 부분을 서술했는가?"라는 질문을 하고 답한다.

② **질문하기**(questioning): 내용을 확실하게 이해하도록 다양한 수준의 질문(예: 교재내용을 회상하는 질문, 추론하는 질문, 새로운 상황이나 문제에 적용하는 질문 등)을 한다.

③ **명료화하기**(clarifying): 어려운 부분(생소한 용어, 어려운 개념 등)이나 모호한 부분을 명료화한다.

④ **예측하기**(predicting): 뒤에 제시될 내용을 예측한 다음, 자신이 세운 가설을 확증하거나 반증하기 위해 교재를 다시 읽는다.

상호적 교수는 교사가 먼저 시범을 보인 후 교사와 학생이 교사 역할을 교대로 하는 상호작용적이고 구조화된 대화를 포함한다. 상호적 교수는 Vygotsky 이론의 근접발달영역(혼자 문제를 해결할 수 있는 수준과 유능한 사람의 도움을 받아 문제를 해결할 수 있는 수준의 격차)의 개념에 근거하여 상호작용 및 스캐폴딩을 강조한다.

상호적 교수는 교재를 이해하는 인지전략과 집단토의기법을 가르치기 위해 소집단장면에서 이루어진다. 먼저 교사는 소집단을 구성한 후 학생들에게 인지전략을 설명하고 시범을 보인다. 구체적으로 교사는 교재를 읽으면서 내용을 요약하고, 질문하며, 어려운 부분을 명료화하고, 뒤에 나올 내용을 예측한다. 그다음 학생에게 교사 역할을 하도록 한다. 학생은 교사를 관찰해서 학습한 전략을 다른 학생들에게 시범을 보이고 설명한다. 그래서 이 방법을 상호적 교수라고 한다. 학생들은 서로 질문하고 명료화하도록 요구하며 코멘트하고 도움을 주고받으면서 학습한다. 학생의 시범이나 설명이 미흡하면 교사가 단서와 교정피드백을 제공한다. 결국 모든 학생은 스스로 내용을 요약하고 질문에 답하며 어려운 부분을 명료화하고 뒤에 나올 내용을 예측할 수 있게 된다.

상호적 교수가 효과를 발휘하려면 세 가지 지침을 준수해야 한다(Palincsar & Brown, 1984).

① **점진적 이행**(gradual shift): 교사 책임에서 학생 책임으로 점차 옮겨 간다.
② **능력 부합**(match demands to abilities): 과제난이도 및 책임은 학생의 능력에 부합해야 한다.
③ **사고 진단**(diagnose thinking): 교사는 각 학생을 관찰하여 사고를 진단한 다음 어떤 수업이 필요한지 확인해야 한다.

한편, **인지적 행동수정**(cognitive behavior modification)은 인지를 조작하여 행동을 변화시키려는 방법을 말한다. 인지적 행동수정은 강화원리를 활용한다는 점에서 행동주의의 측면을, 행동을 변화시키기 위해 인지를 조작한다는 점에서 인지심리학의 측면을 포함하고 있다. 인지적 행동수정은 학습자에게 ① 목표를 설정하고, ② 자신의 행동을 관찰, 점검하며, ③ 자신의 행동을 평가하고, ④ 목표를 달성하면 스스로 강화하고 목표를 달성하지 못하면 처벌하도록 하여 학습자가 학습에 더 많은 책임을 지도록 요구한다.

인지적 행동수정은 Meichenbaum(1977)의 자기지시 프로그램(self-instruction program)에 잘 구현되어 있다(자기지시는 자신에게 지시하는 것을 말한다). 이 프로그램은 모델링을 활용하고, 교사가 내용 및 자기지시 단계를 결정하며, 외적 단서를 활용하여 내적 자기통제를 유도한다. 자기지시 프로그램의 단계는 〈표 5-2〉에 제시되어 있다.

⟨표 5-2⟩ Meichenbaum의 언어적 자기지시 프로그램

단계	과정
인지적 모델링 cognitive modeling	교사는 과제를 수행하면서 학생에게 어떤 행동을 해야 하는지 말해 준다(예: 교사는 덧셈하면서 덧셈을 어떻게 하는지 말해 준다).
외현적 외적 지도 overt, external guidance	학생은 교사의 지도를 받으면서 과제를 한다(예: 학생은 교사의 지도를 받으면서 덧셈한다).
외현적 자기지도 overt self-guidance	학생은 스스로 지시하면서 과제를 한다(예: 학생은 혼자 말하면서 덧셈한다).
외현적 자기지도의 축소 faded, overt guidance	학생은 속삭이면서 수행한다(예: 속으로 중얼거리면서 덧셈한다).
내재적 자기지도 covert self-instruction	학생은 마음속으로 생각하면서 과제를 한다(예: 학생은 마음속으로 생각하면서 덧셈한다).

자기지시 프로그램은 충동성이 높은 아동의 반성적 능력을 높이고, 학습부진아의 읽기이해력을 높이며, 지적장애아동의 문제해결능력을 높이는 것으로 알려져 있다.

4. 자기조절

자기조절(self-regulation)은 목표를 달성하기 위해 사고, 감정, 행동을 스스로 관리하고 통제하는 것을 말한다. 자기조절은 개인적 주도성(personal agency, 삶을 통제할 수 있는 자신감)을 획득하고, 학업 및 직업 분야에서 높은 성취를 하는 데 필요한 바탕이 된다.

원래 임상장면에서 탐구된 자기통제에서 비롯된 자기조절은 점차 학습 및 성취 분야로 확산되어 행동주의, 인지심리학, 발달심리학, 동기이론 등 다양한 관점에서 탐구되고 있다. 자기조절에 관한 행동주의 관점은 주로 Skinner의 조작적 조건형성 원리를 적용하여 부적응적인 행동을 적응적인 행동으로 대치하는 데 주안을 두며 자기점검, 자기지시, 자기강화를 포함하고 있다(Schunk, 2012). 자기점검(self-monitoring)은 자신의 행동 빈도 혹은 강도를 기록하는 것을 말한다. 자신의 행동을 정확하게 인식하지 못하면 자신의 행동을 조절할 수 없다는 점에서 자기점검은 자기조절에서 매우 중요하다. 자기지시(self-instruction)는 강화를 얻을 수 있는 자기조절행동의 변별자극을 생성하는 것을 가리킨다. 내일 공부하기 위해 메모하는 것이 자기지시에 해당된다. 자기강화(self-reinforcement)는 자신의 바람직한 행동을 스스로 강화하는 것을 가리킨다.

사회인지이론의 관점에서 자기조절은 다음 요소들을 포함한다(Ormrod, 2020; Schunk, 2012).

① **표준 및 목표 설정**(standards and goals setting): 수행의 적절성을 판단하기 위한 표준과 목표를 설정한다. 표준은 절대적 표준이 될 수도 있고, 상대적 표준이 될 수도 있다.

② **자기관찰**(self-observation): 목표를 달성하는 과정에서 수행(질, 양, 적합성, 결과)을 스스로 관찰한다.

③ **자기판단**(self-judgement): 표준이나 목표에 비추어 수행의 적절성을 판단한다. 자기판단 결과 표준을 달성하면 스스로 강화하고(자기강화, self-reinforcement), 표준을 달성하지 못하면 스스로 처벌한다(자기처벌, self-punishment).

④ **자기반응**(self-reaction): 자기판단 결과에 따른 행동적, 인지적, 정의적 반응을 말한다.

⑤ **자기성찰**(self-reflection): 목표의 적절성, 성공 및 실패 이유, 행동과 신념의 적절성을 비판적으로 검토하여 목표, 행동, 신념을 조정한다. 자기성찰은 뒤에서 다룰 메타인지의 핵심이다.

5. 사회인지이론의 교육적 함의

사회인지이론은 인지를 무시한 행동주의의 내재적인 제한점을 부분적으로 극복했다. 그렇지만 사회인지이론은 ① 왜 모델의 특정 행동을 모방하고, ② 작문과 같은 복잡한 과제를 어떻게 학습하며, ③ 복잡한 학습환경에서 맥락과 사회적 상호작용이 어떤 역할을 하는지 구체적으로 설명하지 못한다는 지적을 받고 있다(Eggen & Kauchak, 2004). 이러한 제한점에도 불구하고 사회인지이론은 교육에 다음과 같은 중요한 함의를 갖고 있다.

① 학습과 발달을 촉진할 수 있는 바람직한 모델을 제공해야 한다. 교사나 부모가 바람직한 모델이 되면 학습과 발달을 촉진한다. 모델은 교사나 부모에 한정되지 않는다. 지역사회 인사, 기업인, 경찰관 등 실제 인물과 영화의 주인공이나 역사적인 인물 등 상징적 인물이 모델이 될 수 있다. 상징적 모델은 반복적으로 제시할 수 있다는 장점이 있다. 모델을 제시할 때는 다음 사항을 고려해야 한다.

- 기능이나 역량을 정확하게 시범해야 한다.
- 모델은 학생들보다 더 유능하거나 학생들과 유사해야 한다.
- 모델은 신빙성 있어야 한다.
- 학습에 어려움을 겪는 학생들의 경우 대처모델을 활용한다.

② 바람직하지 않은 모델을 제시하지 않아야 한다. 바람직하지 못한 모델을 반면교사(反面敎師)라고 한다. 모델링으로 공격적 행동과 같이 바람직하지 않은 행동도 학습할 수 있으므로 부모나 교사는 반면교사가 되지 않도록 유의해야 한다. 우리 사회에는 반면교사가 넘쳐나고 있다.

③ 바람직한 행동을 하면 강화를 받고, 잘못된 행동을 하면 처벌받는다는 것을 주지시켜야 한다.

④ 적절한 목표를 설정하도록 지도해야 한다. 목표가 학습동기 및 학업성취에 미치는 영향은 목표의 명세성(specificity), 곤란도(difficulty), 근접성(proximity)에 따라 다르다. 학습동기 및 학업성취를 촉진하려면 목표가 구체적이고, 곤란도가 적절해야 하며, 단기간에 달성할 수 있어야 한다.

⑤ 학업에 높은 외재적 가치와 내재적 가치를 부여하도록 지도해야 한다.

⑥ 자기효능 및 결과기대를 높여야 한다. 자기효능이 높을수록 높은 목표를 설정하고, 도전적 과제를 선택하며, 노력을 많이 하고, 지속성이 높으며, 스트레스를 적게 경험하고, 학업성취가 높다.

⑦ 자기조절능력을 길러야 한다. 교육의 궁극적 목표는 자신의 행동, 사고, 감정을 스스로 조절할 수 있는 학습자가 되도록 하는 데 있다.

요약

1. 인간 학습이 사회환경에서 일어난다는 사실을 강조하는 사회인지이론에 따르면 ① 학습은 인지가 변화되는 과정으로 수행과 다르고, ② 인지는 학습에 큰 영향을 주며, ③ 인간은 자신 및 환경을 상당한 정도로 통제할 수 있고, ④ 개체, 환경, 행동이 서로 영향을 주고받는다(상호결정론).

2. 모델링은 관찰자가 모델을 관찰함으로써 행동, 정의, 인지가 변화되는 과정을 뜻한다. 사회 인지이론에 따르면 인간 학습은 대부분 모델링을 통해 이루어진다. 모델링의 형태는 ① 실존 인물을 모델링하는 직접적 모델링, ② 상징적 인물을 모델링하는 상징적 모델링, ③ 여러 모 델의 특성을 결합해서 모델링하는 통합적 모델링으로 나뉜다. 모델은 오류를 전혀 범하지 않는 숙달모델과 처음에는 미흡한 수준이지만 점차 성장해 가는 대처모델로 나뉜다. 효과적인 모델은 ① 유능하고, ② 학습자와 유사하며, ③ 신빙성이 높고, ④ 열정이 높아야 한다. 모델 링에는 대리 강화와 대리 처벌이 작용한다.

3. 모델링의 과정은 ① 주의단계, ② 파지단계, ③ 재생단계, ④ 동기화단계로 이루어진다.

4. 모델링은 ① 새로운 지식이나 기능을 학습하도록 하고(관찰학습 효과), ② 기존 행동을 촉진 하거나(촉진 효과) 기존 행동을 억제하며(억제 효과), ③ 평소 억제하던 행동을 하도록 한다 (탈제지 효과).

5. 목표, 가치, 자기효능, 결과기대는 학습 및 수행에 영향을 주는 동기원이다. 결론적으로 ① 적 절한 목표가 있고, ② 학습에 높은 가치를 부여하며, ③ 자기효능 및 결과기대가 높을수록 동 기 및 성취가 높다.

6. 목표는 주의를 집중시켜 동기를 유발한다. 목표는 ① 명세성이 높고, ② 비교적 짧은 시간에 달성할 수 있으며, ③ 도전적이고, ④ 자신의 가치, 흥미, 요구, 선호도와 일치할수록 동기 및 성취에 큰 영향을 준다.

7. 가치는 학습의 중요성 및 유용성에 관한 지각을 말한다. 학습이 중요하고 유용하다고 지각할 수록 동기와 성취가 높아진다.

8. 자기효능은 일정 수준에서 학습하거나 행동할 수 있는 자신의 능력에 관한 판단을 말한다. 자 기효능은 ① 활동 및 과제 선택, ② 목표 설정, ③ 신념, ④ 노력 및 지속성, ⑤ 학습전략, ⑥ 정 서에 영향을 준다.

9. 결과기대는 행동으로 기대하는 결과에 대한 신념, 즉 행동이 소용이 있는가에 관한 신념을 가

리킨다. 따라서 결과기대는 어떤 결과를 달성할 수 있는 행동을 할 수 있는가에 관한 신념인 자기효능과 구분된다.

10. 상호적 교수는 교사와 학생이 교사 역할을 번갈아 가면서 교사–학생 간 대화와 학생 간 대화를 통해 학습하는 교수법이다. 인지를 조작하여 외현적 행동을 수정하려는 인지적 행동수정은 조작적 조건형성과 사회인지이론의 원리를 통합한 기법이다.

11. 자기조절은 목표를 달성하기 위해 자신의 사고, 감정, 행동을 관리하고 통제하는 과정을 말한다. 사회인지이론의 관점에서 자기조절은 ① 표준 및 목표 설정, ② 자기관찰, ③ 자기판단, ④ 자기반응, ⑤ 자기성찰을 포함한다.

12. 사회인지이론은 ① 바람직한 모델을 제시하되 바람직하지 않은 모델을 제시하지 말아야 하고, ② 적절한 목표를 설정하도록 지도하며, ③ 학업에 가치를 부여하도록 하고, ④ 자기효능 및 결과기대를 높이고, ⑤ 자기조절능력을 길러야 함을 시사한다.

제**6**장

정보처리이론

학습 목표

- 인지심리학의 학습에 관한 견해를 설명한다.
- 정보처리이론의 가정을 설명한다.
- 감각기억, 단기기억(작업기억), 장기기억의 특징을 비교한다.
- 작업기억의 제한된 용량을 극복하는 방안을 기술한다.
- 인지부하이론의 교육적 함의를 제시한다.
- 형태심리학의 지각법칙을 설명한다.
- 주요 인지과정(주의, 시연, 부호화, 인출)을 기술한다.
- 망각의 원인을 설명하고 망각을 방지하는 방안을 제시한다.
- 정보처리 모형의 대안모형을 기술한다.
- 정보처리이론의 교육적 함의를 제시한다.

인지심리학(cognitive psychology)은 정신과정 및 정신구조를 탐구하는 이론적 접근이다. 인지(cognition)는 지각, 주의, 기억, 언어, 문제해결, 추리, 의사결정에 포함된 정신과정 및 정신구조를 말한다. 인지심리학은 인지혁명 후 행동주의의 대안적 접근으로 심리학을 주도하고 있다. 1950년대에 시작된 인지혁명(cognitive revolution)은 인지를 무시한 행동주의에 반발하여 정신을 과학적으로 탐구하려는 심리학 운동을 일컫는다.

행동주의와 인지심리학은 패러다임이 근본적으로 다르다. 객관적인 행동을 탐구하는 행동주의는 인지를 '블랙박스(black box)'로 가정하지만, 인지를 탐구하는 인지심리학은 인지를 '화이트박스(white box)'로 가정한다.

$$S \rightarrow \blacksquare \rightarrow R \text{ (행동주의)}$$
$$S \rightarrow \square \rightarrow R \text{ (인지심리학)}$$

[그림 6-1] 행동주의와 인지심리학의 패러다임

블랙박스 패러다임은 인지를 이해할 수 없고, 이해하더라도 학습을 설명하는 데 도움이 되지 않는다는 견해를 뜻한다. 반면, 화이트박스 패러다임은 인지를 이해할 수 있고, 인지에 비추어 학습을 설명할 수 있다는 견해를 가리킨다. 화이트박스 패러다임에 근거한 인지심리학의 학습에 관한 견해는 다음과 같다.

① 학습은 지식을 획득하고 지식구조를 구성하는 과정이다.
② 학습자는 능동적으로 지식을 획득하고 지식구조를 구성한다.
③ 통찰, 정보처리, 기억과 같은 인지는 학습에 큰 영향을 준다.
④ 선행지식은 학습에 중요한 역할을 한다.

정보처리이론(information processing theory)은 정보처리과정, 즉 정보에 주의를 기울인 다음 부호화하여 기억에 저장하고 인출하는 과정을 탐구하는 인지심리학의 대표적인 접근이다. 정보처리이론에 따르면 인간은 정보를 처리하는 존재이고, 정신은 정보를 처리하는 체제이며, 인지는 정신과정이고, 학습은 정신적 표상(인지의 내용)을 형성하는 과정이다(Mayer, 1996). 즉, 학습은 정보를 수용하여 선행지식과 통합하는 인지활동을 통해 정신적 표상을 형성하여 기억에 저장하는 과정이다.

정보처리이론은 인지를 컴퓨터의 정보처리과정에 비유한다. 인간과 컴퓨터는 ① 정보를 기억에 저장하고, ② 정보를 변환하여 기억에 저장하며, ③ 외부 정보를 수용하고 저장된 정보를 인출한다는 공통점이 있다. 물론 컴퓨터는 의식, 목적, 가치, 정서, 성격을 갖고 있지 않다는 점에서 인간과 다르다. 정보처리이론은 정보를 획득, 저장, 인출하는 과정에 관해 다음과 같은 가정을 한다.

첫째, 인간은 정보를 처리하는 존재다. 정보를 처리한다는 것은 정보에 정신적인 행위를 한다는 것을 뜻한다. 정보처리이론의 관점에서 학습은 정보를 처리하여 기억에 저장하는 과정으로 학습자와 정보 사이의 상호작용을 통해 일어난다.

둘째, 모든 인지활동(주의, 지각, 시연, 사고, 문제해결, 망각, 심상형성 등)은 정보처리를 포함하고 있다.

셋째, 인간은 정보를, 스펀지처럼 수동적으로 흡수하는 것이 아니라, 능동적으로 구조화하고 조직화하여 장기기억에 저장한다.

넷째, 정보는 단계별로 처리된다. 전형적인 정보처리단계는 ① 부호화, ② 저장, ③ 인출이다. **부호화**(encoding)는 정보를 기억에 저장할 수 있는 형태로 변환하는 과정이고, **저장**(storage)은 부호화된 정보를 장기기억에 파지하는 과정, 즉 기억에 정신적 표상 혹은 기억흔적을 만드는 과정이며, **인출**(retrieval)은 기억에 저장된 정보를 탐색하여 회상하는 과정이다.

다섯째, 정보처리단계에서 처리할 수 있는 정보의 양은 한계가 있다. 즉, 인간이 특정 시점에서 다룰 수 있는 정보의 양이 한정된다.

여섯째, 인간의 정보처리체계는 상호작용적이다. 즉, 주의나 지각과 같은 정보처리과정과 기억에 저장된 정보는 서로 영향을 주고받는다.

이 장에서는 인지심리학의 대표적인 접근인 정보처리이론을 중점적으로 살펴본다.

1. 기억의 단계

정보처리이론은 기억의 단계를 감각기억, 단기기억, 장기기억으로 구분한다(Atkinson & Shiffrin, 1968).

[그림 6-2] **기억의 단계**

[그림 6-2]에 따르면 모습, 소리, 냄새와 같은 외부의 정보는 감각기억에 순간적으로 파지된다. 감각기억에 파지된 정보에 주의를 기울이면 단기기억으로 전이된다. 단기기억의 정보는 장기기억으로 전이되어 저장되고, 장기기억에 저장된 정보는 단기기억으로 인출된다. 전화번호(010-3456-6789)를 처리하는 과정을 예로 들어 기억단계를 살펴보면 다음과 같다.

① 감각기억에 투입된 전화번호 010-3456-6789에 **주의**를 집중하면 전화번호는 단기기억으로 전이된다.
② 전화를 걸면서 010-3456-6789를 **시연**(마음속으로 되뇌는 과정)하면 전화번호는 단기기억에 파지된다.
③ 부호화를 하면 010-3456-6789는 장기기억에 **저장**된다.
④ 나중에 전화할 때 장기기억에 저장된 010-3456-6789를 **인출**하면 전화번호가 단기기억으로 전이된다.

감각기억, 단기기억, 장기기억을 더 자세하게 살펴본다.

〈표 6-1〉 기억단계의 비교

	감각기억	단기기억	장기기억
지속기간	몇 초 이내	15~20초	장기간
부호형태	감각된 형태	음운적 형태 혹은 시각적 형태	지식 혹은 도식
정보원	감각	감각기억 또는 장기기억에서 전이된 내용	단기기억에서 전이된 내용
용량	상당히 큼	한정(7±2 항목)	무한
일반적 특징	의식할 수 없음	의식할 수 있음	의식할 수 없음

1) 감각기억

감각기억(sensory memory)은 감각기관에 투입된 정보를 극히 짧은 순간(시각정보는 약 1/2초, 청각정보는 약 2초 정도)에 파지하는 감각기록기(sensory register)를 가리킨다. 감각기억은 감각기관에 수용된 정보를 원래 형태 그대로 파지한다. 즉, 시각적 감각기억은 시각정보를 시각적 형태로 파지하고, 청각적 감각기억은 청각정보를 청각적 형태로 파지한다. 감각기억은 감각기관에 수용된 정보를 정신에 최초로 저장한다는 점에서 중요하다. 단, 감각기억은 기억이 아니라 감각기관의 기능이라는 견해도 있다.

감각기억은 감각기관이 감지할 수 있는 정보를 모두 파지할 수 있을 정도로 용량이 크지만, 정보를 매우 짧은 순간 파지하므로 정보를 의식할 수 없다. 감각기억에 파지된 정보는 즉시 처리하지 않으면 소멸되거나 다른 정보로 대치되어 망각된다. 감각기억에 파지된 정보에 주의를 기울이면 단기기억으로 전이된다.

2) 단기기억/작업기억

단기기억(short-term memory)은 한정된 정보를 짧은 시간 파지하는 임시저장고를 가리킨다. 단기기억의 내용은 ① 감각기억에서 전이된 정보와 ② 장기기억에서 인출된 정보로 구성된다. 감각기억에 수용된 정보에 주의를 기울이면 단기기억으로 전이되고, 장기기억에 저장된 정보를 인출하면 단기기억으로 전이된다. 단기기억에 파지된 정보는 의식할 수 있으므로 단기기억을 흔히 의식(consciousness)이라고 한다. 감각기억 및 장기기억에 파지된 정보는 의식할 수 없다.

(1) 단기기억의 특징

단기기억은 흔히 **작업기억**(working memory)이라고 하는데, 그 이유는 작업기억이 인지활동을 수행하기 때문이다.[1] 작업기억은 정보를 단기적으로 저장하는 동시에 정신적 작업을 수행한다.

작업기억은 중앙집행자, 음운적 고리, 시공간적 기록장으로 구성된다(Gathercole, Pockering, Ambridge, & Wearing, 2004). **중앙집행자**(central executive)는 정보의 흐름과 인지활동을 통제한다. 구체적으로 중앙집행자는 ① 감각기억의 정보에 주의를 집중하고, ② 정보를 처리하며(계획을 세우고, 정보를 통합하고, 추리하고, 이해하고), ③ 장기기억에 저장된 정보를 인출한다. **음운적 고리**(phonological loop)는 단어 및 음운(소리) 정보를 시연하여 작업기억에 파지하고, **시공간적 기록장**(visuospatial sketchpad)은 시각 및 공간 정보를 작업기억에 파지한다.

작업기억의 가장 중요한 특징은 인지활동을 수행한다는 점이다. 그래서 작업기억은 정신적인 작업대에 비유된다. 가령, 17×6의 값을 구할 때 7×6의 값을 구한 후 10×6의 값을 더하는 활동은 작업기억이 수행한다. 장기기억이 정보를 저장하는 기능을 하지만, 작업기억은 정보를 이해하고 의사결정을 하며 문제를 해결하고 지식을 창출하는 기능을 한다.

작업기억의 또 다른 특징은 처리용량, 즉 **기억범위**(memory span, 동시에 의식할 수 있는 정보의 수)가 제한되어 있다는 점이다. 성인의 작업기억은 7±2개의 정보를 20초 정

---

1) 엄밀한 의미에서 단기기억과 작업기억은 같은 개념이 아니다. 단기기억은 정보를 약 15~20초 정도 일시적으로 파지하는 기억저장단계를 가리키고, 작업기억은 정보를 일시적으로 저장하면서 정보를 처리하는 정신적 작업대(즉, 정보에 관해 정신활동을 하는 작업대)를 뜻한다. 작업기억의 통제과정 혹은 집행과정(control or executive process)은 작업기억 내외로 정보를 전이하고 정보처리를 관장하며, 시연, 예측, 점검, 메타인지활동을 수행한다. 통제과정은 감각기억에 파지된 정보 중에서 계획 및 의도에 적합한 정보를 선택하여 시연하는데, 시연하면 정보가 작업기억에 파지되고, 회상이 향상된다.

도 파지할 수 있는데, Miller(1956)는 7이 작업기억 용량을 나타낸다고 보고 마법의 수(magic number)라고 불렀다. 작업기억의 한정된 용량은 교육에 큰 함의를 갖는다. 수업시간에 많은 정보를 빠른 속도로 제시하면 학생들은 작업기억이 제한되어 있어 제대로 처리하지 못한다. 따라서 수업시간에는 작업기억 용량을 고려하여 정보를 천천히 제시해야 한다.

(2) 청킹과 자동성

우리가 처리해야 하는 정보는 7개 이상의 항목으로 구성된 경우가 많은데 작업기억은 용량이 7개 내외의 항목으로 한정되어 있어 정보처리에 어려움을 겪을 수 있다. 청킹과 자동성은 작업기억의 한정된 용량을 극복하는 방안이다.

① 청킹

청킹(chunking, 군집화)은 정보들을 유의미한 군집(chunk)으로 결합하는 과정, 예컨대 철자 r, u, n을 단어 run으로 결합하는 과정이다. 다음 철자들을 기억해 보자.

FBINGOFIFAKOTRANYAPA

이 철자들을 그대로 기억하면 9개 정도만 기억할 수 있지만, FBI NGO FIFA KOTRA NY APA와 같이 유의미한 군집으로 묶으면 모두 기억할 수 있다. 청킹을 하면 작업기억 용량이 7±2항목에서 7±2청크로 확장되므로 작업기억의 한계를 보완할 수 있다. 청킹은 사실적 지식, 즉 서술적 지식에 적용된다.

② 자동성

자동성(automaticity)은 인지적 자원을 거의 사용하지 않고 신속하고 효율적으로 반응하고 정보를 처리할 수 있는 상태를 가리킨다. 그래서 자동성을 자동적 처리(automatic processing)라고 한다. 처음에는 주의집중과 정신적 노력이 필요한 활동이라도 반복해서 연습하면 자동화되는데, 일단 자동화되면 ① 신속하게 수행할 수 있고, ② 의식적으로 노력하거나 통제할 필요가 없으며, ③ 일관성이 있다.

자동성은 절차적 지식에 적용되는데, 자동화되면 한정된 작업기억을 더 중요한 활동에 활용할 수 있다. 자동차 운전을 예로 들어 자동성의 중요성을 살펴보자. 운전기능이 자동화되지 않으면 운전하느라 옆 사람과 대화도 할 수도 없고 라디오 소리도 듣지 못한다. 그런데 운전기능이 숙달되면 운전하면서 옆 사람과 대화하고 음악도 들을 수 있다. 운전기능이 자동화되어 작업기억 부담이 줄어들었기 때문이다.

기초기능을 자동화해야 고차적 사고가 가능하다는 점에서 자동성은 학습에서 매우 중요한 의미가 있다. 예를 들어, 글을 읽을 때 어휘나 문법을 자동으로 처리할 수 있어야 요지를 파악하는 데 작업기억을 활용할 수 있고, 컴퓨터로 문서를 작성할 때 키보드 사용을 자동화해야 좋은 글을 쓰는 데 전념할 수 있다. 기초기능의 자동화는 고차적 사고의 선행요건이 된다는 점에서 중요한 교육목표에 해당된다.

③ 인지부하

제대로 학습하려면 학습에 작업기억을 최대로 활용해야 한다. 그런데 작업기억의 용량은 제한되어 있다. 제한된 작업기억을 학습에 최대한 활용하려면 무엇을 어떻게 해야할까? **인지부하이론**(cognitive load theory)은 작업기억의 제한된 용량을 고려하여 수업을 설계, 실행하는 지침을 제시한다. 인지부하의 유형과 교육적 함의를 간단히 살펴본다.

• 인지부하의 유형

인지부하(cognitive load)는 학습이나 과제를 수행하는 데 필요한 작업기억 자원(용량)을 말한다(Sweller, 1988). 학습하거나 과제를 수행하기 위해 실제 투입하는 작업기억 자원은 정신적 노력(mental effort)이라고 한다. 학습목표를 달성하려면 작업기억 자원을 학습하는 데 최대한 투입해야 하므로 학습목표 달성은 인지부하와 정신적 노력에 따라 좌우된다. 인지부하는 내재적 부하, 외재적 부하, 관련 부하로 구분된다.

① **내재적 부하**(intrinsic load): 정보의 복잡성에서 기인하는 인지부하를 가리킨다. 내
  재적 부하는 정보가 복잡할수록 높아지는데 내재적 부하가 너무 높으면 제대로 학

습할 수 없다. 따라서 수업을 계획, 실행할 때는 내재적 부하가 너무 높지 않도록 복잡한 학습내용을 소단위로 나눈 다음 계열화해야 한다. 그런데 정보의 복잡성은 선행지식 수준에 따라 달라지므로 같은 정보라도 선행지식이 충분하면 내재적 부하가 낮아진다.

② **외재적 부하**(extraneous load): 학습을 방해하는 인지부하를 가리킨다. 학습과 관련 없는 정보, 그래픽, 애니메이션은 외재적 부하를 유발하여 학습에 가용한 인지자원을 고갈시킨다. 외재적 부하가 높으면 학습시간이 늘어나므로 효율성이 떨어진다. 예컨대, 학습내용에 관한 설명은 위에 배치하고 그래픽을 밑에 배치하면 외재적 부하가 높아지기 때문에 학습을 방해한다. 따라서 수업을 설계, 실행할 때는 외재적 부하를 최소화하여 작업기억을 학습에 최대한 활용할 수 있도록 해야 한다. 외재적 부하를 줄이는 방안은 다음과 같다.

- 스캐폴딩(학습목표를 달성하는 데 인지자원을 집중하도록 해 준다.)
- 계열화(단순한 과제를 먼저 제시하고 복잡한 과제를 뒤에 제시하면 인지자원을 학습에 집중하는 데 도움을 준다.)
- 실제적 과제(실생활과 관련된 과제는 외재적 부하를 줄여 준다.)
- 시각 및 청각적 자료제시 방식 최적화
- 주의집중
- 처리해야 할 정보를 줄이기

③ **관련 부하**(germane or relevant load, 본유적 부하): 학습목표를 달성하려는 인지활동에서 기인하는 인지부하를 말한다. 관련 부하는 극대화해야 한다. 관련 부하에 부합되는 인지활동은 다음과 같다.

- 학습전략을 의도적으로 적용한다.
- 인지도식을 추상화하기 위해 학습자료의 구조를 탐색한다.
- 문제를 해결하기 위해 재구조화한다.

• 인지 및 학습을 점검하기 위한 메타인지과정을 활용한다.

• **인지부하이론의 함의**

인지부하이론은 작업기억의 한정된 용량을 학습에 최대한 활용하도록 수업을 설계하고 실행하는 지침을 제공한다. 인지부하이론의 교육적 함의는 다음과 같다.

① 인지과부하를 유발하지 않아야 한다. **인지과부하**(cognitive overload)는 전체 인지부하(내재적 부하, 외재적 부하, 관련 부하의 합)가 작업기억 용량을 초과한 상태를 말하는데, 인지과부하 상태에서는 제대로 학습할 수 없다.

② 내재적 부하를 적정 수준에서 관리하고 외재적 부하를 최소화함으로써 관련 부하를 극대화해야 한다. 내재적 부하가 너무 높고 외재적 부하가 많이 포함되어 있으면 관련 부하에 가용한 작업기억 용량이 줄어들기 때문에 제대로 학습할 수 없다. 내재적 부하가 낮으면 외재적 부하가 다소 높아도 무방한데, 그 경우 가용 작업기억 자원이 전체 인지부하보다 크기 때문이다.

③ 학습내용을 단순화하고 구조화해야 한다. 그렇게 하면 작업기억의 한정된 용량을 상당 부분 보완할 수 있다.

④ 청킹, 자동성, 이중처리를 통해 작업기억의 한정된 용량을 극복해야 한다. 청킹은 정보들을 더 큰 단위로 결합하는 과정이고, 자동성은 정보를 의식적 노력 없이 처리할 수 있는 상태를 말한다. 이중처리(dual processing)는 작업기억이 언어정보와 시각정보를 동시에 처리하는 것을 가리킨다. 언어정보와 시각정보는 독립적이지만 서로 보완하는 관계가 있다(즉, 언어정보는 시각정보의 단서가 되고, 그 역도 가능하다).

3) 장기기억

장기기억(long-term memory)은 지식, 기능, 신념, 태도 등을 영구적으로 저장하는 기억을 말한다. 장기기억의 용량은 거의 무제한이다. 기억이 감각기억과 작업기억으로만 이루어졌다면, 컴퓨터의 저장장치가 없을 때 같은 작업을 되풀이해야 하듯이, 같은 경험을 끝없이 반복해야 한다. 다행히 인간은 경험을 장기간 저장하는 장기기억을 갖고 있다. 장기기억에 저장된 내용은 지식과 도식으로 개념화되고 있다.

(1) 지식

정보처리이론에 따르면 학습은 지식을 구성하는 과정이고, 기억은 지식, 즉 정신적 표상(mental representation)을 저장하는 과정이며, 사고는 지식을 논리적으로 조작하는 활동이다. 장기기억에 저장된 지식을 살펴본다.

① 서술적 지식, 절차적 지식, 조건적 지식

서술적 지식(declarative knowledge, 선언적 지식)은 단어나 상징으로 기술할 수 있는 내용지식(knowing what)을 가리킨다. 서술적 지식은 의미적 기억과 일화적 기억을 포괄한다. **의미적 기억**(semantic memory)은 사실, 개념, 법칙, 일반화, 문제해결전략 등에 대한 기억을, **일화적 기억**(episodic memory)은 개인적 경험에 관한 기억을 뜻한다.

서술적 지식은 명제(proposition, 진위를 판단할 수 있는 최소 단위의 진술/주장)로 표상된다. 명제의 사례는 다음과 같다.

- 3 · 1 운동은 1919년 일어났다.
- 2+3=5
- 나는 수학을 잘한다.

절차적 지식(procedural knowledge)은 신체적 혹은 정신적인 행위를 하는 방식(knowing how)에 관한 지식, 즉 과정지식(process knowledge)을 말한다. '컴퓨터로 문서를 작성하는 방법', '나눗셈하는 방법', '자동차를 운전하는 방법', '수학적인 증명하는 방법'에 관한 지식이 절차적 지식이다.

절차적 지식은 산출(production), 즉 조건-행위 규칙(condition-action rule)으로 표상된다. 조건-행위 규칙은 특정 조건에서 어떤 행위를 하도록 처방한다. '붉은 신호등이 켜지면, 멈추어라.'라는 것이 조건-행위 규칙의 사례가 될 수 있다. 행위를 처방하는 조건-행위 규칙은 진위를 따질 수 없고 행위의 유용성을 기준으로 판단된다.

한편, **조건적 지식**(conditional knowledge)은 서술적 및 절차적 지식을 왜 언제 적용할 것인가에 관한 지식(knowing why or when)을 말한다. 서술적 지식과 절차적 지식이 있어도 조건적 지식이 없으면 학습에 실패할 수 있다. 조건적 지식을 갖고 있으면, 예컨대 선다형 시험을 준비할 때는 학습내용을 정확하게 이해하는 방식으로 학습하고, 논문형 시험을 준비할 때는 전체적인 의미를 요약하는 방식으로 학습한다. 조건적 지식은 자기조절학습의 핵심이다.

〈표 6-2〉 **지식의 형식**

	서술적 지식	절차적 지식	조건적 지식
지식유형	의미적 기억: 사실, 개념 일화적 기억: 개인적 경험	절차적 기억: 행위를 수행하는 방식	조건적 기억: 서술적 지식 및 절차적 지식을 왜 언제 활용할 것인가에 관한 지식
저장형식	명제	산출(조건-행위 규칙)	인지전략, 특정 서술적 지식 및 절차적 지식을 활용할 수 있는 조건에 관한 정보
사례	중력의 법칙을 정의하기, 단어의 의미를 아는 것	자전거를 타는 방법이나 보고서 작성방법을 아는 것	선다형 시험을 치려면 사실과 정의를 외워야 하고, 논문형 시험을 치려면 전체적으로 이해해야 한다는 것을 아는 것

② 명시적 지식과 묵시적 지식

명시적 지식(explicit knowledge)은 의식할 수 있고 언어적으로 기술할 수 있는 지식을 말한다. 반면, **묵시적 지식**(implicit knowledge)은 의식적으로 회상하거나 설명할 수 없지만, 행동에 영향을 주는 지식을 말한다. 자전거를 탈 때 어떻게 몸의 균형을 잡는지 정확하게 설명할 수 없지만, 몸의 균형을 유지하고, 문법적으로 정확한 문장을 어떻게 만드는지 설명할 수 없어도 문법이 정확한 문장으로 말을 하거나 글을 쓸 수 있는 것은 그에 관련된 묵시적 지식이 있기 때문이다.

(2) 도식

도식이론에 따르면 지식은 장기기억에 도식으로 저장된다. **도식**(圖式: schema or scheme, 복수형은 schemata)은 장기기억에 저장된 인지구조 혹은 지식구조를 뜻한다. 도식이란 개념은 Bartlett(1932)이 처음 사용한 것으로 알려져 있으며 Piaget는 도식을 인지구조를 뜻하는 개념으로 사용했다. 제8장에서 다루는 유의미수용학습이론의 핵심 개념인 인지구조도 도식과 거의 같은 개념이다. 도식의 기능, 도식의 형성 및 변화 과정, 도식의 교육적 의의를 살펴본다.

① 도식의 기능

도식은 구체적으로 다음과 같은 기능을 한다.

첫째, 인지의 효율성을 높인다. 수많은 정보를 그대로 저장할 경우, 정신세계는 정보에 압도되지만, 도식으로 저장하면 기억을 단순화시켜 효율성을 높일 수 있다. 가령, 1만 마리 개에 관한 정보를 모두 저장하려면 1만 개의 기억공간이 필요하지만 개 도식으로 저장하면 1개의 공간만 있어도 된다.

둘째, 지각에 영향을 준다. '아는 만큼 보인다.'라는 말은 도식이 지각에 미치는 영향을 잘 나타낸다. 따라서 같은 상황에서도 도식이 다르면 다른 것을 지각한다. 집을 볼 때 도둑은 도둑질에 필요한 정보를, 집을 사려는 사람은 집의 가치에 관련된 정보를 더 잘 지각하는 것은 도식의 영향을 받았기 때문이다.

셋째, 기억 및 인출에 영향을 준다. 개 도식이 있으면 개의 특징을 쉽게 기억하고 인출한다. Ausubel은 도식(선행지식)을 유의미수용학습에 영향을 주는 가장 중요한 요인으로 간주했다(제8장 참조).

넷째, 상황을 이해하고 예측하는 데 영향을 준다. 도식이 있으면 상황을 파악하여 적절하게 대처할 수 있다. 개 도식이 있으면 개가 다가올 때 왜 다가오는지 알고 대처할 수 있다. 또 도식은 앞으로 일어날 일을 예측하는 데 도움을 준다. 개 도식이 있으면 개가 다음에 어떤 행동을 할 것인지 쉽게 예상할 수 있다.

다섯째, 문제해결을 촉진한다. 문제해결이나 창의력은 조직적인 도식에 기반을 둔다. "발견은 준비된 마음을 선호한다(Discovery favors the prepared mind)."라는 Pasteur의 유명한 말은 도식의 중요성을 강조하고 있다. 반대로 도식이 없으면 문제를 제대로 표상하지 못해 문제해결에 어려움을 겪을 수 있다.

여섯째, 도식은 인지에 부정적인 영향을 줄 수 있다. 특정 도식이 있으면 어떤 것을 지각하지 못할 수도 있고, 존재하지 않는 것을 지각하는 왜곡현상이 나타나기도 한다. 도식이 다르면 동일한 현상을 다르게 해석하므로 소통을 방해하고 갈등을 일으키기도 한다. 도식의 차이로 인해 부모와 자녀는 갈등을 겪고, 경제학자와 물리학자는 같은 현상을 다르게 해석한다.

② 도식의 형성 및 변화

도식은 추상화(abstraction)를 통해 형성된다. 즉, 대상들을 여러 차례 경험하면 공통속성을 추상화하여 도식을 구성한다. 예컨대, 개를 여러 차례 경험하면 공통특징(4개의 다리, 2개의 눈, 털이 있고 등)을 추상화하여 개 도식을 구성한다.

도식은 고정된 것이 아니라 새로운 경험을 하면 변화된다. 도식은 세 가지 과정을 통해 변화된다(Rumelhart & Norman, 1978).

① **부가**(附加, accretion): 불완전한 도식을 변화시키는 과정이다. 참새가 새에 속한다는 것을 알고 있을 때 독수리도 새에 속한다는 것을 알게 되거나 시멘트로 집을 짓는다고 알고 있을 때 나무로 집을 지을 수도 있다는 사실을 아는 것이 부가에 해당한다. 부가는 가장 일반적인 도식의 변화 유형이다.

② **조율**(tuning): 부정확한 도식을 융통성 있게 수정하는 과정을 말한다. 명왕성은 행성이라는 새로운 정보에 근거하여 혹성에 관한 기존 도식을 수정하는 과정이 조율이다.

③ **재구조화**(restructuring): 도식을 구조적으로 변화시키는 과정, 즉 도식을 완전히 새로운 도식으로 대치하거나 통합하는 과정을 말한다. 특정 도식을 구성하는 기본관계를 전면수정하거나(전조작적 사고에서 구체적 조작으로 이행하는 것), 완전히 새로운 도식을 형성하는 과정[예: 개종(改宗), 진화론, 지동설]이 재구조화에 해당된다.

수업에서 도식은 다음의 순환적인 세 국면을 거쳐 형성된다(Eggen & Kauchak, 2004).

① **정보획득**(information acquisition): 학습자는 교사의 도움을 받거나 스스로 특정 주제에 관한 정보를 획득한다.

② **이해점검**(comprehension monitoring): 교사는 학습자의 능동적인 인지과정을 활성화하고, 점검하며, 도식을 형성하도록 질문을 한다.

③ **통합**(integration): 교사는 추가질문을 통해 복잡한 도식을 형성하도록 도와준다. 복잡한 도식은 청킹을 촉진하고, 인지부하를 줄이며, 부호화를 촉진한다.

③ **도식의 교육적 의의**

첫째, 교육은 도식을 변화시키는 과정이다. 도식이론의 관점에서 교육은 ① 새로운 도식을 형성하고, ② 불완전한 도식을 보완하고 수정하며, ③ 기존 도식을 새로운 도식으로 대치하는 과정이다.

둘째, 수업을 하기 전에는 학습내용과 관련된 도식을 활성화해야 한다. 도식은 학습내용을 이해하고 동화하는 근거지 역할을 하므로 도식이 있으면 학습내용을 쉽게 이해할 수 있지만 도식이 없으면 학습내용을 제대로 이해할 수 없다. 도식이 있더라도 자발적으로 활성화하지 않을 수 있으므로 반드시 의도적으로 도식을 활성화해야 한다. 선행조직자는 선행지식을 활성화하기 위한 기법이다.

셋째, 도식은 작업기억의 인지부하를 감소시킨다. 학습내용에 관련된 체계적인 도식이 있으면 학습에 가용한 작업기억 용량이 커진다. 따라서 교육에서는 학생들이 체계적인 도식을 형성하도록 도움을 주어야 한다.

2. 인지과정

인지과정(cognitive process)은 정보를 처리하는 정신활동, 즉 정보에 주의를 기울이고 지각하며 부호화하여 저장하고 인출하는 활동을 말한다. 정보처리 모형에서 인지과정은 특정 기억단계에 저장된 정보를 다른 기억단계로 전이시키는 정신과정, 즉 감각기억의 정보를 단기기억으로 전이시키고 단기기억의 정보를 장기기억으로 전이시키는 정신과정이다. 정보처리 모형의 주요 인지과정은 다음과 같다.

① **감각**(sensation): 외부 정보를 감각기억에 순간적으로 기록하는 과정
② **지각**(perception): 작업기억에 투입된 정보에 질서 및 의미를 부여하는 과정
③ **주의**(attention): 작업기억이 정보를 의식적으로 선택하는 과정
④ **시연**(rehearsal): 작업기억이 정보를 파지하고 장기기억으로 전이시키는 과정
⑤ **부호화**(encoding): 정보를 일시적인 작업기억에서 장기기억으로 옮기는 과정
⑥ **인출**(retrieval): 장기기억의 정보를 작업기억으로 옮기는 과정

1) 지각

지각(perception)은 감각정보에 의미와 질서를 부여하는 과정이다. 사람, 자동차, 나무, 꽃을 볼 수 있는 것은 지각을 했기 때문이다. 지각은 시각적 지각, 청각적 지각, 촉각적 지각, 미각적 지각, 후각적 지각으로 나뉘지만, 여기에서는 시각적 지각만 다룬다.

독일 심리학자 Max Wertheimer(1880~1943), Wolfgang Köhler(1887~1967), Kurt Koffka(1886~1941) 등이 주도한 **형태이론**(Gestalt theory)은 시각적 지각을 주로 탐구하여 인지심리학의 출현에 영향을 미쳤다. 형태이론에 따르면 ① 지각은 실재와 다르고(인간은 자극을 나름대로 해석하여 지각한다), ② 전체는 부분의 합보다 더 크며(형태이론은 구조주의 및 행동주의가 환원주의 오류, 즉 어떤 현상을 단순한 요소로 나누는 오류를 범했다고 비판한다), ③ 유기체는 자극을 구조화하고 조직하여 형태(Gestalt, 조직화된 전체)를 구성하고, ④ 학습은 간결과 의미의 법칙을 따르며, ⑤ 문제해결은 시행착오의 과정이 아니라 문제장면의 재구조화와 통찰을 통해 이루어진다. 형태심리학이 탐구한 주요한 지각현상을 살펴본다.

(1) 파이현상

파이현상(phi phenomenon, 가현운동)은 정지한 사물들을 움직이는 것으로 지각하는 착시를 말한다. 전구들을 배열해 놓고 일정한 시간간격을 두고 차례로 불을 켜고 끄기를

반복하면 불빛이 움직인다고 지각하는 현상, 즉 가현운동을 지각할 수 있다.

파이현상은 정신이 형태(Gestalt), 즉 유의미한 패턴을 능동적으로 구성한다는 것을 의미한다. 파이현상에 근거하여 형태심리학은 '전체는 부분의 합보다 더 크다.'라는 명제를 정립했다. 형태심리학은 구조주의 및 행동주의가 환원주의 오류(복잡한 현상을 단순한 요소로 나누는 오류)를 범했다고 비판한다. 구조주의는 복잡한 관념을 단순관념으로 나누려고 시도했고, 행동주의는 복잡한 행동을 조건반응 혹은 자극–반응 관계에 비추어 이해하려고 하였다.

(2) 간결과 의미의 법칙

간결과 의미의 법칙(law of pragnanz, 독일어 pragranz는 좋은 형태를 의미함)은 자극을 '좋은 형태(good Gestalt, 독일어 Gestalt는 형태, 조직 등의 의미가 있다.)'로 조직하려는 경향이 있다는 법칙이다. '좋은'이란 단순하고 안정되며 조화롭고 유의미하다는 의미가 있다. 나무를 볼 때 잎이나 줄기를 따로 지각하지 않고 유의미한 전체인 나무를 지각하는 것은 간결과 의미의 법칙이 작용한 것이다. 간결과 의미의 법칙에 따르면 학습은 간결과 의미의 법칙에 따라 단순하고 유의미하고 완전한 형태를 지각하여 기억흔적을 형성하는 인지적 현상이다.

간결과 의미의 법칙에 종속되는 지각의 하위법칙은 다음과 같다.

① 근접의 법칙(law of proximity): 시공간적으로 가까운 자극들을 형태로 조직화하는 경향성([그림 6–3] A)

② 유사의 법칙(law of similarity): 크기, 모양, 색상이 비슷한 자극들을 형태로 조직화하는 경향성([그림 6–3] B)

③ 폐쇄의 법칙(law of closure, 완결의 법칙): 불완전한 형태를 보충하여 완전한 형태를 조직화하는 경향성([그림 6–3] C)

④ 단순의 법칙(law of simplicity): 자극들을 가장 단순하고 규칙적인 형태로 조직화하는 경향성([그림 6–3] D)

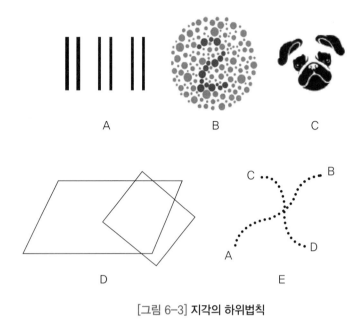

[그림 6-3] **지각의 하위법칙**

⑤ **연속의 법칙**(law of continuity): 같은 방향으로 패턴 혹은 흐름을 구성하는 자극들을
도형으로 지각하는 경향성([그림 6-3] E)

(3) 도형-배경 원리

도형–배경 원리(figure-ground principle, 전경–배경 원리)는 도형(혹은 전경)과 배경을 구
분하여 사물을 지각하는 원리를 말한다. 도형과 배경은 모양·크기·고저·색상과 같은

[그림 6-4] **역전성 도형**

특징에 따라 구분되는데, 도형은 지각장에서 두드러진 부분이고 배경은 도형을 둘러싼 주위 환경이다. 도형-배경 원리는 [그림 6-4]에 제시된 역전성 도형(reversible figure, 반전도형)에 잘 나타나 있다.

[그림 6-4]에서는 도형과 배경을 어떻게 구분하는가에 따라 다른 도형을 지각할 수 있다. A의 경우 검은 모양을 도형으로 보면 트럼펫 부는 남자를 지각할 수 있고, 흰 모양을 도형으로 보면 여자 얼굴을 지각할 수 있다.

도형-배경 원리는 학습에서 중요한 내용을 지엽적인 내용과 구분하는 것이 중요하다는 것을 시사한다. 중요한 내용과 지엽적인 내용이 뒤섞여 있으면 학습에 어려움을 겪게 된다.

(4) 통찰 및 생산적 사고

통찰(insight)은 문제해결방안을 이해하는 것을 말한다. 따라서 문제를 해결하는 과정에서 문제를 해결하는 방안을 이해하면 통찰했다고 할 수 있다.

통찰하려면 문제를 해결하는 데 필요한 요소들의 관계를 파악하여 결합해야 한다. 통찰과정에서 학습자는 '아하' 현상(aha phenomenon, 유레카)을 경험한다. 통찰학습은 다음과 같은 특징을 갖고 있다.

- 문제를 갑자기 해결한다. 따라서 통찰학습은 비연속적 성질을 갖고 있다.
- 통찰에 근거한 행동은 유연하고 오류를 범하지 않는다.
- 통찰을 통해 이해한 해결책은 장기간 파지된다.
- 통찰을 통해 획득된 원리는 다른 문제장면에 쉽게 적용된다.

통찰을 통해 문제를 해결한다는 형태심리학의 견해는 시행착오를 통해 문제를 해결하고 학습이 점진적이고 연속적인 성질을 갖는다는 행동주의 견해와 다르다.

한편, **생산적 사고**(productive thinking)는 문제의 성질 및 구조를 이해하는 유의미학습을 말한다. 생산적 사고는 학습내용을 암기하는 기계적 기억(rote memorization)과 대비된다. 유의미학습을 하면 학습내용을 장기간 기억하고 다양한 상황으로 쉽게 전이할 수

있다. 반면, 기계적 기억은 쉽게 망각이 되며 일부 상황에만 적용될 수 있으므로 쉽게 전이되지 않는다.

생산적 사고와 기계적 기억의 차이를 잘 보여 주는 간단한 실험을 보자. 실험에서는 학생들에게 다음 15개 숫자를 15초 동안 보여 주고 순서대로 기억하도록 하였다.

1 4 9 1 6 2 5 3 6 4 9 6 4 8 1

실험결과 숫자들을 그대로 기억한 학생들은 대부분 몇 개만 기억했고 일주일 후 전혀 기억하지 못했다. 그렇지만 숫자의 배열규칙을 이해한 학생들은 1개월 후에도 모든 숫자를 정확하게 기억했다. 앞의 숫자들은 1에서 9까지의 제곱한 숫자를 배열한 것이다. 이 사례는 문제의 원리를 이해하는 생산적 사고의 학습 및 기억 촉진 효과를 잘 보여 준다.

2) 주의

주의(attention)는 감각, 기억, 기타 인지과정에 파지된 수많은 정보 중 작업기억이 특정 정보를 선택하여 집중하는 과정을 말한다. 따라서 주의를 집중한다는 것은 작업기억이 특정 정보를 선택해서 처리한다는 것을 뜻한다.

주의의 가장 독특한 특징은 선택성인데 특정 정보를 선택하는 과정을 **선택적 주의** (selective attention)라고 한다. 인간의 정보처리능력은 한정되어 있어 모든 정보를 처리할 수 없으므로 정보를 선택해서 집중해야 한다. 정보를 선택하여 집중하면 한정된 작업기억을 효율적으로 활용할 수 있다.

칵테일파티 효과(cocktail party effect)는 선택적 주의의 중요성을 잘 보여 준다. 칵테일파티를 하는 곳에는 대화, 음악 소리, 음식 먹는 소리, 웃음소리 등 소리가 넘쳐난다. 그런데 소리의 홍수 속에서도 상대방과 별 어려움 없이 대화할 수 있는데, 그 이유는 상대방의 말에 선택적으로 주의를 기울이기 때문이다. 이분청취법(二分聽取法, dichotic listening method)은 선택적 주의를 실험적으로 탐구하는 방법이다. 헤드폰을 통해 양쪽 귀에 서로 다른 메시지를 들려주고 왼쪽 귀에 들리는 메시지를 따라 말하도록 하면 오른쪽 귀에 들려주는 메시지를 전혀 인식하지 못하는데, 그 이유는 오른쪽 귀에 들려주는 메시지에 주의를 기울이지 않았기 때문이다. 무주의 맹시(inattentional blindness, 주의를 기울이지 않은 대상을 인식하지 못하는 현상)는 주의의 중요성을 잘 보여 준다.

보이지 않는 고릴라

Simons와 Chabris(1999)는 6명의 학생을 3명씩 두 팀으로 나눈 다음 한 팀은 검은색 셔츠를, 다른 한 팀은 흰색 셔츠를 입고 같은 팀의 학생끼리 농구공을 패스하도록 했다. 그다음 실험참여자들에게 흰색 셔츠를 입은 팀의 패스 횟수를 세라는 과제를 주었다. 실험 중 고릴라 분장을 한 여학생이 농구공을 주고받는 학생들 사이로 걸어와 약 9초간 고릴라처럼 가슴을 두드리고 제자리로 돌아갔다.

실험이 끝난 뒤 실험참여자들에게 '고릴라를 보았느냐?'라고 질문했을 때 절반이나 되는 참여자들이 고릴라를 보지 못했다고 답했다. 왜 참여자들이 덩치가 큰 고릴라를 보지 못했을까?

참여자들이 고릴라 분장을 한 여학생을 보지 못한 것은 패스 횟수를 세는 데 주의를 집중했기 때문이다. 무주의 맹시가 나타난 것이다. 주의를 기울이지 않은 대상을 의식할 수 없는 무주의 맹시는 일상생활에서 흔히 경험할 수 있다.

주의집중은 학습의 출발점이다. 주의를 집중하지 않으면 아무것도 학습할 수 없다. 이는 TV에 주의를 전혀 기울이지 않을 때 아무것도 듣지 못하는 경우와 같다. 학습에 주의를 집중하려면 주의집중이 쉬운 환경에서 학습하고, 주의가 쉽게 분산되는 환경을 피해야 한다. 도서관에서 공부하고, 스마트폰을 끄는 것은 주의를 관리하기 위한 전략이다. 수업시간에는 당연히 주의를 집중해야 한다. 수업에 주의를 집중하지 않으면, 비유컨대 '몸만 출석하고 마음은 결석하면' 아무것도 학습할 수 없다. ADHD(attention deficit hyperactivity disorder, 주의력 결핍 과잉행동 장애)는 주의집중장애로 인해 학습에 큰 어려움을 겪는다.

주의는 일상생활에서도 매우 중요하다. 다림질하다가 옷을 태우고, 운전하면서 전화하다가 사고를 내고, 거리를 걸으면서 스마트폰으로 검색하다가 사고를 당하는 것은 주의를 기울이지 않은 데서 기인한다. 여러 활동에 동시에 주의를 분산하는 것을 멀티태스킹(multitasking)이라 하는데, 작업기억의 용량이 제한되어 있으므로 멀티태스킹은 위험하다. 최근 많은 사람의 관심을 끄는 명상도 핵심은 주의를 관리하는 데 있다.

학습 및 수업의 효과를 극대화하려면 학생들이 학습에 주의를 집중해야 한다. 수업에서 학생들의 주의를 유발, 지속하는 방안은 다음과 같다.

- 구체적인 학습목표를 제시한다. 학습목표는 주의집중을 유도한다.
- 선행지식을 활성화한다. 선행지식은 주의집중을 유도한다(예: 꽃에 대한 선행지식이 풍부하면 꽃에 주의를 기울인다).
- 개인적으로 흥미를 갖는 주제를 다룬다. 사람들은 흥미 있는 대상에 주의를 기울이는 경향이 있다.
- 주의를 끌 수 있는 신호를 보낸다.
- 중요한 내용은 밑줄, 진한 글씨, 대문자, 이탤릭체, 색상, 화살표, 큰 글자, 별표 등으로 강조한다.
- 중요한 내용은 음성의 고저와 강약을 달리하면서 강조한다.
- 다양한 자료와 시청각 매체를 활용한다.
- 수시로 질문하고 요점을 자신의 말로 이야기해 보라고 한다.
- 특별한 자극을 사용한다(예: 고흐 그림을 보여 주거나 베토벤 음악을 들려주면서 수업을 시작한다).

3) 시연

시연(rehearsal, 암송)은 정보를 속으로 되뇌는 과정이다.[2] 공부하면서 새로운 영어단어

---

2) 엄밀한 의미에서 시연은 반복과 다르다. 반복(repetition)은 정보를 여러 차례 경험하는 것을, 시연은 마음속으로 연습하는 것(mental practice)을 말한다. 따라서 같은 정보를 여러 차례 제시하는 것은 반복이다. 시연은 크게 유지형 시연과 정교형 시연으로 구분된다. 유지형 시연(maintenance rehearsal)은 정보를 속으로 단순히 되뇌는 전략으로 시연이라고 하면 일반적으로 유지형 시연을 일컫는다. 그런데 유지형 시연을 하면 정보가 쉽게 망각되므로 효과가 일시적이다. 정교형 시연(elaborative rehearsal)은 정보의 의미를 분석하거나 연합과 심상을 이용하여 정보를 기존 지식과 관련짓는 과정이다. 비밀번호를 생일과 관련지어 기억하는 전략이 정교형 시연이다. 정교형 시연은 효과적인 기억전략이다. 정교형 시연을 하면 ① 정보가 선행지식에 관련되고, ② 정보를 다른 정보로 대치하며(자극대치), ③ 인출 단서가 추가된다. 정교형 시연은 뒤에서 소개할 정교화 전략에 해당된다.

나 개념의 정의를 속으로 중얼거리는 학생은 시연하고 있는 것이다.

시연은 일차적으로 정보를 작업기억에 파지하는 기능을 한다. 전화를 걸 때 전화번호를 속으로 반복하면 작업기억에 전화번호가 파지된다. 또 시연은 작업기억의 정보를 장기기억으로 전이하는 기능을 한다. 따라서 시연을 많이 할수록 기억이 향상되는데 이를 연습의 제1법칙이라고 한다. 시연할 때는 한 번에 소나기식으로 시연하는 **집중학습**(whole learning)보다 여러 차례 나누어 시연하는 **분산학습**(distributed learning)이 더 효과적이다. 그 이유는 분산학습을 하면 정보가 선행지식에 연합될 확률이 높아지기 때문이다. 따라서 시험공부를 할 때 일요일에 집중적으로 공부하는 것보다 일주일 동안 여러 차례 공부하면 학습내용을 더 잘 기억할 수 있다. 여러 차례 시연하면 기억이 향상되는 현상을 **간격 효과**(spacing effect)라고 한다. 또 적극적으로 시연할수록 기억이 촉진된다. 예컨대, 한용운의 시 '님의 침묵'을 외울 때 정확하게 외우고 있는지 확인하면서 시연하면 더 잘 기억할 수 있다. 어려운 부분을 집중적으로 시연하는 것도 기억에 도움이 된다.

시연은 왜 **초두성 효과**(primacy effect, 첫 부분에 제시된 정보를 잘 회상하는 현상)와 **신근성 효과**(recency effect, 마지막 부분에 제시된 정보를 더 잘 회상하는 현상)가 나타나는지 잘 설명한다. 수업 중간에 제시된 내용보다 수업을 시작할 때 제시된 내용이나 수업이 끝나기 직전 제시된 내용을 더 잘 기억하는 현상은 각기 초두성 효과와 신근성 효과에서 기인한다. 정보의 수가 적으면 모든 정보를 시연할 수 있으므로 **계열위치 효과**(serial position effect, 정보 위치에 따라 회상이 달라지는 현상, 즉 첫 부분에 제시된 정보를 잘 기억하는 초두성 효과나 마지막에 제시된 정보를 중간에 제시된 정보보다 잘 기억하는 신근성 효과)가 나타나지 않지만, 정보가 많으면 모든 정보를 시연하기 어려우므로 중간에 제시된 정보에 대한 시연은 줄어들고, 그 결과 그 정보를 잘 기억하지 못한다.

간섭(interference)도 초두성 효과와 신근성 효과에 영향을 준다. 수업의 첫 부분에 제시된 정보의 경우 앞에 제시되는 정보가 없으므로 간섭확률이 낮고, 그 결과 초두성 효과가 나타난다. 수업 마지막에 제시된 정보의 경우, 다음에 제시되는 정보가 없어 간섭확률이 낮으므로 신근성 효과가 나타난다. 반면, 수업 중간에 제시되는 정보는 수업 전후 제시된 수많은 정보가 간섭을 일으키기 때문에 잘 회상되지 않는다.

계열위치 효과는 중요한 수업내용은 수업의 앞부분이나 마지막 부분에 제시해야 함을

시사한다. 신문기사에서 중요 내용을 첫 부분이나 마지막에 배치하는 것은 초두성 효과와 신근성 효과를 고려하여 독자들이 중요 내용을 잘 기억하도록 배려한 것이다.

그런데 시연은 많은 학생이 흔히 사용하는 전략이지만 정보를 심층적으로 처리하지 않고 단순히 속으로 되뇌는 피상적인 수준의 인지전략이므로 정교화나 조직화보다 비효과적이다. 시연하면 정보가 장기기억의 정보와 관련되지 않고 저장되므로 유의미성과 회상확률이 낮다. 따라서 시연하면 시연하지 않는 것보다 기억이 향상되지만, 학습내용을 유의미하게 장기간 기억하려면 정교화나 조직화와 같은 심층적인 인지전략을 활용하는 것이 바람직하다.

4) 부호화

부호화(encoding, 약호화)는 정보를 기억표상으로 변환하여 저장하는 과정, 즉 정보를 해석하고 숙고하며 다른 정보와 관련짓는 과정을 뜻한다. 주의를 집중한 정보나 지각한 정보를 부호화하지 않으면 장기기억에 저장되지 않고 곧 망각된다. 정보를 장기기억에 효과적으로 저장하려면 부호화해야 한다.

부호화는 자동적 부호화와 의도적 부호화로 나뉜다. 자동적 부호화(automatic encoding)는 특별한 노력 없이 작업기억의 정보를 장기기억으로 전이시키는 과정을 일컫는다. 개인적으로 특별한 의미가 있는 사건, 큰 관심이 있는 내용, 운동기능과 습관은 자동으로 부호화된다. 의도적 부호화(effortful encoding)는 의식적으로 작업기억의 정보를 기존 지식에 관련짓는 과정을 말한다. 개념, 원리, 이론과 같이 복잡한 의미적 정보는 의식적 노력을 통해 부호화된다. 또 부호화는 정보의 모습을 표상하는 시각적 부호화(visual coding), 정보의 소리를 부호화하는 음운적 부호화(phonological encoding), 정보의 의미를 부호화하는 의미적 부호화(semantic encoding)로 나뉜다. 예컨대, 애인의 얼굴은 시각적으로 부호화되고, 애인의 음성은 음운으로 부호화되며, 애인이 한 말의 뜻은 의미로 부호화된다. 음운적 부호화는 단기기억의 전형적인 부호화 방식이고, 의미적 부호화는 장기기억의 전형적인 부호화 방식이다.

조직화, 정교화, 심상형성은 대표적인 부호화 전략이다.

(1) 조직화

조직화(organization)는 정보들을 유의미한 범주로 구조화하는 과정을 가리킨다. 조직화하면 정보들이 체계적으로 관련되어 저장되므로 기억이 촉진된다. 조직화의 기억촉진 효과를 간단히 예시해 보자. 다음 제시된 12개의 단어를 기억해 보자.

강아지 배추 사과 망치 말 귤 삽 고구마 괭이 양파 고양이 배

이 단어들을 순서대로 정확하게 기억하기는 어렵지만, 4개 범주(동물, 채소, 과일, 도구)로 조직화하면 대부분 정확하게 기억할 수 있다.

강아지 말 고양이
배추 고구마 양파
사과 귤 배
망치 삽 괭이

조직화가 기억을 촉진하는 이유는 조직화 범주가, 첫째, 정보를 효율적으로 저장하도록 하고(앞의 예시에서는 12개의 정보가 아니라 4개 범주만 기억하면 되므로 효율적이다), 둘째, 인출단서 역할을 하기 때문이다(위의 예시에서 '동물' 범주를 이용하면 '고양이'를 회상할 수 있다).

도표, 위계도, 개념도는 정보를 유의미하게 조직화하는 대표적인 전략이다. 도표(diagram)는 많은 정보를 효과적으로 조직한다. 개념들을 위계(hierarchy)로 조직하는 위계도와 개념 간의 관계를 시각적으로 나타내는 개념도(concept map)도 기억을 촉진한다.

(2) 정교화

정교화(elaboration)는 정보를 해석하고 선행지식과 관련짓는 과정, 즉 정보를 선행지식에 비추어 윤색(潤色)하여 저장하는 과정이다(Ormrod, 2020). 정보의 의미의 특징을 분석하고, 사례를 들며, 추론하고, 다른 정보와 어떤 관계가 있는지 분석하는 것이 정교화

에 해당된다. 시연을 유지형 시연(정보를 단순히 되뇌는 시연)과 정교형 시연(정보를 기존지
식과 관련짓는 시연)으로 구분할 경우, 정교화는 정교형 시연을 의미한다.

　정교화는 항목내 정교화와 항목간 정교화로 나뉜다. 항목내 정교화(within-item
elaboration)는 정보 자체의 의미를 분석하는 전략이다. '아가씨'라는 단어를 기억할 때
'여성', '미혼', '아름다운', '순수한' 등과 같은 의미적 속성을 분석하는 전략이 항목내 정교
화 전략이다. 항목간 정교화(between-items elaboration)는 정보를 다른 정보와 관련짓는
전략이다. 가령, '처녀'를 다른 정보와 관련짓는 전략(예: '아가씨는 사랑한 후 슬픔을 알았
다.')이 항목간 정교화 전략이다.

　정교화는 ① 정보의 간섭(즉, 혼동)을 방지하고, ② 인출단서를 제공하며, ③ 정보를 추
론하는 데 도움을 주어(정보를 처리할 때 사용한 정교화 전략으로 정보를 추론할 수 있다.) 기
억을 촉진한다.

　학습할 때 다음과 같은 질문을 하면 정교화에 도움이 된다.

- 이 개념의 사례는 무엇인가?
- 이 개념과 다른 개념은 어떤 차이가 있는가?
- 이 개념과 다른 개념은 어떤 공통점이 있는가?
- 이 개념은 다른 개념과 어떤 관계(인과관계, 상관관계 등)가 있는가?
- 이 자료의 결론은 무엇인가?
- 이 개념을 어떻게 활용할 수 있는가?
- 어떤 조건이 제시되면 어떤 일이 일어날 것인가?

구체적인 정교화 전략에는 요약 및 의역, 노트필기, 유추 등이 있다(제7장 참조).

(3) 심상형성

　시각적 심상(visual imagery)은 사물의 모습에 관한 정신적 그림(mental picture)을 말한
다.[3] 머릿속에 떠오르는 친구 얼굴이나 대한민국 지도가 시각적 심상이다. 따라서 시각
적 심상형성은 정보를 시각적인 형태로 변형하는 과정이다.

시각적 심상형성은 기억을 촉진하는데, 그 이유는 시각적 심상이 ① 정보 간의 연합을 형성하여 부호화에 도움을 주고, ② 인출단서 역할을 하기 때문이다. '피아노', '사과', '하마'와 같은 구체적인 단어를 '지식', '정의', '도덕'과 같은 추상적 단어보다 더 잘 기억하는 것은 시각적 심상의 기억촉진 효과에서 기인한다. 구체적 단어는 시각적 심상을 형성하기 쉽지만, 추상적 단어는 시각적 심상을 형성하기 어렵다.

교재에서 중요 내용을 그림으로 나타내는 것은 시각적 심상을 활용하여 기억을 촉진하기 위함이다. 따라서 학습할 때 중요한 정보를 그림이나 도표로 시각화하면 학습이 촉진된다. 단, 시각적 심상은 정보를 완전하고 정확하게 표상하기 어렵고, 일반적 지식에 의해 왜곡될 수 있다는 단점이 있다.

〈표 6–3〉 인지전략의 비교

인지전략	정의	사례	효과	교육적 함의
시연	정보를 속으로 되뇌기	중력의 정의를 속으로 되뇌기	저장 및 인출이 어려워서 효과가 낮음	더 효과적인 전략이 없을 때 사용할 것
조직화	정보의 범주화	중력의 법칙과 다른 역학법칙의 위계관계를 분석하기	조직구조가 적절하면 효과가 있음	자료를 조직화하여 제시하고, 조직화하도록 권장
정교화	정보의 의미 확장 및 심화	중력의 법칙의 의미를 분석하고 사례를 들기	확장·심화된 의미가 적절하면 효과가 있음	의미분석, 추론, 함의를 도출할 것
심상형성	정보의 시각화	중력의 법칙이 적용되는 사례를 마음속으로 그려 보기	효과의 개인차가 있음, 의미적 부호화의 보조수단으로 효과적임	언어적 자료와 시각 자료(그림, 도표 등)를 결합할 것

---

3) 심상(imagery)은 현재 감각할 수 없는 사물에 관한 정신적 표상을 말한다. 심상은 모든 감각에서 가능하지만 (친구 얼굴, 장미 향기, 레몬의 맛, 새소리 등), 심상에 관한 연구는 대부분 시각적 심상에 집중되었다.

5) 인출

인출(retrieval)은 장기기억의 정보를 작업기억으로 전이시켜 의식하는 과정을 말한다. 따라서 인출은 작업기억의 정보를 부호화하여 장기기억에 저장하는 과정에 대비되는 과정이다. 인출의 형태는 장기기억에 저장된 정보를 스스로 인출하는 회상(recall)과 도움을 받아 인출하는 재인(recognition)으로 나뉜다.

활성화 확산모형에 따르면 인출은 정보가 관련 정보를 활성화하는 활성화 확산(spreading of activation)의 과정이다(Anderson, 1983). 이 모형에 따르면 인출단서의 효과는 정보가 인출단서와 연합된 정도(강도)에 따라 좌우되는데, 인출단서가 정보와 연합된 강도가 높을수록 인출을 촉진한다.

인출단서(retrieval cue)는 장기기억에 저장된 정보를 활성화하는 실마리나 힌트로, 정보 인출을 촉진한다. 심수봉의 히트곡 〈그때 그 사람〉의 '비가 오면 생각나는 그 사람'이라는 가사에서 '비'는 '그 사람'을 인출하는 단서 역할을 한다. 장기기억에 정보가 저장되어 있어도 인출단서가 없으면 쉽게 인출되지 않는다. 즉, '비'가 오지 않으면 '그 사람'이 쉽게 생각나지 않는다.

정보와 연합된 모든 것은 인출단서가 될 수 있다. 따라서 구체적인 인출단서의 종류는 사건(수업, 축구, 등산 등), 사람(친구, 교사, 연예인 등), 물리적 환경(장소, 온도, 형태, 빛, 색상, 냄새 등), 감정(즐거움, 슬픔 등), 생리상태(배고픔 등) 등 매우 다양하다. 부호화 특수성과 상태의존학습은 인출단서의 효과를 잘 나타낸다.

(1) 부호화 특수성

부호화 특수성(encoding specificity)은 부호화(학습) 조건과 인출 조건이 일치할 때 인출이 촉진되는 현상을 뜻한다(Thomson & Tulving, 1970). 부호화 특수성은 정보가 학습맥락과 연합되어 기억에 함께 저장된다는 것을 나타낸다.

부호화 특수성으로 인해 장기기억의 정보는 학습조건(맥락, 정서, 환경 등)과 비슷한 조건에서 쉽게 인출된다. 공부한 장소와 시험장소가 다를 때 시험을 잘 보기 어려운 이유는 인출 조건이 학습조건과 다르기 때문이다. 우리가 너무 잘 아는 '애국가'를 거꾸로 부르기 어려운 이유도 부호화 방식과 인출 방식이 다르기 때문이다. 모의고사나 예행연습 (dress rehearsal)은 부호화 특수성을 활용하여 인출을 촉진하려는 목적이 있다.

부호화 특수성은 상황학습이론과 활성화 확산으로 설명할 수 있다. 상황학습이론에 따르면 특정 상황에서 학습한 내용은 같은 상황에서는 쉽게 인출되지만, 상황이 바뀌면 잘 인출되지 않는다. 활성화 확산에 따르면 정보와 연합된 맥락은 정보 인출을 활성화 한다.

부호화 특수성은 정보를 다양한 상황과 맥락에서 부호화해야 함을 시사한다. 그렇게 하면 정보가 다양한 인출단서와 함께 저장되므로 잘 인출된다. 반대로 특정 상황이나 맥락에서만 정보를 학습하면 인출단서가 충분히 부호화되지 않기 때문에 그 단서가 없으면 쉽게 인출되지 않는다.

(2) 상태의존학습

상태의존학습(state-dependent learning)은 특정 정서 혹은 생리 상태에서 기억한 내용을 같은 상태에서 잘 회상하는 현상을 일컫는다. 이에 따르면 기분이 좋을 때 학습한 단어는 즐거울 때 잘 회상되고, 슬픈 상태에서 학습한 단어는 슬플 때 잘 회상된다. 상태의존 학습은 정보와 생리 및 정서 상태를 함께 저장하며 생리 및 정서 상태가 인출단서로 작용 한다는 것을 나타낸다.

(3) 인출의 촉진

장기기억에 정보가 저장되어 있어도 인출되지 않는 경우가 많은데 정보를 인출하는 활동을 하면 인출이 촉진된다. 다음과 같은 활동은 장기기억의 저장된 정보의 인출을 촉진한다.

- **연습 및 복습**: 인출은 연습 및 복습과 비례한다. 그 이유는 연습 및 복습 자체가 인출 과정을 포함하기 때문이다. 따라서 규칙적으로 연습하고 복습하면 정보를 쉽게 인출할 수 있다.
- **학습기준**: 명료한 학습기준은 부호화와 인출의 합치도를 높여 인출을 촉진한다. 예

컨대, 문학작품의 작가 및 장르를 정확하게 기억해야 한다는 학습기준을 제시하면 학습자들은 그 기준에 맞추어 기억하므로 인출이 촉진된다.

- **인출단서:** 학습내용과 연합된 특징적인 인출단서는 인출을 촉진한다. 따라서 학습내용과 관련된 예시나 적용사례, 특별한 사건, 물리적 조건, 정보 위치, 정서 및 생리 상태 등을 인출단서로 활용하면 된다.
- **심층적 이해:** 인출확률은 부호화 방식과 관련되는데 학습내용을 심층적으로 이해하는 유의미학습을 하면 부호화 및 인출이 촉진된다.
- **인출 활동:** 정보를 인출하는 활동은 인출을 촉진한다. 정기적인 인출활동이 인출을 촉진하는 현상을 검사 효과(testing effect)라고 한다. 따라서 정확하게 학습했는지 스스로 질문하고(self-questioning) 답하는 연습을 하면 인출이 촉진된다.

3. 망각

망각(forgetting)은 기억에 저장된 정보를 상실하거나 인출(회상 혹은 재인)하지 못하는 현상을 말한다. **회상**(recall)은 저장된 정보를 스스로 인출하는 과정(예: 황산대첩을 승리로 이끈 김유신을 스스로 인출하는 과정)이고, **재인**(recognition)은 저장된 정보를 도움을 받아 인출하는 과정(예: 김유신, 이순신, 강감찬 중 황산대첩을 승리로 이끈 김유신을 선택하는 과정)이다.

망각은 바람직하지 않은 측면과 바람직한 측면을 모두 갖고 있으므로 흔히 양날의 칼에 비유된다. 시험을 칠 때 공부한 내용이 생각나지 않거나 중요한 약속을 잊어버리는 것은 망각의 바람직하지 못한 측면이다. 그렇지만 망각은 바람직한 측면도 있다. 우리는 살면서 어쩔 수 없이 고통스럽고 불쾌한 경험을 할 수밖에 없는데, 그러한 경험은 잊는 것이 최선이다. "망각은 신이 준 최고의 선물이다."라고 한 니체의 말처럼 망각은 어떤 측면에서 너무 소중한 능력이다. 고통스러운 경험을 잊지 못하면 삶이 황폐해진다. 외상적 사건(trauma)을 겪은 사람들을 괴롭히는 외상 후 스트레스 장애(post-traumatic stress disorder: PTSD)는 잊지 못한 데서 기인한다. 컴퓨터에서도 망각에 해당하는 삭제(delete)

는 핵심 기능이다.

정신건강의 요체는 기억해야 할 것은 기억하되, 잊어야 할 것은 잊는 것이다. 건강한 삶을 살려면 중요한 것은 기억하고 불필요하거나 심지어 자신을 해치는 경험은 잊어야 한다. 기억해야 할 것을 잊거나 잊어야 할 것을 기억하면 삶이 엉망이 된다. 불필요한 경험이나 부정적인 영향을 미치는 기억을 삭제하는 과정을 학습해소(unlearning)라고 한다. 그릇된 신념이나 해로운 기억을 없애는 것이 학습해소의 사례에 해당된다.

망각은 모든 기억단계에서 일어나는데 기억단계에 따라 망각의 원인은 다르다. 감각 기억에서는 주의를 기울이지 않으면 정보가 소멸되어 망각된다. 작업기억에서는 정보를 시연하지 않으면 장기기억으로 전이되지 않고 망각된다. 장기기억에서 망각은 다음에 제시된 것처럼 다양한 원인에서 기인한다.

1) 소멸

소멸(decay or fading, 흔적쇠퇴)은 기억흔적이 시간의 흐름이나 사용하지 않음으로써 사라지는 현상을 말한다. 소멸은 시간이 흐를수록 백사장에 쓴 이름이 지워지고, 비석의 글씨가 희미해지는 현상에 비유할 수 있다.

소멸의 주원인은 시간의 흐름이므로 시간이 지날수록 많이 망각된다. 오래전 경험을 잘 기억하지 못하는 것은 소멸이 망각의 원인임을 지지한다. 소멸을 방지하려면 반복해서 경험하고 연습하면 된다.

그런데 망각의 주원인은 단순한 시간의 흐름이 아니다. 오래전 경험을 생생하게 기억하면서 방금 경험한 것은 기억하지 못하는 경우가 있는데, 이것은 시간의 흐름이 망각의 원인이 아님을 시사한다. 엄밀한 의미에서 비석의 글씨가 마모되는 원인은 시간의 흐름이 아니라 풍화작용이다.

2) 소멸포섭

소멸포섭(obliterate subsumption)은 정보가 인지구조에 완전히 융합되어 변별력을 상실한 상태, 즉 정보와 인지구조의 차별성이 사라져 망각된 상태를 가리킨다. Ausubel에 따르면 유의미학습은 정보를 장기기억의 인지구조에 포섭하는 학습인데, 정보가 인지구조에 완전히 포섭되어 변별력을 상실하면 망각된다. 그래서 이를 망각포섭이라고 한다.

소멸포섭은 구체적인 정보가 일반적 정보에 흡수되는 현상이다. 일반개념을 특수사실보다 더 잘 기억하거나 특이성이 높은 정보를 잘 기억하는 현상은 소멸포섭을 지지한다. 개념을 먼저 학습하고 사례들을 뒤에 경험하면 사례들은 개념에 포섭되는데, 시간이 지나면 개념은 기억할 수 있지만, 사례들은 개념에 융합되어 망각된다.

소멸포섭으로 인한 망각을 방지하자면 학습자료의 특이성을 높여야 한다. 특이성이 높은 정보는 다른 정보에 포섭되지 않지만, 특이성이 약한 정보는 다른 정보에 포섭되어 잘 기억되지 않는다.

3) 억압

억압(repression)은 고통스러운 경험을 무의식으로 추방하는 방어기제를 뜻한다. 정신분석학에 따르면 망각의 주요 원인은 억압인데, 억압하는 이유는 고통스러운 경험을 의식하지 않기 위함이다. 그래서 억압에서 기인한 망각을 동기화된 망각(motivated forgetting)이라 한다. 인지심리학에 따르면 불쾌한 경험은 불안과 긴장을 유발하기 때문에 장기기억을 탐색할 때 무의식적으로 회피한다. 한편, 억제(suppression)는 극심한 불안을 유발하는 외상적 사건을 의식적 혹은 무의식적으로 회상하지 않으려는 금지의 한 유형이다.

억압은 고통스러운 정서적 경험이 망각되는 기제를 잘 설명한다. 억압은 학생들에게 외상(外傷)적인 경험을 제공하지 말아야 함을 시사한다.

4) 간섭

간섭(interference or inhibition)은 기억에 저장된 정보가 다른 정보의 회상을 방해(금지)하는 현상을 말한다. 활성화 확산모형에 따르면 간섭은 활성화 확산이 차단되는 현상이다. 간섭이 일어난 정보는 기억에 존재하지만, 접근이 차단되어 망각된다.

간섭은 정보혼동에서 기인한다. 2023년 5월 7일 저녁 어떤 음식을 먹었는지 떠올려 보자. 그날이 특별한 날이 아니면 회상하기 어려운데, 그 이유는 그날 전후의 수많은 식사가 서로 간섭하기 때문이다. 시험공부 후 잠을 푹 잘 경우, 밤새워 다른 공부를 하는 것보다 공부내용을 더 잘 기억할 수 있는 것은 잠을 자면 간섭이 일어나지 않지만 다른 공부를 하면 간섭이 일어나기 때문이다.

간섭은 선행학습 내용이 후속학습 내용의 회상을 방해하는 **순행간섭**(proactive interference, 전진금지)과 후속학습 내용이 선행학습 내용의 회상을 방해하는 **역행간섭**(retroactive interference, 소급금지)으로 나뉜다. 과거 학습한 심리학 학습내용이 뒤에 학습하는 사회학 학습내용을 간섭하는 현상은 순행간섭이고, 인터넷 사이트에서 비밀번호를 바꾼 후 과거 비밀번호를 기억하지 못하는 현상은 역행간섭이다.

간섭을 방지하자면 간섭의 원천을 제거해야 하는데 간섭의 원천을 제거하는 가장 확실한 방안은 학습 후 다른 학습을 하지 않는 것이다. 그런데 그것은 현실적으로 가능하지 않다. 간섭을 방지하는 합리적인 방안은 간섭이 일어나지 않도록 학습내용을 차별화해서 기억하면 된다. 학습과제들이 비슷하면 간섭확률이 높지만, 학습내용들이 차별화되면 간섭확률이 낮아진다. 따라서 유의미학습을 하면 학습내용이 차별화되므로 간섭확률을 낮출 수 있다. 반면, 기계적으로 학습하면 학습내용이 차별화되지 않기 때문에 간섭이 많이 일어난다.

5) 인출실패

인출(retrieval)은 장기기억에 저장된 정보를 탐색하여 의식화하는 과정이다. 장기기억에 정보가 저장되어 있어도 인출단서가 없으면 쉽게 인출되지 않는데 인출단서 상실에서 기인하는 망각을 단서의존적 망각(cue-dependent forgetting)이라고 한다. 설단현상(舌端現象, tip of tongue phenomenon, 정보가 혀끝에서 맴돌면서도 바로 회상되지 않는 현상)은 인출실패에서 기인하는 망각이다. 공부한 내용인데도 시험을 칠 때 머리에 맴돌며 생각나지 않는 현상이나 분명히 아는 사람의 이름을 기억하지 못하는 현상이 설단현상이다.

인출단서 상실에서 기인하는 망각을 방지하자면 다양한 상황과 맥락에서 정보를 유의미하게 부호화해야 한다. 정보를 다양한 상황과 맥락에서 유의미하게 부호화하면 정보에 연합된 인출단서가 많아지므로 인출확률이 높아진다.

6) 왜곡

인간의 기억은 카메라처럼 경험을 100% 정확하게 저장하지 않고 경험을 재구성하여 저장하는데, 기억은 경험을 재구성하는 과정에서 왜곡된다. 같은 사건에 관한 기억이 시간이나 사람마다 다르고 실제 경험하지 않은 것을 기억하는 것은 기억이 재구성된다는 것을 보여 준다. Bartlett(1932)에 따르면 기억 왜곡은 다음과 같은 재구성 과정을 포함한다.

- 경험을 단순화한다(평준화, leveling).
- 특정 사항을 부각하거나 강조한다(첨예화, sharpening).
- 선행지식이나 배경에 맞게 세부내용을 바꾼다(동화, assimilation).

기억은 저장단계 및 인출단계에서 왜곡된다. 저장단계에서는 실제 경험하지 않은 정보를 재구성하여 저장하기 때문에 기억이 왜곡된다. 경험하지도 않은 정보를 재구성하는 이유는 사건을 100% 정확하게 경험할 수 없고 사람마다 사건을 다르게 해석하기 때문이다. 심지어 주의를 집중한 수업시간이라도 수업 중에 일어난 사건을 100% 정확하게 경험할 수 없다. 일상에서는 주의를 집중하지 않는 경우가 더 많으므로 재구성 확률은 더 높아진다. 또 사람마다 사건을 다르게 해석하므로 기억이 왜곡된다. 그로 인해 목격자 증언은 실제 사건과 다른 경우가 많다. 인출단계에서는 저장된 정보가 선행지식과 일치하는 방식으로 재구성되기 때문에 기억이 왜곡된다. 기억은 사건 후 제시된 잘못된 정보에 의해 왜곡되기도 하는데 이를 오정보 효과(misinformation effect)라고 한다. 오정보 효과는 저장된 정보를 뒤에 제시된 그릇된 정보에 통합하여 사건을 재구성하기 때문에 나타난다.

요컨대, 기억은 재구성 과정에서 왜곡된다. 기억의 왜곡을 방지하자면 중요하고 특징적인 사항을 구별할 수 있도록 강조해야 한다. 구별되는 특징은 정확하게 기억되므로 쉽게 왜곡되지 않는다.

〈표 6-4〉 망각의 원인과 망각을 방지하는 방안

원인	정의	사례	망각을 방지하는 방안
소멸	시간경과에 따른 기억흔적 소멸	오래된 경험일수록 잘 기억나지 않는다.	복습 및 시연을 자주 한다. 다양한 상황에서 다양한 방법으로 학습한다.
소멸포섭	구체적 정보가 일반적 정보에 흡수통합되어 변별력 상실	일반적 개념보다 구체적 사례를 쉽게 잊어버린다.	일반적 개념과 구체적 사례를 차별화하여 학습한다.
억압	불쾌한 정보를 무의식으로 추방	외상적 사건을 망각한다.	외상적 사건을 경험하지 않는다.
간섭	정보의 혼동	비슷한 정보를 잘 기억하지 못한다.	정보의 유사성과 차이점을 강조한다.
인출실패	인출단서 상실	기억에 저장된 내용을 회상하지 못한다.	다양한 상황과 맥락에서 기억한다. 구체적 인출단서를 기억한다. 인출단서로 활용할 수 있도록 관계를 학습한다.
왜곡	재구성으로 인한 왜곡	기억이 시간/사람에 따라 다르다.	중요한 내용을 차별화하여 학습한다.

기억의 일곱 가지 죄

기억은 오류가 많으므로 생각하는 것만큼 정확하지 않다. 사람들은 기억에 의존하여 중요한 결정을 하는 경우가 많은데, 부정확한 기억에 근거하여 중요한 결정을 하면 심각한 결과가 초래될 수 있다. 가령, 목격자의 부정확한 기억에 근거하여 판사가 실제 무죄인 피고에게 유죄를 선고하면 돌이킬 수 없는 결과가 초래된다. Schacter(2001)는 기억오류를 성경의 일곱 가지 죄악(교만, 인색, 음욕, 분노, 탐욕, 질투, 나태)에 빗대어 기억의 일곱 가지 죄(seven sins of memory)라고 명명했다. 처음 세 가지 오류는 간과/누락의 죄(sins of omission, 기억해야 할 것을 망각한 죄)에 해당되고, 뒤의 네 가지 오류는 개입/간섭의 죄(sins of commission, 잘못 기억한 죄)에 해당된다. 기억오류의 유형은 다음과 같다.

① **소멸**(transience)의 죄: 시간이 흐를수록 기억이 소멸되는 현상을 말한다.

② **무주의**(absent-mindedness)의 죄: 주의를 기울이지 않아 망각하는 현상을 말한다. 저명한 첼리스트 요요마(Yo-YoMa)는 다른 생각을 하느라 택시에 250만 불짜리 첼로를 두고 내렸다고 한다.

③ **차단**(blocking)의 죄: 기억에 저장된 정보를 회상하지 못하는 현상을 말한다.

④ **피암시성**(suggestibility)의 죄: 잘못된 정보(유도질문 등)의 영향으로 기억이 왜곡되는 현상을 말한다. 검은색 옷을 입은 범인을 목격했으면서 범인이 파란 옷을 입었다고 주장하는 사람의 말을 듣고 범인이 파란 옷을 입었다고 말하는 것이 기억왜곡에 해당된다.

⑤ **편향**(bias)의 죄: 지식, 신념, 관점, 정서에 따라 기억이 왜곡되는 현상을 말한다. 어떤 사람을 좋아하면 좋은 면만 기억하고, 싫어하면 싫은 면만 기억한다. 현재 불행하면 불행했던 과거를 잘 기억하는 경향이 있고, 현재 행복하면 실제 경험과 상관없이 고통스러웠던 과거를 잘 기억하지 못한다.

⑥ **지속**(persistence)의 죄: 고통스러운 기억이 지속해서 떠오르는 현상을 말한다. 외상 후 스트레스 장애(PTSD)를 겪는 사람은 외상적 사건에 관한 끔찍한 기억으로 인해 고통받는다. Schacter는 이를 '기억이라는 감옥에 갇힌 비극적 죄수'라고 표현했다.

⑦ **오귀인**(misattribution)의 죄: 기억의 원천(출처)을 잘못 귀인하는 현상을 말한다. 귀인(attribution)은 사건/행동의 원인을 설명하는 과정인데 오귀인은 기억의 원천을 혼동하는 것을 뜻한다. A가 말했는데 B가 말했다고 생각하고, 보지 않았는데도 보았다고 하는 것이 오귀인이다.

4. 정보처리이론의 대안모형

정보처리이론의 대안모형인 처리수준 모형, 신경망 모형, 이중부호 모형을 간략하게 소개한다.

1) 처리수준 모형

처리수준 모형(level or depth of processing model; Craik, 1979; Craik & Lockhart, 1972; Craik & Tulving, 1975)은 정보를 처리하는 수준에 비추어 기억을 설명하는 모형이다. 처리수준모형의 핵심은 정보를 여러 수준에서 처리할 수 있는데, 정보를 심층적인 수준에서 처리할수록 기억이 향상된다는 것이다. 정보처리 수준은 다음과 같다.

① **물리적 처리**(physical processing): 정보의 물리적 속성(모양, 크기, 색깔 등)을 분석하는 가장 피상적인 처리수준(예: 이 단어는 대문자인가?)

② **음운적 처리**(acoustic processing): 정보의 음운적 속성(발음 등)을 처리하는 수준. 물리적 처리와 의미적 처리의 중간에 해당하는 처리수준(예: 이 단어는 weight와 발음이 비슷한가?)

③ **의미적 처리**(sematic processing): 정보의 의미적 속성을 분석하는 심층적인 처리수준(예: 이 단어는 다음 문장에 적합한가?)

'upanisade'라는 단어를 학습할 때 물리적 처리는 크기나 서체를 분석하고, 음운적 처리는 발음을 따지며, 의미적 처리는 의미를 분석한다.

처리수준 모형에 따르면 정보를 심층적으로 처리할수록 기억이 오래 지속된다. 따라서 의미적 처리를 하면 기억이 가장 오래 지속되고, 음운적 처리를 하면 기억이 중간 정도 지속되며, 물리적 처리를 하면 쉽게 망각된다. 정보를 처리하는 수준은 정보의 중요성과 관련되는데 중요한 정보일수록 더 깊은 수준에서 처리되므로 오래 저장된다.

정보가 감각기억, 작업기억, 장기기억의 순서로 처리된다고 가정하는 정보처리 모형과 달리, 처리수준 모형은 감각기억, 작업기억, 장기기억의 존재를 상정하지 않고 정보가 순서대로 처리된다고 가정하지 않기 때문에 정보의 의미를 처리하기 전에 물리적으로 처리하거나 음운적으로 처리할 필요가 없다. 처리수준 모형은 정보를 처리하는 인지적 노력이 기억에 영향을 준다는 점을 상기시켰다는 점에서 정보처리이론을 보완했다. 단, 의미적 처리가 다른 처리보다 반드시 수준이 더 깊은 것은 아니고, 처리수준의 정의 및 측정이 애매하다는 지적을 받고 있다.

2) 신경망 모형(연결주의 모형 혹은 병렬처리 모형)

신경망 모형(neural network model)은 인지를 뇌의 구조 및 기능에 비추어 설명하는 모형으로 연결주의 모형(connectionist model) 혹은 병렬처리 모형(parallel processing model)이라고 부르기도 한다.

신경망 모형은 정보처리 모형과 다음과 같은 차이가 있다.

　첫째, 정보처리 모형은 인지를 컴퓨터의 정보처리과정에 비유하고 정보를 계열적으로 처리한다고 가정하지만, 신경망 모형은 인지를 뇌의 신경망에 비유하고 정보를 병렬처리한다고 가정한다. 둘째, 정보처리 모형은 지식이 여러 기억(감각기억, 단기기억, 장기기억)에 저장된다고 가정하지만, 신경망 모형은 노드 간의 연결에 저장된다고 가정한다. 셋째, 정보처리 모형은 정보흐름을 규제하는 중앙집행자의 존재를 가정하지만, 신경망 모형은 중앙집행자의 존재를 가정하지 않는다.

　신경망 모형의 기본견해는 다음과 같다.

　첫째, 인지는 노드(node, 뉴런에 대응되는 기본정보단위)로 구성된 신경망(neural network)이다. 노드들은 복잡하게 상호연결된 신경망을 구성한다. 신경망은 인지의 근원이다.

　둘째, 지식은 노드 간의 연결에 저장된다. 예컨대, 개에 관한 지식(동물이고, 짖고, 순하며, 다리가 4개 등)은 노드 사이의 연결에 저장된다. 따라서 연결이 존재하지 않으면 아무 것도 알 수 없고, 심지어 개라는 개념도 생각할 수 없다.

　셋째, 노드는 다양한 수준에서 활성화된다. 활성화(activation)란 정보에 주의를 집중한 정도를 가리킨다. 정보는 활성화 상태나 비활성화 상태로 존재하는데 작업기억은 활성화된 기억을, 장기기억은 비활성화된 기억을 가리킨다. 활성화된 정보는 의식할 수 있다. 주의를 집중하여 처리하는 정보는 활성화되어 있으므로 의식할 수 있지만, 기억에 저장된 정보는 대부분 비활성화 상태로 존재하므로 의식할 수 없다.

　넷째, 특정 노드의 활성화는 관련 노드를 활성화한다. 이 과정을 활성화 확산(spreading of activation)이라고 한다. 이때 관련 노드를 활성화한 노드를 점화(prime), 그로 인한 활성화를 점화 효과(priming effect)라고 한다. 활성화는 관련된 모든 노드로 동시에 확산된다. 가령, 국회의원이라는 말을 들으면 국회의원에 대응되는 노드가 활성화되는데, 국회의원에 대응되는 노드가 활성화되면 국회의장에 대응되는 노드와 국회에 대응되는 노드가 동시에 활성화된다. 활성화 및 점화는 메타포로 이해하면 된다. 남학생이 장미꽃을 보았다고 하자. 그러자 장미꽃을 좋아하는 애인이 생각났다. 애인을 생각하고 있는데 BTS가 떠올랐다. 애인은 BTS의 광팬이었다. 이 남학생의 생각의 흐름은 활성화 확산을 나타낸다. 신경망 모형은 수업에서 핵심 내용을 점화하는 것이 중요함을 시사한다. 핵심 내용을 점화하려면 핵심 내용과 관련된 정보나 배경을 제시해야 한다.

다섯째, 2개 노드가 동시에 활성화되면 노드 사이의 연결이 강화된다. 학습은 연결을 형성하고 연결 강도를 변화시키는 과정이다. 경험을 통해 연결을 강화하면 학습이 이루어진다. 경험을 통해 적절한 연결은 강화되고 부적절한 연결은 약화된다.

3) 이중부호 모형

이중부호 모형(dual code model; Paivio, 1971)은 장기기억이 정보를 두 가지 형태(언어형태 및 심상형태)로 표상한다고 설명하는 모형이다. 언어체제(verbal system)는 추상적인 언어정보를 표상하고, 심상체제(imaginal system)는 구체적인 시각 및 공간 정보를 표상한다. 따라서 이중부호 모형에 따르면 언어정보와 심상은 다른 방식으로 처리되고 장기기억에 다른 방식으로 표상된다. 단, 언어체제와 심상체제는 독립적이지만, 상호관련되어 있으므로 언어적 부호는 심상적 부호로 변환될 수 있고 그 역도 가능하다.

이중부호 모형에 따르면 정보는 속성에 따라 언어체제나 심상체제 중 한 가지 방식으로 표상되거나 두 가지 방식으로 표상된다. 예를 들어, 능력이나 진리와 같이 추상적인 정보는 언어체제로 표상되고, 친구의 얼굴과 같은 시각적 정보는 심상체제로 표상되며, 집이나 사과와 같이 언어적 속성과 시각적 속성을 모두 갖는 대상이나 사물은 언어체제와 심상체제로 모두 표상된다.

이중부호 모형에 따르면 정보를 시각화하는 심상은 매우 효과적인 기억전략이다. 그림을 추상적 단어보다 더 잘 기억하는 현상은 시각화 효과에서 기인한다. 또 정보를 언어체제 및 심상체제로 모두 표상하면 기억이 촉진되는데, 그 경우 언어나 심상을 활용하여 정보를 인출할 수 있기 때문이다. 예를 들어, 사과라는 정보를 기억할 때 단어와 모양을 모두 저장하면 단어와 모양 중 하나를 활용하여 정보를 인출할 수 있고 단어와 모양을 모두 활용하여 정보를 인출할 수도 있다. 언어를 망각했을 경우 심상을 활용하여 정보를 인출하고, 그 역도 가능하다. 따라서 이중부호 모형에 근거할 때 언어정보를 시각정보와 함께 제시하는 것은 효과적인 수업전략이다.

5. 정보처리이론의 교육적 함의

① 능동적으로 학습한다. 즉, 학습내용에 주의를 집중하고, 효과적인 인지전략을 적재적소에 활용하고, 선행지식과 경험을 학습내용과 관련짓는 활동을 통해 능동적으로 정보를 처리해야 한다.

② 유의미학습을 한다. 유의미학습을 하면 학습내용이 선행지식과 체계적으로 관련되어 저장되고 인출단서가 풍부해지므로 기억이 촉진된다. 또 유의미학습으로 학습내용의 의미를 정확하게 이해하면 자신감과 학습동기가 높아진다.

③ 선행지식(도식)을 활성화한다. 선행지식은 학습내용을 포섭하는 근거지 역할을 하므로 선행지식이 있으면 쉽게 학습할 수 있다. 따라서 수업 전에는 반드시 선행지식을 활성화해야 한다. 선행지식이 없을 때는 선행조직자를 활용하면 된다(제8장 참조).

④ 학습에 주의를 집중한다. 주의집중은 학습의 출발점이므로 주의를 집중하지 않으면 학습할 수 없다. 따라서 학습할 때는 주의가 분산되지 않도록 주의를 관리하고, 수업시간에는 학생들의 주의를 유도하는 방안을 개발·활용하며, 주의집중방법을 가르쳐야 한다.

⑤ 작업기억을 학습에 최대한 활용한다. 작업기억은 학습의 관문이고, 주의집중은 작업기억을 통제하기 위한 과정이다. 학습내용이 아무리 중요해도 작업기억을 학습에 활용하지 않으면 제대로 학습할 수 없다. 작업기억 용량은 제한되어 있으므로 수업을 계획하고 실행할 때는 작업기억을 학습에 최대한 활용해야 한다. 청킹과 자동성은 작업기억의 제한된 용량을 보완하지만, 멀티태스킹은 작업기억을 분산시켜 학습을 방해한다.

⑥ 핵심 내용을 중점 학습한다. 모든 교재나 수업에는 중요한 내용과 지엽적인 내용이 뒤섞여 있는데 핵심 내용을 중점 학습하는 것은 학습의 성패를 가름하는 관건이다. 핵심 내용을 학습하지 못하거나 지엽적인 내용을 중요하다고 착각하면 당연히 학습에 실패한다. 수업에서 핵심 내용을 강조하려면 수업목표를 전달하고, 핵심 내용

을 판서하고, 형광펜으로 강조하며, 자신의 말로 설명하도록 하면 된다.

⑦ 인지전략을 적재적소에 활용한다. 학습할 때 시연, 조직화, 정교화, 심상형성과 같은 인지전략을 적극적으로 활용하면 중요한 학습정보를 효과적으로 기억할 수 있다.

⑧ 규칙적으로 복습하고 연습한다. 기억은 복습 및 연습 횟수에 비례한다. 연습은 집 중연습보다 분산연습이 더 효과적이다.

⑨ 학습하면서 이해 여부를 점검한다. 기억은 불완전하고 쉽게 왜곡되며 실제와 다 를 수 있다. 또 정확하게 기억하거나 이해하지 못하면서도 기억하거나 이해한다 고 착각할 수도 있다. 따라서 학습하면서 기억과 지식이 정확한지 수시로 점검해 야 한다.

⑩ 학습내용을 수시로 인출하는 활동을 한다. 학습이 작업기억의 정보를 장기기억으 로 전이시키는 과정이라면, 인출은 장기기억의 정보를 작업기억으로 전이시켜 의 식하는 과정이다. 장기기억에 정보를 저장했더라도 인출되지 않는 경우가 많은데, 정보를 인출하는 활동을 하면 기억이 촉진된다. 규칙적으로 복습하고, 연습문제를 풀고, 스스로 질문하고 답하며, 시험공부를 하면 인출에 도움이 된다.

⑪ 망각을 방지하기 위한 활동을 한다. 망각을 방지하려면 암기하지 말고 유의미하게 기억하고, 반복학습하며, 복습하고, 여러 차례 나누어 학습하며, 수동적으로 학습 하지 말고 능동적으로 학습하고, 자주 시험을 치며, 차별화해서 기억하고, 과잉학 습(overlearn)하며, 다양한 상황에서 학습하고, 정보를 인출하는 활동을 하며, 정확 하게 기억하는지 수시로 점검하면 도움이 된다.

요약

1. 인지심리학은 정신과정 및 정신구조를 탐구하는 이론적 접근이다. 인지심리학에 따르면 ① 학 습은 지식을 획득하는 과정이고, ② 학습자는 능동적으로 지식을 구성하며, ③ 통찰, 정보처 리, 기억과 같은 인지가 학습에 큰 영향을 주고, ④ 선행지식은 학습에 중요한 역할을 한다.

2. 정보처리이론은 정보처리과정, 즉 정보에 주의를 기울인 다음 부호화하여 저장하고 인출하

는 과정을 탐구하는 인지심리학의 대표적인 접근이다. 정보처리이론에 따르면 ① 인간은 정보를 처리하는 존재이고, ② 정신은 정보를 처리하는 체제이며, ③ 학습은 정신적 표상을 형성하는 과정이다. 정보처리이론은 인지를 컴퓨터의 정보처리과정에 비유한다. 정보처리이론에 따르면 인간은 정보를 처리하는 존재로 정보처리는 정보에 대한 정신적인 행위를 뜻한다. 또, 학습은 단계별로 정보를 처리하여 기억에 저장하는 과정으로 학습자와 정보 사이의 상호작용을 통해 일어난다.

3. 정보처리 모형은 기억단계를 감각기억, 단기기억, 장기기억으로 구분한다. 감각기억은 감각기관에 투입되는 정보를 원래 형태 그대로 순간적으로 파지하는 기억을 말한다. 감각기억은 감각기관이 감지하는 정보를 모두 파지할 정도로 용량이 크지만, 정보를 짧은 순간 파지하므로 의식할 수 없다.

4. 단기기억은 한정된 정보를 짧은 시간 파지하는 임시저장고를 말한다. 단기기억은 인지활동을 수행한다는 점에서 작업기억으로 부르기도 한다. 작업기억은 ① 정보의 흐름과 인지활동을 통제하는 중앙집행자, ② 단어 및 음운 정보를 시연하여 작업기억에 파지하는 음운적 고리, ③ 시각 및 공간 정보를 작업기억에 파지하는 시공간적 기록장으로 구성된다. 작업기억은 인지활동을 수행하며, 처리용량(즉, 기억범위)이 제한되어 있다.

5. 청킹(정보를 유의미한 군집으로 결합하는 과정)과 자동성(인지적 자원을 거의 사용하지 않고 신속하고 효율적으로 반응하고 정보를 처리할 수 있는 상태)은 작업기억의 제한된 용량은 극복하는 방안이다.

6. 인지부하이론은 작업기억의 제한된 용량을 고려하여 수업을 계획하고 실행하는 지침을 제시한다. 인지부하는 학습이나 과제를 수행하는 데 필요한 작업기억 자원을 말하며 ① 정보의 복잡성에 기인하는 내재적 부하, ② 학습을 방해하는 외재적 부하, ③ 학습목표를 달성하려는 인지활동에서 기인하는 관련 부하로 나뉜다. 인지부하이론은 작업기억의 제한된 용량을 학습에 최대한 활용하도록 인지과부하를 유발하지 말고, 내재적 부하를 적정 수준에서 관리하고 외재적 부하를 최소화함으로써 관련 부하를 극대화해야 함을 시사한다.

7. 장기기억은 지식, 기능, 태도, 신념 등을 영구적으로 저장하는 기억으로 용량은 거의 무제한이다. 장기기억에 저장된 기억(지식)은 ① 서술적 지식(사실적인 정보에 대한 기억), ② 절차적 지식(어떤 행위를 수행할 수 있는 방식에 대한 지식), ③ 조건적 지식(서술적 지식과 절차적 지식을 언제 왜 적용할 것인가에 대한 지식)으로 구분된다. 또 지식은 의식할 수 있고 언어적으로 기술할 수 있는 명시적 지식과 의식할 수 없는 묵시적 지식으로 나뉜다.

8. 도식은 장기기억에 저장된 인지구조 또는 지식구조를 말한다. 도식이론의 관점에서 교육은 도식을 변화시키는 과정이다. 도식은 새로운 지식을 획득하는 구조와 맥락을 제공하므로 수업을 하기 전에 관련된 도식을 활성화해야 한다. 도식이 활성화되면 작업기억의 인지부하를 감소시킨다.

9. 인지과정(혹은 인지전략)은 정보를 처리하는 인지활동을 가리킨다. 정보처리이론에서 인지과정은 특정 기억단계에 파지된 정보를 다른 기억단계로 전이시키는 정신과정을 의미한다. 주요 인지과정은 감각, 지각, 주의, 시연, 부호화, 인출이다.

10. 감각은 외부 정보를 감각기억에 순간적으로 기록하는 과정이고, 지각은 감각기억에 투입된 정보에 질서 및 의미를 부여하는 과정이다. 형태심리학은 ① 파이현상(정지한 사물들을 움직이는 것으로 지각하는 착시현상), ② 간결과 의미의 법칙(자극을 단순하고 안정되며 조화롭고 유의미한 형태로 지각하려는 법칙), ③ 도형-배경 원리(도형과 배경을 구분하여 사물을 지각하는 원리)를 탐구했다.

11. 주의는 작업기억이 특정 정보를 선택하여 집중하는 정신과정을 말한다. 인간의 주의집중능력은 상당히 한정되어 있다. 학습은 주의집중으로부터 시작된다.

12. 시연은 정보를 마음속으로 되뇌는 과정으로 작업기억에 정보를 파지하고 단기기억의 정보를 장기기억으로 전이시키는 기능을 한다. 시연과 기억은 비례한다. 정보를 효과적으로 기억하려면 적극적으로 시연하되, 집중적인 시연보다 여러 차례에 나누어 시연하는 것이 효과적이다.

13. 부호화는 정보를 기억표상으로 변환하여 저장하는 과정, 즉 정보를 해석하고 숙고하여 다른 정보와 관련짓는 인지과정이다. 부호화 전략에는 ① 조직화(정보를 유의미한 범주로 구조화하는 전략), ② 정교화(정보를 해석하고 선행지식에 관련짓는 전략), ③ 심상형성(정보를 시각적인 형태로 변형하는 전략) 등이 있다.

14. 인출은 장기기억에 저장된 정보를 작업기억으로 전이시켜 의식하는 과정을 말한다. 인출단서는 정보인출에 중요한 역할을 한다. 인출은 부호화 조건과 인출 조건이 일치할 때 촉진되고(부호화 특수성) 학습상태와 같은 정서 및 생리 상태에서 촉진된다(상태의존학습).

15. 망각은 기억에 저장된 정보를 상실하거나 인출하지 못하는 현상을 말한다. 망각은 바람직한 측면과 바람직하지 않은 측면을 모두 갖고 있다.

16. 망각의 원인을 설명하는 이론으로는 ① 시간이 흐를수록 기억흔적이 소멸되어 망각이 된다는 소멸이론, ② 정보가 인지구조에 전적으로 융합되어 변별력이 상실되어 망각이 된다는 소멸포섭이론, ③ 부정적이거나 공포를 유발한 경험은 무의식적으로 억압되어 망각이 된다는

억압이론, ④ 정보들의 혼동 내지 간섭으로 인해 망각이 된다는 간섭이론(간섭은 선행학습이 후속학습의 기억을 방해하는 순행간섭과 후속학습이 선행학습의 기억을 방해하는 역행간섭으로 구분된다), ⑤ 정보를 인출할 수 있는 단서가 상실되어 망각이 된다는 인출실패이론, ⑥ 정보가 왜곡되어 망각이 된다는 왜곡이론 등이 있다.

17. 처리수준 모형에 따르면 정보는 여러 수준에서 처리될 수 있는데 정보를 심층적인 수준에서 처리할수록 오래 기억한다.

18. 인지를 뇌의 구조 및 기능에 비추어 설명하는 신경망 모형(연결주의 모형 혹은 병렬처리 모형)에 따르면 지식은 노드 간의 연결에 저장되며, 학습은 연결을 형성하고 연결 강도를 변화시키는 과정이다.

19. 이중부호 모형은 장기기억이 정보를 언어적 형태와 시각적 형태로 표상한다고 설명한다.

20. 정보처리이론은 ① 능동적으로 학습하고, ② 유의미학습을 하며, ③ 선행지식을 활성화하고, ④ 학습에 주의를 집중하며, ⑤ 작업기억을 학습에 최대한 활용하고, ⑥ 핵심 내용을 중점 학습하고, ⑦ 인지전략을 적재적소에 활용하며, ⑧ 규칙적인 복습 및 연습을 하고, ⑨ 학습하면서 이해 여부를 점검하고, ⑩ 학습내용을 수시로 인출하는 활동을 하며, ⑪ 망각을 방지하는 활동을 해야 함을 시사한다.

제 **7** 장

학습전략

학습 목표

- 학습전략의 의미와 중요성을 설명한다.

- 메타인지를 정의하고 메타인지의 요소를 서술한다.

- 주요 학습전략을 서술한다.

성취(achievement)란 가치 있고 의미 있는 '어떤 것'을 달성하는 것을 가리킨다. 그런데 사람이나 상황마다 달성하려고 의도하는 것이 다르므로 성취의 구체적인 의미는 사람이나 상황에 따라 다르다. 학교학습은 학습목표를 달성하려는 활동이므로 **학업성취**(academic achievement)는 학습목표를 달성하는 것을 뜻한다. 학습목표는 일반적으로 인지적 목표(지식과 사고에 관한 목표), 정의적 목표(태도, 감정, 신념, 흥미, 가치에 관한 목표), 심동적 목표(구체적 기능과 행동에 관한 목표)로 나뉜다. 따라서 학업성취는 인지적 목표, 정의적 목표, 심동적 목표를 달성하는 것을 뜻한다.

학업성취는 학습 및 교육의 성공을 나타내는 핵심 지표에 해당된다. 학업성취가 높으면 학생이 제대로 학습했고 학교에 잘 적응했으며 교육이 성공했다고 할 수 있다. 반면, 학업성취가 낮으면 학생이 제대로 학습하지 못했고 학교에 부적응했으며 교육이 실패했다고 할 수 있다.

학업성취에는 수많은 학습자 개인 내외적 요인들이 영향을 준다. 그런데 학생이 높은 학업성취를 하려면 무엇을 어떻게 해야 할까? 흔히 머리(지능)가 좋거나 열심히 노력하면 높은 학업성취를 할 수 있다고 생각한다. 물론 머리가 좋고 열심히 노력하면 높은 학업성취를 할 확률이 높지만, 그것만으로는 충분하지 않다. 왜냐하면 머리가 좋거나 열심히 노력하는 것은 학업성취의 필요조건이지 충분조건은 아니기 때문이다. 학업성취에는 능력과 노력(동기) 이외에도 다양한 요인들이 영향을 주는데, 이 장에서 다루는 학습전략은 학업성취에 영향을 주는 대표적인 개인내 요인이다. 따라서 머리가 좋고 효과적인 학습전략으로 열심히 노력하면 높은 학업성취를 할 확률이 훨씬 더 높아진다. 머리가 좋으면서 효과적인 학습전략으로 열심히 공부하면 그야말로 '범이 날개를 단 격'으로 금상첨화라고 할 수 있다.

학습전략(learning strategies)은 학습목표를 달성하는 데 도움을 주는 행동, 사고, 전략을 가리킨다.[1] 학습전략은 인지전략, 메타인지전략, 정의적 전략을 포괄한다. 인

---

1) 전략(strategy)은 목표를 달성하기 위한 루틴 혹은 절차를 뜻한다. 따라서 인지전략은 인지적 목표(문제해결, 시험공부, 교재이해 등)를 달성하기 위한 정신적 루틴 혹은 절차를 가리킨다.

지전략(cognitive strategies)은 학습내용을 인지적으로 처리하는 전략이고, 메타인지전략(metacognitive strategies)은 자신의 인지를 점검·조절하는 전략이며, 정의적 전략(affective strategies)은 학습을 극대화하기 위해 자신의 동기 및 정서를 관리하는 전략이다. Weinstein 등(1986)은 학습전략을 〈표 7-1〉과 같이 8개 범주로 구분했는데, 이해점검전략(메타인지)과 정의적 및 동기적 전략을 제외한 6개 전략은 인지전략이다.

〈표 7-1〉 학습전략의 범주

학습전략	예시
기본시연전략	학습내용의 의식적 반복
복합시연전략	교재의 요점 확인
기본정교화 전략	정신적 심상형성, 연합형성
복합정교화 전략	유추, 의역, 요약, 관련짓기
기본조직화 전략	군집화, 분류, 서열화
복합조직화 전략	요지 확인, 개념을 요약하는 도표 작성
이해점검전략	질문하기, 요점반복, 목표설정, 목표를 향한 진전도 점검
정의적 및 동기적 전략	성공적 결과 기대, 심호흡 및 이완활동, 긍정적 사고

자료: Weinstein & Mayer (1986).

결론적으로 높은 학업성취를 하는 학생은 효과적인 학습전략으로 학습한다. 효과적인 학습전략도 높은 학업성취의 필요조건이므로 효과적인 학습전략으로 학습하는 것은 열심히 하는 것 못지않게 중요하다. 늘 공부하면서도 성적이 낮은 학생은 학습전략에 문제가 있을 소지가 있다.

학습전략을 구성, 실행하는 단계는 〈표 7-2〉와 같다(Snowman, 1986).

〈표 7-2〉 학습전략을 구성, 실행하는 단계

단계	예시
분석(analyze)	학습목표를 세우고, 과제의 중요 측면, 관련된 개인적 특성, 잠재적으로 유용한 학습방법을 확인한다.

계획(plan)	계획을 수립한다. 즉, 개인적 특성을 고려하여 어떤 학습방법으로 과제를 어떤 수준까지 수행해야 하는지 계획한다.
실행(implement)	학습 및 기억 방법을 적용한다.
점검(monitor)	목표를 달성한 정도를 평가한다.
수정(modify)	평가가 긍정적이면 전략을 계속 적용하고, 목표진전도가 부적절하면 계획을 수정한다.
메타인지지식(metacognitive knowledge)	위 단계의 지침을 적절하게 적용하고 점검한다.

자료: Snowman (1986).

이 장에서는 효과적인 학습전략의 핵심에 해당하는 메타인지와 구체적인 학습전략 몇 가지를 소개한다. 정의적 및 동기적 전략은 지면 관계로 다루지 않는다.

1. 메타인지

메타인지 학습법으로 가르친다는 교육업체의 광고가 TV에 방영되고 메타인지 학습법을 다룬 책이 베스트셀러가 될 정도로 메타인지는 최근 대중의 관심을 끌고 있다. TV 광고와 학습법을 다룬 책이 대중에게 생소한 메타인지를 전면에 내세운 이유는 바로 메타인지가 핵심적인 학습전략으로 학업성취에 큰 영향을 주기 때문이다. 결론적으로 말하면 어떤 과목이든 간에 제대로 학습하자면 메타인지를 적재적소에 활용해야 한다. 이 절에서는 메타인지의 의미와 요소를 살펴본 다음 메타인지를 가르치는 방법을 소개한다.

1) 메타인지의 의미

메타인지(meta-cognition, meta는 'beyond', 'on the top of'라는 뜻의 그리스어)는 자신의 인지를 인식하고 통제하는 정신과정 및 능력을 뜻한다(초인지 또는 상위인지로 부르기도 한다). 그래서 메타인지를 인지에 관한 인지(cognition about cognition), 사고에 관한 사고

(thinking about thinking)라고 한다. 메타인지는 인지와 전략활용에 관한 지식으로 정의되기도 하고, 인지에 관한 지식과 인지를 조절하는 과정을 포함하는 개념으로 정의되기도 한다. 정보처리이론의 집행통제과정(executive control process, 사고, 지식, 행위를 감독하는 고차적 인지)은 메타인지에 대응되는 개념이다.

메타인지는 아동들이 나이에 따라 사용하는 기억전략이 다른 현상을 설명하기 위해 Flavell(1976)이 도입한 개념인데, 그는 메타인지를 자신의 인지과정과 그에 관련된 요인에 관한 지식으로 정의했다. Flavell은 7세 아동들이 10세 아동들보다 비효과적인 기억전략을 활용하는 것은 메타인지가 낮은 데서 기인한다고 해석했다.

그런데 메타인지라는 용어가 사용되기 전부터 사람들은 메타인지의 중요성을 잘 알고 있었다. Socrates의 문답법이나 경험에 관한 성찰을 통한 학습을 강조한 Dewey의 견해는 학습에서 메타인지의 중요성을 강조했다고 할 수 있다. 또 너무나 유명한 Socrates의 '너 자신을 알라.'라는 말이나 손자병법의 지피지기 백전불태(知彼知己百戰不殆) 역시 삶에서 메타인지의 중요성을 강조한 경구(警句)라고 할 수 있다.

메타인지는 인지의 한 부분이지만 다음과 같은 점에서 인지와 다르다.

① **목적**: 인지는 학습(정보의 획득, 파지, 전이)에 목적이 있지만, 메타인지는 자신의 인지를 조절하고 관리하는 데 목적이 있다. 질문의 경우 인지전략이 될 수도 있고 메타인지전략이 될 수도 있으나, 인지전략으로서 질문과 메타인지로서 질문은 목적이 다르다. 인지전략으로서 질문은 지식획득에 목적이 있고, 메타인지전략으로서 질문은 이해 여부를 점검하는 데 목적이 있다.

② **적용대상**: 인지는 학습정보에 적용되지만, 메타인지는 인지에 적용된다. 즉, 인지는 정보를 처리하는 과정(주의, 부호화, 조직화, 정교화, 시연, 인출)이고, 메타인지는 인지에 관한 지식과 인지과정을 조절하는 과정이다.

③ **정보활용방식**: 인지전략은 학습목표를 달성하려는 전략이고, 메타인지전략은 목표 달성을 지원하는 전략이다(예: 이해 여부를 평가하기 위해 스스로 질문하는 것). 메타인지전략은 일반적으로 인지전략이 실패했을 때(예: 학습내용을 이해하지 못할 때) 활성화된다.

인지의 한 부분인 메타인지는 인지에 의존한다. 가령, 어떤 영역에서 자신의 능력에 관한 메타인지지식을 획득하려면 그 영역에 관한 지식(인지)을 갖고 있어야 한다. 메타인지전략의 경우에도 문제해결 단계설정과 같은 인지활동이 없으면 계획을 수립할 수 없고, 계산하지 않으면 계산의 정확성을 점검할 수 없다.

2) 메타인지의 요소

메타인지는 메타인지지식과 메타인지통제로 구성된다. 메타인지지식과 메타인지통제를 간략하게 살펴본다.

(1) 메타인지지식

메타인지지식(meta-cognitive knowledge)은 인지에 관한 지식, 즉 자신의 인지와 인지 전반에 관한 지식을 말한다. 단, 메타인지지식을 구성하는 하위요소에 관한 견해는 다소 차이가 있다.

Flavell(1979)은 메타인지지식을 개인적 지식, 과제지식, 전략지식으로 나누었다. 개인 적 지식은 자신의 인지능력에 관한 신념이나 지식을, 과제지식은 학습과제에 따라 학습 전략이 다르다는 것을 이해하는 지식을, 전략지식은 과제에 따라 적절한 학습전략이 다 르다는 것을 아는 지식을 말한다.

Jacobs와 Paris(1987)는 메타인지지식을 서술적 메타인지지식, 절차적 메타인지지식, 조건적 메타인지지식으로 구분했다.

① 서술적 메타인지지식(declarative metacognitive knowledge): 자신의 능력에 관한 지식 과 학습에 영향을 주는 요인에 관한 지식을 말한다.
② 절차적 메타인지지식(procedural metacognitive knowledge): 학습전략에 관한 지식을 말한다. 유능한 학습자의 절차적 지식은 자동적이고, 정확하고, 효과적이다.
③ 조건적 메타인지지식(conditional metacognitive knowledge): 절차 및 전략을 언제 왜 적용해야 하는가에 관한 지식을 가리킨다. 유능한 학습자는 학습과제의 성질을 고

려하여 효과적인 학습전략을 적재적소에 융통성 있게 활용한다.

한편, Pintrich(2002)는 메타인지지식을 전략지식, 인지과제지식, 자기지식으로 구분
했다.

① **전략지식**(strategic knowledge): 학습, 사고, 문제해결의 일반전략에 관한 지식을 말
한다. 일반전략은 학습전략(시연, 조직화, 정교화 등), 메타인지전략(학습 및 사고를
계획, 점검, 조절하는 전략), 문제해결전략, 사고전략을 포함하며 모든 교과에 적용
된다.

② **인지과제지식**(knowledge about cognitive tasks): 인지과제에 따라 난이도와 적절한
학습전략이 다르다는 것을 아는 것을 말한다. 회상과제(기억을 탐색하여 정보를 스스
로 인출하는 과제)가 재인과제(선택지 중에서 정답을 고르는 과제)보다 어렵다는 것을
알거나 학습과제에 따라 효과적인 학습전략이 다르다는 것을 아는 것이 인지과제
지식이다. 난이도와 효과적인 학습전략은 학습과제마다 다르므로 학습에 성공하
려면 인지과제지식을 갖추어야 한다. 이는 유능한 목수가 집을 짓는 데 필요한 각
종 도구에 관한 해박한 지식을 갖추어야 하는 이치와 같다.

③ **자기지식**(self-knowledge): 자신의 강점 및 약점에 관한 지식을 말한다. 제대로 학습
하려면 자신의 강점 및 약점을 정확히 알고 있어야 한다. 선다형 시험보다 논문형
시험을 잘 칠 수 있다는 것을 아는 학생은 정확한 자기지식을 갖고 있다.

(2) 메타인지통제

메타인지통제(meta-cognitive control)는 자신의 사고 및 학습을 조절하고 통제하는 과정
을 말한다. 정보처리이론에서는 메타인지통제를 집행통제(executive control)라고 한다.
메타인지통제는 계획, 평가, 점검으로 구성된다(Paris & Lindauer, 1982).[2]

---

2) Jacobs와 Paris(1987)는 메타인지통제를 계획, 평가, 조절로 나누었다. 계획은 목표를 달성하기 위한 전략선택,
평가는 목표를 향한 진전도 점검, 조절은 목표달성전략 수정을 의미한다.

① 계획(planning): 목표달성전략을 선택하고 자원을 할당하는 과정. 목표수립, 선행지
   식 활성화, 시간계획을 포함한다.
② 평가(evaluation): 학습 후 이해수준을 판단하는 과정
③ 점검(monitoring): 목표를 향한 진전도를 확인하고 전략이 효과가 없을 경우 전략을
   수정하는 과정

요컨대, 메타인지통제는 무엇을 해야 하는지 분석하고, 목표를 달성하기 위한 계획을
수립하며, 계획의 유용성을 평가하고, 계획을 수정하며, 목표를 향한 진전상황을 평가하
고, 목표를 달성하기 위한 전략을 수정하는 과정을 포함한다.

3) 메타인지의 효과

메타인지의 효과는 다음과 같이 요약할 수 있다.

첫째, 메타인지는 학습을 촉진한다. 메타인지가 학습을 촉진하는 몇몇 이유는 다음과
같다.

• 자신의 학습능력과 한계를 정확하게 안다. 즉, 어떤 과제를 잘할 수 있고 어떤 과제
  를 잘할 수 없는지 정확하게 인식한다.
• 적절한 학습목표를 설정한 후 학습목표를 달성하기 위한 체계적 계획을 세운다.
• 자신의 주의집중능력을 정확하게 파악하고, 주의를 적절하게 통제한다. 자신의 주
  의에 관한 지식과 주의를 통제하는 능력을 메타주의(meta-attention)라고 하는데, 메
  타주의가 높으면 학습에서 주의가 중요하다는 사실을 알고 주의를 집중하기 쉬운
  환경을 선택하고 주의가 산만해질 수 있는 환경을 피한다(즉, 앞자리에 앉고 소란스러
  운 장소를 피하고, 스마트폰을 끈다).
• 과제에 따라 효과적인 학습전략과 비효과적인 학습전략이 무엇인지 알고, 효과적인
  학습전략으로 학습한다.
• 학습내용을 효과적이고 효율적으로 기억할 수 있는 전략으로 학습한다. 기억전략

에 관한 지식과 기억전략을 통제하는 능력을 메타기억(meta-memory)이라고 한다.

- 학습하면서 학습내용을 정확하게 이해하는지 수시로 점검하고 평가한다. 학습내용을 정확하게 이해하지 못하면 학습전략을 바꾸거나 재학습한다.
- 학습내용을 효과적으로 인출하는 전략을 활용한다.

따라서 제대로 학습하려면 인지와 메타인지를 융통성 있게 적용해야 한다. 학습할 때 인지와 메타인지가 어떻게 적용되는지 보자.

① 학습목표를 설정하고, 학습계획을 수립한다(메타인지).
② 주의를 집중하기 쉬운 장소를 선택한다(메타인지).
③ 학습에 주의를 집중한다(인지).
④ 가장 효과적인 학습전략을 선택한다(메타인지).
⑤ 핵심 개념을 속으로 반복한다(인지: 시연).
⑥ 핵심 개념과 다른 개념의 관계를 따져 본다(인지: 정교화).
⑦ 학습하면서 학습내용을 제대로 이해하는지 점검한다(메타인지).
⑧ 정확하게 이해하지 못하는 내용은 다시 학습한다(인지).
⑨ 이해하지 못한 내용을 정확하게 이해했다고 판단되면(메타인지), 그다음 개념을 학습한다(인지).
⑩ 핵심 개념을 다른 개념과 관련짓거나 속으로 반복한다(인지).
⑪ 학습 후 학습목표를 어느 정도 달성했는지 평가한다(메타인지).

둘째, 메타인지는 일상의 목표 달성을 촉진한다. 그 이유는 메타인지가 ① 개인적으로 중요한 목표(예: 다이어트)를 세우고, ② 목표달성계획을 수립하며, ③ 목표달성전략을 선택하고, ④ 목표달성전략을 실행하면서 전략의 효과 및 효율성을 평가하며, ⑤ 목표달성전략이 효과가 없을 때 전략을 수정하는 과정을 포함하기 때문이다. 따라서 메타인지가 낮으면 개인적으로 중요한 목표를 설정하거나 목표를 달성할 수 있는 계획을 수립하거나 효과적인 목표달성전략을 활용하는 데 문제가 있을 수 있으므로 목표를 달성하지 못할 확률이 높다.

셋째, 메타인지는 집단의 오류를 방지하고 집단의 목표달성에 도움을 준다. 특정 개인이 항상 합리적으로 사고하지 않는 것처럼, 어떤 집단이든 모든 구성원이 합리적으로 사고하지는 않는다. 그로 인해서 집단은 집단오류를 범할 수 있다. 메타인지의 관점에서 집단작업은 특정 구성원의 메타인지가 높으면 다른 구성원들의 메타인지가 낮아도 집단이 범할 수 있는 오류를 방지함으로써 합리적인 집단목표를 설정하고 목표달성계획을 수립하는 데 도움을 주어 목표를 달성할 수 있는 확률을 높인다.

4) 메타인지와 다른 특성의 관계

메타인지는 다음과 같은 특성과 관련이 있다.

첫째, 메타인지는 나이에 비례한다. 나이가 많을수록 정확한 메타인지지식을 갖고 있으므로 자신의 능력과 한계를 더 정확하게 이해하고, 메타인지전략을 적절하게 활용한다.

둘째, 선행지식이 풍부하면 메타인지를 활용하지 않아도 정보를 잘 처리할 수 있으므로 메타인지는 학습에 큰 영향을 주지 않지만, 선행지식이 부족할 경우 학습에 성공하려면 메타인지전략을 활용해야 한다. 생물학 교수는 메타인지전략을 활용하지 않아도 산성비가 생태계에 미치는 영향을 분석한 논문을 쉽게 이해할 수 있지만, 선행지식이 전혀 없는 학습이론을 이해하려면 메타인지전략을 동원해야 한다.

셋째, 메타인지는 학습목표를 달성하기 위해 자신의 행동, 인지, 정서, 동기를 관리하는 자기조절학습(self-regulated learning)의 필수요건이다. 자기조절학습을 하려면 메타인지를 제대로 활용해야 한다.

넷째, 메타인지는 성취목표와 관련된다. 성취활동을 하는 이유 혹은 의도를 뜻하는 성취목표(achievement goal)는 ① 숙달접근목표(mastery approach goal, 절대성취수준이나 과거 성취수준에 비추어 유능성을 높이고 과제를 마스터하려는 목표), ② 수행접근목표(performance approach goal, 다른 사람보다 유능하다는 것을 입증하려는 목표), ③ 숙달회피목표(mastery avoidance goal, 절대성취수준이나 과거 성취수준에 비추어 무능하다는 판단을 회피하려는 목표), ④ 수행회피목표(performance avoidance goal, 다른 사람보다 무능하다는 평가를 회피하려는 목표)로 나뉜다(제12장 참조). 숙달접근목표를 지향하는 학생들은 새로운 지식이나 기능 습득을 목표로 하므로 효과적인 메타인지전략을 적극적으로 활용하지만, 실패회피목표나 수행회피목표를 지향하는 학습자들은 메타인지전략을 제대로 활용하지 않는다.

다섯째, 메타인지는 학습과제의 수준에 따라 학습에 미치는 영향이 다르다. 학습과제가 쉬우면 메타인지는 학습에 별 영향을 주지 않지만, 학습과제가 어려울 때는 메타인지전략을 적절하게 활용해야 제대로 학습할 수 있다.

5) 메타인지의 교수

앞에서 다룬 것처럼 메타인지는 메타인지지식과 메타인지통제로 구성된다. 메타인지지식은 자신에 관한 지식과 학습을 잘하는 데 필요한 기능, 전략, 자원에 관한 지식을 말한다. 메타인지통제는 계획수립, 평가, 점검과 같이 과제를 성공적으로 수행하기 위한 전략을 활용하는 것을 뜻한다.

교육에서 메타인지를 의도적으로 가르쳐야 할까? 당연히 가르쳐야 한다. 메타인지를 가르쳐야 할 가장 중요한 이유는 메타인지가 학업성취에 큰 영향을 주기 때문이다. 메타인지가 부족한 학생들이 상당수에 달한다는 사실은 메타인지를 가르칠 필요성을 뒷받침한다. Pintrich(2002)에 따르면 상당수 대학생은 메타인지지식, 즉 전략지식, 인지과제지식, 특히 자기지식이 미흡하다. 또 학습자의 자기조절능력을 높이려면 메타인지를 체계적으로 가르쳐야 한다. 자기조절능력 향상은 가장 중요한 교육목적에 해당된다.

메타인지를 가르칠 때 활용할 수 있는 구체적인 교수전략은 다음과 같다.

① 모델링(modeling): 메타인지전략을 왜 언제 어떻게 활용하는가를 교사가 시범을 보인다. 구체적으로 교사는 과제곤란도를 추정하고, 학습목표 및 계획을 세우며, 학습전략 및 단계를 선정하고, 이해 여부를 점검하고 평가하는 방법을 학생들에게 시범을 보인다. 모델링 과정에서 교사는 메타인지전략을 설명하거나 사고언어화

(think aloud, 전략의 단계나 절차를 언어적으로 설명하는 방법)할 수 있다.

② **설명**(explanation): 메타인지전략의 중요성과 메타인지전략을 왜 언제 어떻게 활용하는지 설명한다. 또 학습에서 메타인지전략을 활용하려는 동기를 높인다.

③ **연습**(practice): 메타인지전략을 다양한 교과목 학습에 적용하는 연습을 하도록 한다. 연습은 교사가 지도하면서 실시하는 지도연습(guided practice)에서 시작하여 학생들의 독자적 연습(independent practice)으로 옮겨 가는 것이 좋다.

④ **학습일지 작성**(writing learning log): 학습활동을 성찰한 학습일지를 작성하도록 한다. 학습일지를 작성하는 과정에서 학습자들은 학습과정과 인지과정을 점검할 수 있다.

⑤ **정보적 피드백**(informative feedback): 인지전략 및 메타인지전략을 제대로 적용하는지, 학습내용을 어느 정도 이해하는지에 관한 정보적 피드백을 준다. 피드백은 교사가 줄 수도 있고, 다른 학습자가 줄 수도 있다. 특히 학습자가 다른 학습자들에게 학습내용을 설명하도록 한 다음 다른 학습자들이 학습내용 이해 여부에 관해 피드백을 주면 이해점검을 하는 데 도움을 준다.

⑥ **자기질문**(self-questioning): 학습내용에 관해 스스로 질문하고 답하도록 한다. 학생들의 메타인지전략을 높이기 위한 자기질문은 〈표 7-3〉에 제시되어 있다(Tanner, 2012).

⑦ **요약**(summarizing): 학습내용을 요약하는 과정에서 학습내용을 정확하게 이해했는지 점검할 수 있다.

⑧ **상호작용**(interaction): 학습자들의 상호작용을 통해 메타인지를 가르칠 경우, 상호적 교수(reciprocal teaching)나 또래교수(peer tutoring)를 활용하면 좋다. 이때 학생들에게 메타인지전략을 정교화, 토론, 평가할 수 있는 기회를 부여해야 한다.

⑨ **메타인지 측정**(metacognition measurement): 메타인지검사를 실시하여 메타인지지식 및 메타인지통제를 진단한 후 미흡한 메타인지 요소를 가르칠 수 있다.

〈표 7-3〉 메타인지를 높이기 위한 자기질문

활동	계획	점검	평가
단위수업	• 수업목표를 알고 있는가? • 수업주제에 관해 무엇을 알고 있는가? • 수업을 어떻게 준비해야 하는가? • 수업시간에 어디에 앉아 무엇을 해야 하고, 무엇을 하지 말아야 하는가? • 이 수업에서 더 알고 싶은 것은 무엇인가?	• 어떤 내용을 이해하고, 어떤 내용을 이해하지 못하는가? • 수업 중 어떤 질문이 떠오르는가? • 중요한 내용과 지엽적인 내용을 구분할 수 있는가?	• 수업주제를 알고 있는가? • 수업내용 중 나의 지식과 일치하지 않은 것은? • 수업내용은 지난 수업과 어떻게 관련되는가? • 질문에 답하고, 모르는 것을 해결하기 위해 무엇을 해야 하는가? • 오늘 수업에서 무엇이 가장 재미있었나?
과제	• 과제 목표를 알고 있는가? • 과제를 제대로 하려면 무엇을 해야 하는가? • 과제를 하기 위해 어떤 자원을 활용해야 하는가? • 과제를 어느 기간 동안 해야 하는가? • 어떻게 하면 과거 비슷한 과제보다 더 잘 것인가?	• 사용한 과제전략 중 적절한 전략과 부적절한 전략은? • 과제를 잘하기 위해 자원을 어떻게 활용할 것인가? • 과제의 가장 어려운 점은 무엇인가? • 과제의 어려움과 혼란을 해결하기 위해 무엇을 조정해야 하는가?	• 과제 목표를 어느 정도 달성했는가? • (내가 교수라면) 과제의 장점과 단점을 어떻게 평가하겠는가? • 과제를 다시 할 경우 무엇을 달리하겠는가? 다음에도 사용할 만한 방법은?
퀴즈/시험	• 어떤 전략으로 시험공부를 하려고 하는가? • 몇 시간 동안 시험공부를 하려고 계획하는가? • 현재 이해수준을 고려할 때 어느 부분을 몇 시간 공부하려고 하는가?	• 시험공부를 체계적으로 하고 있는가? • 가용 학습자원을 제대로 활용하고 있는가? • 학습동기를 높이려고 애쓰고 있는가? • 이해되지 않은 부분 중 어떤 부분을 어떻게 해결했는가? • 이해되지 않은 부분은 무엇이고, 그것을 어떻게 해결할 것인가?	• 시험공부가 잘된 부분은? • 시험공부가 제대로 되지 않은 부분은? • 정확하게 답하지 못한 질문은? 왜? 나의 답은 정답과 어떻게 다른가? 어떤 점을 보완할 것인가?

| 과목 전체 | • 이 과목 학습이 왜 중요한가?
 • 이 과목의 성취는 진로목표와 어떻게 관련되는가?
 • 이 과목의 학습을 어떻게 점검할 것인가?
 • 이 과목에서 가장 알고 싶은 것은 무엇인가?
 • 이 과목 이수 후 무엇을 할 수 있기를 바라는가? | • 이 과목 교수법은 학습을 어떤 방식으로 지원했는가?
 • 이 과목 교수법은 학습을 어떻게 지원하지 않았는가? 교수법을 어떻게 바꾸겠는가?
 • 이 과목에 어느 정도 흥미와 자신감이 있는가? 흥미와 자신감을 높이기 위해 무엇을 해야 하는가? | • 5년 후 이 과목의 내용에서 어떤 것을 기억할 것인가?
 • 이 과목을 최대한 학습하려는 친구에게 어떤 조언을 하겠는가?
 • 이 과목을 가르친다고 할 때 무엇을 어떻게 바꾸겠는가?
 • 이 과목의 학습방법을 나중에 활용할 수 있겠는가? |

자료: Tanner (2012).

메타인지를 가르칠 때는 다음과 같은 학습환경을 조성해야 한다(Ellis, Bond, & Denton, 2012).

① 교육과정 및 수업은 학생들에게 선택과 자율성을 부여하고, 학생들의 요구와 흥미에 부합되며, 개념적 학습, 능동적 학습과 협력을 강조한다.

② 수렴적 사고보다 확산적 사고를 평가하고, 학습과정 및 학습결과에 대한 자기평가를 강조한다.

③ 여러 과목에서 인지전략을 적재적소에 적용하는 연습을 하도록 한다.

④ 메타인지전략을 명시적으로 가르친다. 메타인지를 가르치는 방법으로는 직접 교수법, 모델링, 설명, 연습을 활용할 수 있다.

⑤ 메타인지전략을 언어화하도록 한다. 언어화 방법으로는 자기대화(사적 대화), 사고 언어화(think aloud, 생각말하기), 파트너와의 대화를 활용할 수 있다.

한편, 학습 중 메타인지에 관련된 활동 모형은 〈표 7-4〉에 제시된 것처럼 ① 과제 정의, ② 목표설정과 계획, ③ 학습책략 및 전략 실행, ④ 학습 조정(adapting studying)으로 구성된다(Gredler, 2005). 친숙한 학습과제의 경우 1단계는 생략해도 된다.

〈표 7-4〉 학습 중 메타인지활동 모형

단계	기술	예시
과제 정의	학습과제의 성질, 가용자원, 제약요건 확인	National Geography에 실린 화산에 관한 기사를 30분 동안 읽어야 한다.
목표설정과 계획	목표설정, 학습과제 수행 계획	단원시험을 준비하기 위해 정독한다. 노트필기와 자기질문이 필요하다.
학습책략 및 전략 실행	단계 2에서 선정한 활동 실행, 필요시 미세조정	어려운 용어는 정의를 찾아보고 다시 읽는다.
학습 조정	과제, 목표, 계획, 참여의 대규모 조정	기사를 이해하기 어려우면 인터넷에서 화산에 관한 정보를 찾아본다.
	후속학습의 조건(지식, 기능, 신념, 성향, 동기) 변경	어려운 과제의 성취수준을 낮춘다.

자료: Gredler (2005).

2. 기타 학습전략

대표적인 인지전략(시연, 정교화, 조직화, 심상형성)은 제6장에서 다루었다. 이 절에서는 정교화 전략에 속하는 구체적인 학습전략을 소개한다.

1) 노트필기

노트필기(note taking)를 하면 필기하지 않고 단순히 교재를 다시 읽는 것보다 학습내용을 더 잘 기억한다. 노트필기를 한 경우에도 필기한 노트를 복습할 기회를 주지 않으면 수업내용을 거의 기억하지 못한다. 노트는 대표적인 외적 기억(external memory, 뇌의 외부에 존재하는 기억)이다. 기억은 매우 취약하여 쉽게 망각이 되고 왜곡되지만, 외적 기억인 노트를 활용하면 학습내용을 효과적으로 저장하고, 효율적으로 복습할 수 있다. 노트필기는 다음과 같은 기능을 통해 기억을 촉진한다.

- 중요한 학습내용에 주의를 집중·지속하도록 한다. 앞서 설명한 것처럼 주의는 부호화의 선행조건이므로 주의를 집중하지 않으면 학습내용이 부호화되지 않기 때문에 기억에 저장되지 않는다.
- 학습내용의 언어적 부호화 혹은 시각적 부호화를 촉진한다. 노트필기를 하면서 학습내용을 정교화하고 조직화하면 부호화가 촉진된다.
- 학습내용을 효과적이고 정확하게 저장한다. 장기기억은 오류가 많지만, 노트는 학습내용을 그대로 정확히 보존할 수 있다.
- 노트를 활용하면 학습내용을 짧은 시간에 효율적으로 복습할 수 있다.

노트필기 내용은 학생마다 차이가 큰데, 그 이유는 노트필기의 필요성과 중요한 내용, 즉 시험에 출제될 개연성이 높은 내용에 관한 판단이 학생마다 다른 데서 기인한다. 효과적인 노트필기는 다음과 같은 특징을 갖고 있다.

- 핵심 개념, 근거, 개인적 견해를 기록한다.
- 학습내용을 자신의 말로 기록한다.
- 요지와 요지에 관련된 사실들을 요약한다.

학업성취가 높은 학습자는 전략적으로 노트를 필기한다. 구체적으로 목적에 맞게 필기하고, 학습내용을 구조화하며, 어려운 학습내용이나 중요한 학습내용을 강조하고, 수업 후 참고문헌을 이용하여 부족한 부분을 보충하며, 시험 후 필기전략을 수정한다. 단, 노트필기할 때 주의가 분산되어 중요한 수업내용을 놓치지 않도록 유의해야 한다.

2) 유추

유추[reasoning by analogy, 유비추론(類比推論)의 준말]는 두 대상이 비슷할 때 그것을 근거로 다른 성질도 비슷할 것이라고 추론하는 정교화 전략이다. 즉, 두 대상이 어떤 성질을 공유할 때 다른 성질도 비슷할 것이라고 추론하는 것이 유추다.

유추하려면 선행지식을 새로운 정보와 관련지어야 한다. 유추의 사례는 다음과 같다.

- 사과를 아는 사람이 토마토를 처음 보았을 때 토마토와 사과가 모양과 색깔이 비슷하다는 것을 토대로 토마토가 단맛이 날 것이라 생각한다.
- 원자의 구조는 태양계와 같다. 핵은 태양이고, 전자는 행성이다(생물).
- 단문을 대본이라고 하자. 단문에는 행위자(주어), 행위자의 행위(서술어), 행위의 대상(목적어)이 있다(문법).

유추는 사람에 따라 다른 의미를 갖는 메타포(은유)와 다르다. '강은 뱀이다.'라는 메타포의 경우 모양을 생각하는 사람도 있고, 공포를 떠올리는 사람도 있으며, 움직임을 떠올리는 사람도 있다.

유추는 효과적인 학습전략으로 ① 추상적 정보를 구체적인 정보로 바꾸고(구체화 기능), ② 새로운 도식의 근거가 되며(구조화 기능), ③ 새로운 정보를 인지구조에 통합하는 기능(동화 기능)을 한다.

3) 요약

요약(summarizing)은 학습내용의 요지를 파악하여 일관된 구조를 구성하는 과정을 가리킨다. 방대한 학습내용을 유의미하게 축소하여 구조화하는 요약은 기억 및 이해를 촉진한다. 수업내용이나 교재를 100% 정확하게 기억하는 것은 사실 불가능하고, 그것이 가능하더라도 대부분 바람직하지도 않다.

요약의 핵심은 정확성과 압축이다. 요약은 학습내용의 요지를 정확하고 간결하게 압축해야 한다. 부정확한 요약은 학습을 방해하고, 장황한 요약은 원래 자료와 차이가 없으므로 별 도움이 되지 않는다.

효과적인 요약은 다음과 같은 과정을 포함한다.

- 중요한 정보와 지엽적인 내용을 구분한다.

- 지엽적인 내용이나 중복되는 내용을 삭제한다.
- 요지를 파악한다.
- 구체적인 내용을 일반적인 아이디어로 압축한다.
- 일반적 아이디어 간의 관계를 파악한다.
- 주제문장을 확인, 작성한다.

요약은 복잡한 기능이지만 부단히 연습하면 숙달할 수 있다. 따라서 처음부터 요약을 잘할 수 있다고 생각하지 말고 수업내용이나 교재를 요약하는 연습을 해야 한다.

4) 핵심 내용 확인

핵심 내용을 숙지하는 것은 학습의 성패를 가름하는 관건이다. 모든 교재나 수업은 핵심 내용과 지엽적인 내용을 두루 포함하는데 핵심 내용이 무엇인지 모르면 학습에 실패할 확률이 높다. 학습내용이 많거나 생소할 경우 핵심 내용 확인은 특히 중요하다. 핵심 내용과 지엽적인 내용을 구분하지 못하거나 지엽적인 내용을 중요한 내용이라고 혼동하면 제대로 학습할 수 없다.

핵심 내용을 확인한 다음에는 밑줄이나 형광펜으로 강조하는 것이 좋다. 단, 핵심 내용만 강조해야 한다. 중요하지 않은 내용을 강조하면 역효과가 발생한다. 그다음에는 핵심 내용을 마스터해야 한다.

5) 기억술(기억전략)

효과적인 기억전략을 뜻하는 **기억술**(記憶術, mnemonics)은 정교화 전략에 속하는 학습전략이다. 기억술을 뜻하는 mnemonics는 그리스 신화의 기억의 여신 Mnemosyne에서 유래한다. 고대 그리스의 웅변가들은 기억술을 활용하여 장문의 연설문을 기억했다고 한다. 대표적인 기억술을 살펴본다.

(1) 장소법

장소법(loci method)은 정보를 친숙한 장소(예: 집의 구조)와 연결하여 기억하는 방법이다. 조선의 왕을 장소법으로 기억하려면 친숙한 장소를 왕의 이름과 하나씩 연합하면 된다. 나중에 장소를 떠올리면 왕의 이름을 회상할 수 있다.

기억의 대가로 알려진 고대 그리스의 시인 Simonides는 어느 날 성대한 연회에 참석했는데 연회 도중 잠시 자리를 비운 사이 연회장이 무너져 모든 참석자가 압사했다. 그 사고로 시신들이 신원을 확인할 수 없을 정도로 심하게 손상되어 대혼란이 야기되었다. 그는 연회장 구조를 상상하면서 참석자들의 좌석을 정확하게 기억한 후 시신의 신원을 정확하게 확인해 주었다고 한다. 그가 참석자들을 정확하게 기억한 방법은 장소법이었다.

(2) 핵심 단어법

핵심 단어법(key-word method)은 외국어 단어를 친숙한 단어와 연결하는 심상을 형성하여 기억하는 방법이다. 핵심 단어법으로 외국어 단어를 기억하려면 의미나 발음이 비슷한 단어와 결합하여 심상을 형성해야 한다. 가령, 영어단어 carlin(노파)을 기억하려면 발음이 비슷한 car와 결합하여 "The old woman drives a car."라는 심상을 만들면 된다. 스페인어 pato(duck)를 기억하려면 발음이 비슷한 pot(냄비)과 관련된 심상(냄비를 쓰고 다니는 오리)을 형성하여 외우면 된다.

(3) 두문자법

두문자법(first-letter method)은 정보들의 첫 번째 철자로 두문자(頭文字: acronym)를 만들어 기억하는 방법이다. 두문자는 유의미하고 명료하며 간결해야 한다. 조선시대 왕들을 '태정태세문단세…'라고 외우고, 생물의 분류체계를 '속과목강문계'라고 외우는 방법은 두문자법을 활용한 것이다. 영어에서는 두문자를 많이 활용하는데, UN, USA, CIA 등은 모두 두문자로 만든 것이다.

(4) 문장작성법

문장작성법은 정보들로 문장을 작성하여 기억하는 방법이다. 태양을 공전하는 혹성들을 순서대로 기억할 때 영어단어(Mercury, Venus, Earth, Mars, Jupiter, Saturn, Uranus, Neptune, Pluto)의 첫 번째 철자로 "My very educated mother just served us nine pizzas."라는 문장을 만들면 쉽게 기억할 수 있다. 미터법 단위를 나타내는 접두사(kilo-, hecta-, deca-, meter-, deci-, centi-, milli-)는 "King Henry Died Monday Drinking Chocolate Milk."라는 문장을 작성해서 외우면 된다.

(5) 연결법

연결법(link method)은 정보들을 연결하는 시각적 심상을 형성하여 기억하는 방법이다. 단어 [사전, 연필, 학생]을 기억할 때, 사전을 찾으면서 연필로 필기하는 학생을 연상하면 쉽게 기억할 수 있다.

(6) 운율법

운율법(metrical mnemonics)은 정보들로 운율을 만들어 기억하는 방법이다. 한글의 '가나다라…' 가락이나 영어의 알파벳 송은 운율법을 활용한 기억전략이다. 운율법은 순서대로 배열된 정보를 기억할 때 유용하며 대뇌 좌반구(언어중추)와 우반구(음악중추)를 동시에 활성화하므로 망각에 대한 저항이 상당히 높다. 운율법으로 기억했을 경우 특정 정보를 회상하려면 전체 운율을 회상하면 된다. 예컨대, '마' 다음의 자음을 회상하려면 '가나다라' 가락을 중얼거리면 된다.

6) 이해점검

이해점검(comprehension monitoring)은 학습 도중 이해 여부를 수시로 확인하는 것을 말한다. 이해점검은 대표적인 메타인지전략이다. 학습 도중 이해 여부를 점검한 후 정확하게 이해하지 못하는 내용을 다시 학습하면 당연히 성취가 높아진다. 그럼에도 상당수 학생은, 특히 성취도가 낮은 학생들은 학습내용을 이해하는지 제대로 점검하지 않기 때문에 무엇을 알고 무엇을 모르는지 모르고, 모르는 것을 안다고 착각하는 경향이 있다. 실제 모르는 것을 안다고 착각하는 현상을 인식의 착각(illusion of knowing) 혹은 제2의

무지(secondary ignorance)라고 한다(Baker, 1989). '안다(이해한다)'는 것을 단순하게 생각하면 인식의 착각을 할 개연성이 높아진다.

인식의 착각은 반드시 대가를 치러야 한다. 모르는 것을 안다고 생각하면 시험점수가 낮아진다. 인식의 착각을 하는 학생은 시험점수가 낮을 때 자신은 학습내용을 완전하게 이해하는데 시험점수가 낮은 이유를 도저히 납득할 수 없다고 불만을 토로하기도 한다. 나아가 인식의 착각은 후속학습을 방해한다. 모든 학습은 선행학습을 토대로 이루어지는데 선행학습이 불완전하면 후속학습을 제대로 할 수 없다.

따라서 제대로 학습하려면 학습내용을 정확하게 이해하는지 꼼꼼하게 점검하고 제대로 이해하지 못하는 내용을 다시 학습해야 한다. 학습내용의 이해 여부를 점검할 수 있는 방안은 다음과 같다.

① 학습내용을 그림이나 도표로 나타낸다. 그림이나 도표는 공간관계나 인과관계를 다루는 학습내용의 이해 여부를 점검하는 방안이다.

② 학습내용에 관해 질문하고 답한다. 이 경우 스스로 질문하고 답할 수도 있고(self questioning) 또래와 함께 질문하고 답할 수도 있다. 학습내용에 관해 질문하고 답하면 무엇을 알고 무엇을 모르는지 쉽게 확인할 수 있다. 질문은 육하원칙에 따르는 것이 좋다. 다음과 같은 질문은 학습내용은 유의미하게 처리하고 이해 여부를 점검하는 데 도움이 된다.

- ……에 관한 이유(방법)는 무엇인가?
- 주제는 무엇인가?
- 어떻게 활용할 것인가?
- 새로운 사례는 무엇인가?
- 어떤 일이 일어날 것으로 생각하는가?
- 어떤 차이가 있는가?
- 비슷한 점 혹은 공통점은 무엇인가?
- 어떤 결론을 도출할 수 있는가?

- 어떤 영향을 미칠 것인가?
- 강점 및 약점은 무엇인가?
- 최선의 방안은 무엇인가? 왜 그렇게 생각하는가?
- 선행학습 내용과 어떤 관계가 있는가?

③ 교재를 다시 읽는다. 질문에 답할 수 없거나 확실히 이해하지 못한 내용이 있을 경우 교재를 다시 읽으면 이해 여부를 확인할 수 있다.

④ 교재내용의 일관성을 검토한다. 교재내용의 논리적 일관성을 검토하면 이해 여부를 점검할 수 있다.

⑤ 학습내용을 의역한다. 의역(paraphrasing)은 학습내용을 자신의 말로 진술하는 것을 뜻하는데, 학습내용을 의역하면 이해 여부를 확인할 수 있다. 학습내용을 정확하게 이해하지 못하면 의역할 수 없다.

⑥ 시험문제를 스스로 채점한다. 시험문제를 채점해 보면 정확하게 아는 부분과 모르는 부분을 구체적으로 확인할 수 있다.

요약

1. 학업성취는 학습목표를 달성하는 것을 뜻한다. 높은 학업성취를 하려면 효과적인 학습전략을 활용해야 한다.
2. 학습전략은 학습목표를 달성하는 데 도움을 주는 행동, 사고, 전략으로 ① 학습내용을 인지적으로 처리하는 인지전략, ② 자신의 인지를 점검하고 조절하는 메타인지전략, ③ 학습을 극대화하기 위해 자신의 동기와 정서를 관리하는 정의적 전략을 포함한다.
3. 메타인지는 자신의 인지를 성찰하고 통제하는 정신과정 및 능력을 가리킨다. 메타인지는 메타인지지식과 메타인지통제로 구성된다. 메타인지지식은 인지에 관한 지식, 즉 자신의 인지와 인지전반에 관한 지식으로 ① 서술적 메타인지지식, ② 절차적 메타인지지식, ③ 조건적 메타인지지식으로 구성된다. 메타인지통제는 자신의 사고 및 학습을 조절하고 통제하는 과정으로 ① 계획, ② 평가, ③ 점검으로 구성된다.
4. 메타인지는 학습을 촉진하므로 제대로 학습하려면 메타인지를 적재적소에 활용해야 한다. 또

메타인지는 개인적으로 중요한 목표를 달성하는 데 도움을 주고, 집단이 오류를 방지하고 집단목표를 달성하는 데 도움을 준다.

5. 메타인지는 학업성취에 큰 영향을 주고 자기조절학습의 핵심에 해당되므로 의도적으로 가르쳐야 한다.

6. 효과적으로 학습하려면 노트필기, 유추, 요약, 핵심 내용 확인과 같은 학습전략을 활용해야 한다.

7. 학습내용을 효과적으로 기억하는 전략으로는 ① 장소법, ② 핵심 단어법, ③ 두문자법, ④ 문장작성법, ⑤ 연결법, ⑥ 운율법 등이 있다.

8. 학습하면서 학습내용을 정확하게 이해하는지 수시로 확인하는 이해점검은 대표적인 메타인지 전략이다. 이해점검을 하면 제2의 무지 혹은 인식의 착각을 하지 않고 학습내용을 이해하는 데 도움을 준다.

제**8**장

교수이론

교수 혹은 수업(instruction or teaching)은 학습자의 학습을 지원하는 의도적인 행위와 노력을 뜻한다. 교수가 학습을 지원하는 역할을 충실하게 하려면 학습이론에 관한 기초지식을 갖추어야 한다. 이러한 점에서 학습이론은 교수이론의 이론적 토대를 제공한다. 이 장에서는 인지심리학에 기반을 둔 대표적인 교수이론인 Bruner의 발견학습이론, Ausubel의 유의미수용학습이론, Gagné의 교수이론을 소개한다.

1. 발견학습

발견학습은 교사주도수업에서 벗어나 학습자주도수업을 지향하는 교수법이다. 교사가 주도하는 수업에서는 학생들이 수동적으로 학습에 참여하고 학습의 질이 낮아질 수 있다는 문제점이 있다. 최근 구성주의 교육이 강조되면서 발견학습에 관한 관심이 높아지고 있는데 구성주의 교육은 본질적으로 발견을 지향하는 접근이다. 이 절에서는 발견학습을 살펴본다.

1) 발견학습의 의미와 특징

발견학습(discovery learning)은 학습자 스스로 지식을 획득하도록 하는 교수법을 말한다[1]. 발견은 구체적 사례에서 일반법칙, 개념, 원리를 도출하는 귀납적 추리의 한 유형이다. 발견학습은 교사가 교과내용을 체계적으로 전달하는 설명식 교수법과 대비되는 교수법이다. 설명식 교수법은 효율성이 높고 선행지식이 풍부할 때 적합하지만, ① 학습자의 수동성을 조장하고, ② 비활성지식(inert knowledge, 시험을 치는 데 필요하지만 실생활과 관련 없는 지식)을 전달하며, ③ 파지 및 전이가 잘되지 않는다는 문제점이 있다.

---

1) 학습과 교수(혹은 수업)는 개념은 다르다. 따라서 발견학습은 발견교수법이라고 부르는 것이 더 적확한 명칭이지만 발견학습이라고 하는 것은 학습자의 주도성을 중시하기 때문이다. 뒤에서 다룰 문제기반학습(problem based learning)도 같은 맥락에서 이해할 수 있다.

발견학습의 주요 특징은 다음과 같다.

첫째, 교사의 개입(지도와 설명)을 최소화하고 학습자가 직접 해결책이 다양한 복잡한 문제를 해결하도록 한다. 발견학습의 가장 중요한 특징은 교사의 개입 및 지도를 최소화한다는 점이다. 그런데 발견학습은 학습자가 마음대로 하도록 내버려 두는 방임적 교수법이 아니라 일종의 '지도된' 활동(directed activity)이다. 학습자가 마음대로 하도록 내버려 두면 혼란이 야기되어 발견학습이 효과를 거둘 수 없다. 따라서 발견학습에서 교사는 학습자가 지식과 문제해결기능을 발견하도록 적절한 수준에서 개입하고 지도해야 한다. 즉, 교사는 문제를 제시하고, 발견과정을 가르치며, 발견을 촉진할 수 있는 환경(즉, 탐색하고 조작하는 환경)을 조성해야 한다.

둘째, 학습자가 학습을 주도하는 학습자중심 교수법이다. 발견학습에서 학습자 역할은 교사중심의 설명식 수업과 근본적으로 다르다. 발견학습에서 학습자는 교사가 전달하는 정보를 수동적으로 수용하고 흡수하는 것이 아니라, 지식을 생성하고 통합하며 일반화하는 능동적인 역할을 한다.

셋째, 교사는 학습내용을 체계적으로 설명하고 전달하는 역할이 아니라 학습자의 발견을 도와주는 촉진자 역할을 한다.

넷째, 구체적 사례를 탐구한 결과를 바탕으로 법칙, 개념, 원리를 도출하는 귀납적 교수법이다(예: 사례를 탐구하여 스스로 중력의 법칙을 도출하는 교수법). 귀납적 교수법은 법칙, 개념, 원리를 먼저 제시하고 사례를 뒤에 제시하는 연역적 교수법과 대비된다.

다섯째, 새로운 지식을 기존 지식과 통합한다. 발견학습에서 기존 지식은 새로운 지식을 구성하는 토대가 된다.

여섯째, 기계적 기억(rote memorization, 학습내용을 맹목적으로 암기하는 방법)을 활용하여 정답을 찾는 것이 아니라 학습내용을 심층적으로 이해하고 적용하는 데 주안을 둔다.

일곱째, 결과중심학습보다 과정중심학습을 중시한다. 즉, 문제에 대한 정답보다 문제를 해결하는 과정 자체를 더 중시한다.

여덟째, 실패에서 중요한 것을 학습할 수 있다고 보고 실패를 중시한다. 심지어 학습 도중 실패하지 않으면 중요한 것을 학습할 수 없다고 본다.

발견학습은 ① 개념 간의 관계, 선행지식과 학습내용의 관계와 같은 학습성과를 효과

적으로 달성할 수 있고, ② 정보를 구성하고 조직하는 고차적 능력을 향상시키며, ③ 발견학습 자체가 보상기능이 있고 유능감을 높이며 내재적 동기를 유발하고, ④ 문제해결 전략 학습을 촉진하며, ⑤ 발견학습으로 획득한 지식은 장기간 파지되고, 다양한 장면으로 쉽게 전이된다는 장점이 있다.

반면, 발견학습은 ① 문제해결과정이 중요할 경우 적합하지만, 교사가 체계적으로 제시할 수 있는 구조화 정도가 높은 학습내용에는 적절하지 않고, ② 적용분야가 제한되며 (학교에서 가르치는 모든 교과내용을 학생들이 발견할 필요는 없다), ③ 시간 및 노력이 많이 소요되고, ④ 교사의 경험 및 소양이 많이 요구되며, ⑤ 선행지식이 낮거나 능력이 낮은 학생들에게 과도한 인지적 부담을 줄 수 있고, ⑥ 교사와 학생에게 불확실성을 조장하고 자신감을 떨어뜨릴 수 있으며, ⑦ 잘못된 지식을 습득하고 그릇된 결론을 도출할 소지가 있다는 단점이 있다.

2) 발견학습의 목적, 단계, 유형

발견학습의 목적은 고차적인 사고기능을 획득하도록 하는 데 있다. 독자적인 사고능력 및 문제해결능력을 기르고, 발견을 통해 지식을 형성하는 과정을 이해하는 것도 발견학습의 주요한 목적이다.

이러한 목적을 달성하기 위한 발견학습의 단계는 다음과 같다.

① 문제를 확인, 진술한다.
② 잠정적 문제해결책(즉, 검증할 수 있는 가설)을 도출한다.
③ 자료를 수집한다.
④ 자료를 분석, 해석한다.
⑤ 결론을 도출한다.

한편, 발견학습의 유형은 문제해결의 수준과 교사의 개입(지도 및 안내) 정도에 따라 세 유형으로 나뉜다(Moore, 2009).

① **안내형 발견**(guided discovery): 교사가 문제 및 문제해결과정을 제시하면 학습자가 교사의 지도를 받으면서 문제해결책을 찾아 문제를 해결하는 유형이다. 통상적으로 학교에서 이루어지는 발견학습은 안내형 발견이다.

② **수정형 발견**(modified discovery): 교사가 문제를 제시하고 학습자가 문제해결과정 및 문제해결책을 찾아 문제를 해결하는 유형이다.

③ **개방형 발견**(open discovery): 교사가 전혀 개입하지 않는 상태에서 학습자가 문제를 확인하고 문제해결책을 탐색하며 문제를 해결하는 비구조화된 발견(unstructured discovery)을 말한다.

⟨표 8-1⟩ 발견학습의 유형

구분	안내형 발견	수정형 발견	개방형 발견
문제확인	교사 또는 교재	교사 또는 교재	학생
문제해결책 설정	학생	학생	학생
문제해결과정	교사 또는 교재	학생	학생

자료: Moore (2009).

발견학습에 기반을 둔 구체적인 교수법으로는 ① 역할학습(role learning), ② 프로젝트학습(project learning), ③ 사례기반학습(case-based learning), ④ 우연적 학습(incidental learning), ⑤ 탐색/대화를 활용한 학습(learning by exploring/conversing), ⑥ 성찰학습(learning by reflection), ⑦ 시뮬레이션기반학습(simulation-based learning) 등을 들 수 있다.

3) 발견학습에 관한 견해와 발견학습을 촉진하는 조건

발견학습에 관한 Bruner(1960)의 견해는 다음과 같다.

첫째, 교육과정은 기본원리를 발견하기 쉽도록 조직해야 한다. 교육과정을 기본원리를 발견하기 어렵게 조직하면 발견 자체가 어려우므로 발견학습이 효과를 거두기 어렵다.

둘째, 제대로 가르치면 어떤 교과라도 나이와 관계없이 가르칠 수 있다. 교과를 효과적으로 가르치려면 지식의 표현양식을 고려해야 한다. 지식의 표현양식은 작동적 표현(enactive representation, 지식을 직접적인 동작으로 나타내는 방식), 영상적 표현(iconic representation, 지식을 구체적인 정신적 이미지로 나타내는 방식), 상징적 표현(symbolic representation, 지식을 임의적인 상징, 언어, 개념으로 나타내는 방식)의 순서로 발달한다. 이론적으로 모든 지식은 세 가지 방식으로 표현하고 가르칠 수 있다. 즉, 특정 학습내용은 시범을 통해 가르칠 수도 있고(작동적 표현), 그림이나 도표를 통해 가르칠 수도 있으며(영상적 표현), 언어나 상징을 이용해 가르칠 수도 있다(상징적 표현). 지식의 표현양식은 학습내용을 발달수준에 맞추어 가르쳐야 함을 시사한다.

셋째, 교육과정은 나선형으로 조직해야 한다. **나선형 교육과정**(spiral curriculum)은 학생들의 흥미와 선행지식을 고려해서 특정 주제를 추상성과 일반성이 다양한 수준에서 반복 제시하는 교육과정 조직방식이다. 구체적으로 나선형 교육과정은, 먼저 원리를 중심으로 교과를 조직하되, 단순한 원리에서 복잡한 원리의 순서로 계열화하고, 지식구성에 도움을 주기 위해 같은 주제를 반복적으로 조직한다. 나선형 교육과정은 발견학습의 취지에 이상적으로 부합하는 교육과정 조직방식이다.

넷째, 직관적 사고를 강조해야 한다. 대부분의 발견은 직관에서 출발한다. 논리적 사고를 지나치게 강조하고 직관과 근거 있는 추측(educated guess)을 금지하면 발견이 위축된다.

다섯째, 시청각 기자재, 모델, 멀티미디어 등 다양한 기자재를 활용하여 직접경험이나 대리경험을 제공하여 발견을 촉진해야 한다.

한편, 발견학습을 촉진하는 조건은 다음과 같다(Bruner, 1961).

첫째, 학생들이 발견지향적인 태세를 갖고 있어야 한다. 태세(set)는 특정 방식으로 반응하려는 선행경향성을 가리키므로 발견지향적인 태세는 정보 간의 관계를 파악하려는 경향성을 뜻한다. 학습내용을 단순히 기억하려는 피상적인 태세는 발견을 위축시킨다.

둘째, 학생들의 요구상태가 적절해야 한다. 요구상태(need state)는 각성 혹은 민감성 수준을 뜻하는데, 발견에는 극단적으로 높거나 낮은 수준의 각성 혹은 민감성보다 중간 수준의 각성 혹은 민감성이 유리하다.

셋째, 학생들은 구체적 내용을 통달해야 한다. 발견확률은 구체적인 정보가 많을수록(즉, 선행지식이 풍부할수록) 높아진다. 발견은 무에서 유를 창조하는 기적이 아니다. 구체적인 지식과 정보가 없으면 발견은 사실상 불가능하다.

넷째, 다양한 상황에서 훈련해야 한다. 다양한 상황에서 훈련할수록 발견의 개연성이 높다. 따라서 동일 주제를 여러 상황에서 가르치는 것이 좋다.

2. 유의미수용학습

Ausubel(1963, 1968)의 유의미수용학습이론은 설명식 교수법의 가치를 정당화하는 이론이다. 설명식 교수법(expository teaching)은 교사가 학습내용을 체계적으로 전달하는 교수법이고, 일반적인 원리와 법칙을 먼저 제시하고 구체적 사실을 뒤에 제시하는 연역적 교수법이다. 설명식 교수법은 효과 및 효율성이 높아 교육현장에서 널리 활용되고 있다. Ausubel은 발견학습에 관해 부정적인 견해를 갖고 있는데 그에 따르면 발견학습은 효율성이 낮을 뿐만 아니라 학자들이 발견한 것을 학습자들이 구태여 다시 발견할 필요가 없다는 점에서 교육상황에서 대부분 적합하지 않다. 이 절에서는 유의미수용학습의 의미, 조건, 과정을 소개한다.

1) 유의미수용학습의 의미와 조건

유의미수용학습(meaningful reception learning)이란 학습내용을 선행지식(인지구조)에 체계적으로 관련짓는 학습을 말한다. 따라서 유의미수용학습은 지식을 스스로 획득하는 발견학습이나 학습내용을 맹목적으로 암기하는 기계적 학습(rote learning)과 대비된다.

유의미수용학습을 하려면 다음의 세 가지 조건이 모두 충족되어야 한다.

① 인지구조가 존재해야 한다.
② 학습내용이 유의미해야 한다.
③ 유의미학습태세를 갖고 있어야 한다.

첫째, 학습내용(학습과제)과 관련된 인지구조가 있어야 한다. **인지구조**(cognitive structure)는 학습내용과 관련된 체계적인 지식구조 혹은 기억구조를 말한다. Ausubel이 인지구조를 중시하는 이유는 인지구조가 학습내용을 수용(포섭)한다고 보기 때문이다. 이러한 점에서 인지구조를 포섭자(包攝者: subsumer)라고 한다. 특히 학습내용을 포섭하여 정착시키는 기능을 하는 인지구조를 관련정착관념(relevant anchoring idea)이라고 하는데, 학습자는 관련정착관념을 활용하여 잠재적 유의미성을 갖는 학습내용에 의미를 부여한다. 유의미수용학습이론에 따르면 학습내용을 통합할 수 있는 근거지가 되는 인지구조가 없으면 유의미학습을 할 수 없다. 인지구조는 위계적으로 조직되어 있으므로 상위개념은 하위개념을 쉽게 흡수한다.

둘째, 학습내용이 유의미해야 한다. 즉, 학습내용은 조직적이고, 가독성이 있으며, 적절해야 한다. 학습내용이 아무 의미가 없으면 관련된 인지구조가 존재할 수 없으므로 학습내용을 선행지식에 통합하는 유의미학습을 할 수 없고, 따라서 기계적 학습을 할 수밖에 없다. 학습내용은 조직적으로 제시하여 학습내용과 인지구조의 관계를 쉽게 이해하도록 해야 한다.

셋째, 유의미학습태세를 갖고 있어야 한다. **유의미학습태세**(meaningful learning sets)는 학습내용을 의미 있게 학습하려는 의욕을 말한다. 인지구조가 존재하고 학습내용이 유의미해도 유의미학습태세가 없으면 유의미수용학습이 되지 않는다.

유의미수용학습을 하려면 위의 세 조건이 모두 충족되어야 한다. 반면, ① 인지구조가 없거나, ② 학습내용이 유의미하지 않거나, ③ 유의미하게 학습하려는 의욕이 부족하면 기계적 학습을 하게 되는데, 기계적 학습을 하면 학습내용이 인지구조에 관련되지 않고 저장되므로 쉽게 망각된다.

2) 유의미수용학습의 유형

유의미수용학습의 유형은 학습내용과 인지구조의 수준에 따라 종속포섭, 상위포섭, 병렬포섭으로 나뉜다.

① **종속포섭**(subordinate subsumption): 인지구조가 학습내용보다 상위수준일 때 일어나는 포섭, 즉 일반적이고 포괄적인 인지구조가 구체적인 학습내용을 포섭하는 학습을 가리킨다. 종속포섭은 파생포섭과 상관포섭으로 나뉜다. 파생포섭(derivative subsumption)은 인지구조의 새로운 사례를 학습하는 포섭이다. 삼각형 내각의 합이 180도라는 것을 아는 학생이 이등변삼각형 내각의 합이 180도라는 것을 학습하는 것이 파생포섭이다. 상관포섭(correlative subsumption)은 학습내용을 포섭하여 인지구조를 수정, 확장, 정교화하는 포섭이다. 빈도가 높은 활동을 강화물로 활용할 수 있다는 Premack 원리를 학습한 후 강화물의 개념을 확장하는 학습, 채소는 잎을 먹을 수 있는 식물이라는 지식이 있는 학생이 오이가 채소에 속한다는 것을 학습한 후 채소는 잎과 열매를 먹을 수 있는 식물이라는 것을 알게 되는 것은 상관포섭이다.

② **상위포섭**(superordinate subsumption): 학습내용이 인지구조보다 상위수준일 경우 일어나는 학습이다. 어류, 양서류, 파충류, 조류, 포유류를 알고 있는 학생이 동물의 특징을 학습하는 것은 상위포섭이다. 상위포섭을 통한 학습은 귀납적 추론과정이다.

③ **병렬포섭**(combinational subsumption): 학습내용과 인지구조의 수준이 같을 때 일어나는 학습이다. 즉, 병렬포섭은 학습내용과 인지구조의 위계관계가 없을 때(즉, 상위수준도 아니고 하위수준도 아닌 경우) 일어나는 학습이다. 행동주의를 알고 있는 학생이 인지심리학을 학습하거나 열의 흐름을 아는 학생이 금속의 전기전도를 학습하는 것이 병렬포섭이다.

3) 선행조직자

앞서 살펴본 것처럼 학습내용과 관련된 인지구조가 없으면 유의미수용학습을 할 수 없으므로 인지구조가 없으면 학습내용을 포섭할 수 있는 인지적 근거지를 마련해야 한다. 선행지식을 활성화하여 학습내용과 관련된 인지적 근거지를 마련하기 위한 수업전략인 선행조직자에 대해 살펴본다.

(1) 선행조직자의 의미

선행조직자(advance organizer)는 학습내용을 포섭하는 인지적 근거지로 사용하도록 수업 전에 제시하는 포괄성과 일반성이 높은 개념 혹은 아이디어를 말한다. '선행'이란 수업 전에 제시한다는 것을, '조직자'란 학습내용을 정착(포섭)할 수 있는 인지구조(즉, 근거지)라는 것을 뜻한다.

선행조직자의 특징은 다음과 같다.

- 학습(수업) 전에 제시된다.
- 학습내용보다 일반성, 포괄성, 추상성 수준이 더 높다.
- 짧은 언어정보나 시각정보로 구성된다.
- 구체적인 학습내용을 포함하지 않는다.

선행조직자는 학습내용보다 일반성, 포괄성, 추상성 수준이 더 높다는 점에서 학습내용과 수준이 같은 요약이나 개괄과 다르다. 선행조직자는 학습내용을 포섭할 수 있는 인지구조가 없거나 인지구조가 있어도 인식하지 못할 때 유용하다. 선행조직자의 구체적인 기능은 다음과 같다.

- 선행지식(즉, 포섭자)을 활성화하여 학습내용을 선행지식에 연결하는 교량 역할을 한다. 그 결과 부호화를 촉진한다.
- 새로운 학습내용과 기존 학습내용을 변별한다.
- 중요한 학습내용에 주의를 집중시킨다.
- 선행지식과 학습내용의 관련성을 명료화한다.
- 학습내용을 논리적으로 관련짓도록 해 준다.

(2) 선행조직자의 종류

선행조직자는 설명조직자와 비교조직자로 나뉜다.

설명조직자(expository organizer)는 학습내용보다 일반성 및 포괄성이 높은 기본개념 혹은 아이디어를 말한다. 설명조직자는 학습내용을 포섭하는 인지적 근거(정착지)를 제공한다. 학습내용이 옷이라면 설명조직자는 옷걸이라고 할 수 있다. 설명조직자는 선행지식이 전혀 없거나 학습내용과 인지구조의 유사성이 전혀 없을 때 사용된다. 국가경제에 관해 학습하기 전에 제시하는 경제학의 기본개념이나 금(gold)에 관한 학습 전에 제시하는 금속의 일반적인 성질을 기술한 문장이 설명조직자의 사례라고 할 수 있다.

비교조직자(comparative organizer)는 학습내용과 이미 학습한 내용이 유사할 경우 혼동을 방지하고 학습내용을 변별하도록 하는 조직자를 말한다. 비교조직자는 학습내용이 친숙할 때 기존 학습내용과의 유사성이나 차이점을 인식시켜 변별력을 높이기 위한 목적으로 사용된다. 비교조직자는 학습내용과 관련된 선행지식을 활성화한다(즉, 작업기억으로 인출한다). 학습내용과 기존 학습내용을 비교한 도입문장은 비교조직자의 사례가 된다.

지난 시간에는 제1차 세계대전을 유발한 원인(경제적 요인, 정치적 요인, 영토분쟁 등)과 전쟁 전 발생한 중요 사건들을 학습했습니다. 이 장에서는 제2차 세계대전을 유발한 원인과 전쟁 전에 발생한 사건들을 학습합니다. 제2차 세계대전을 유발한 원인과 전쟁 전 발생한 사건은 제1차 세계대전과 상당히 유사합니다.

[그림 8-1] 제2차 세계대전 유발 원인에 대한 선행조직자
(West, Farmer, & Wolff, 1991)

	행정부	입법부	사법부
기능 기술			
미국			
영국			

[그림 8-2] 정부 조직에 대한 비교조직자
(Driscoll, 2000, p. 145)

(3) 선행조직자의 형식

선행조직자에는 핵심문장, 중심개념, 은유, 영화, 도표/지도와 같은 시각자료, 개념도 등이 사용된다. 선행조직자의 형식은 다음과 같다.

① 내러티브 조직자(narrative organizer): 학습내용을 이야기 형식으로 제시하는 조직자
② 훑어보기(skimming): 캡션이나 제목에 집중하도록 하는 조직자. 정독하기 전에 자료에 친숙하게 한다.
③ 그래픽: 학습내용을 시각적으로 구조화한 조직자(사진, 패턴, 개념도 등)
④ KWL: 도표 종이를 세 부분으로 나눈 다음 ① 첫 부분에는 알고 있는 내용(what they think they know), ② 두 번째 부분에는 알고 싶은 내용(what they want to know), ③ 세 번째 부분에는 수업 후 학습한 내용(what they learned)을 각각 적도록 하는 조직자
⑤ 유추(analogies): 비슷한 두 대상을 비교하는 유추는 새로운 주제와 친숙한 주제의 관련성을 파악하는 데 도움을 준다.

행동주의: black box 메타포
자극 → ■ → 반응
정보처리이론: 컴퓨터 메타포
투입: 감각자극 → 인지과정 → 산출: 학습된 능력
대부분의 학습자에게 블랙박스 메타포와 컴퓨터 작동과정은 친숙하다. 이러한 메타포는 행동주의와 정보처리이론의 주요 개념을 도입하는 데 활용할 수 있다.

[그림 8-3] 학습이론에 관한 그래픽 조직자
(Driscoll, 2000, p. 143)

(4) 선행조직자의 개발 및 활용

수업장면에서 선행조직자를 개발하고 활용하는 절차는 다음과 같다.

① 학습내용과 관련된 선수지식이 무엇인지 확인한다.

② 학생들이 선수지식을 갖고 있는지 확인한다.

③ 선수지식이 없거나 미흡하다고 판단되면 다시 가르친다. 선수지식이 없거나 미흡하면 선행조직자가 효과를 발휘할 수 없다.

④ 학습내용의 일반원리 혹은 아이디어를 요약하여 선행조직자를 작성한다.

⑤ 선행조직자를 수업 전에 제시한다.

4) 유의미수용학습의 절차

유의미수용학습의 절차는 ① 선행조직자 제시, ② 학습내용 제시, ③ 인지적 조직의 강화 순서로 진행된다.

〈표 8-2〉 유의미수용학습의 절차

단계	개요	활동
단계 1	선행조직자 제시	수업목표 명세화 선행조직자 제시 결정적 속성 확인 사례 제시 맥락 제공 반복 관련 지식 및 경험 인식 자극
단계 2	학습내용 제시	학습내용 제시 주의 유지 구조화 학습내용의 논리적 계열화
단계 3	인지적 조직의 강화	통합적 조정 원리 활용 능동적 수용학습 조장 교과에 대한 비판적 접근 유도 명료화

유의미수용학습이론은 학습내용을 인지구조에 효과적으로 정착시키기 위한 원리로 점진적 분화 원리와 통합적 조정 원리를 제시하고 있다. 점진적 분화의 원리(principle of progressive differentiation)는 설명조직자를 활용하여 일반적이고 포괄적인 학습내용을 먼저 제시하고 포괄성이 낮고 구체적인 학습내용을 뒤에 제시하는 원리를 가리킨다. 통합적 조정의 원리(principle of integrative reconciliation)는 비교조직자를 활용하여 선행학습내용과 후속학습내용의 유사점과 차이점을 인식시켜 불일치점을 미리 조정하도록 제시하는 방법이다.

3. Gagné의 교수이론

Gagné의 교수이론은 인지심리학에 기반을 둔 대표적인 교수이론으로 핵심은 학습성과를 확인한 다음 학습성과를 달성하기 위한 학습조건 및 수업사상을 체계적으로 조직하는 데 있다. 학습성과, 학습조건, 수업사상을 간단히 소개한다.

1) 학습성과

학습성과(learning outcome)는 교수학습으로 달성하려는 수업목표를 말한다. 학습성과는 언어정보, 지적기능, 인지전략, 태도, 운동기능으로 구분된다.

① **언어정보**(verbal information): 사물의 명칭, 사건, 사실, 개념, 원리 등에 관한 지식
② **지적 기능**(intellectual skill): 상징적 관계(절차)를 구체적인 사례에 적용할 수 있는 능력
  • **변별**(discrimination): 대상 혹은 대상들의 속성을 구분하는 능력
  • **구체적 개념**(concrete concept): 공통속성을 가진 범주의 사례를 확인하는 능력
  • **정의된 개념**(defined concept): 정의에 비추어 사례를 분류하는 능력
  • **법칙**(rule): 범주 간의 규칙적 관계를 적용하는 능력
  • **고차적 법칙**(higher-order rule): 여러 법칙을 결합해서 문제를 해결하기 위한 새로

운 법칙을 도출하는 능력

③ **인지전략**(cognitive strategy): 학습, 사고, 기억, 행동을 관리하는 방법(예: 주의집중방법, 효과적인 기억전략 등)

④ **태도**(attitude): 대상, 사람, 사상에 대한 행동 선택에 영향을 주는 선행경향성, 즉 대상, 사람, 사상에 대한 접근 혹은 회피 경향성

⑤ **운동기능**(motor skill): 근육운동을 유연하고 정확하게 실행하는 능력

〈표 8-3〉 **학습성과의 정의 및 예시**

학습성과	정의	예시
언어정보	사실, 개념, 원리, 절차 등을 기억하기	• Gagné의 다섯 가지 학습성과를 기술한다. • 광역자치단체의 명칭을 진술한다. • 암의 일곱 가지 증상을 열거한다.
지적 기능	상징적 관계를 구체적 사례(절차)에 적용하기	–
변별	사물, 특징, 상징을 구분하기	• 피카소의 화법과 비슷한 화법을 사용한 작품을 구분한다. • 자동차 종류를 연료를 기준으로 구분한다.
구체적 개념	대상, 사건, 특징의 범주를 확인하기	• 잎의 특징을 기준으로 식물을 분류한다. • 영어 단어 'below'의 공간관계를 확인한다.
정의된 개념	새로운 사례, 사건, 아이디어를 개념에 비추어 분류하기	• 논문에서 인과관계의 사례를 확인한다. • 우리나라 도시를 시, 광역시, 특별시로 분류한다.
법칙	범주 간의 규칙적 관계를 적용하기	• 공식을 이용하여 평균 및 표준편차를 계산한다. • 물이 100℃에서 상태가 변화된다는 것을 입증한다.
고차적 법칙	여러 법칙을 결합하여 복잡한 문제를 해결하기	• 코로나19 상황에서 대면수업 방안을 결정하기 위한 절차를 개발한다. • 지역 및 계절을 고려하여 강우량을 예측하는 법칙을 만든다.
인지전략	학습, 사고, 행위, 정서를 관리하기	• 기억전략을 활용하여 다섯 가지 학습성과를 외운다. • 학습 도중 이해 여부를 점검한다.

태도	내적 상태에 근거하여 행동을 선택하기	• 쓰레기 분리수거를 한다. • 코로나19를 예방하기 위한 행동을 한다.
운동기능	근육활동을 포함한 행위를 하기	• 테니스 서브를 넣는다. • 현미경으로 세포를 관찰한다.

학습성과를 분류하는 것은 최적의 학습조건을 확인하는 데 목적이 있다. 최적의 학습조건은 학습성과에 따라 다르다. 가령, 언어정보 학습에는 연습이 중요하고, 운동기능 학습에는 모델의 시범 및 피드백이 필요하며, 태도 학습에는 역할학습이나 시뮬레이션이 필요하다.

학습성과를 교육목표분류학과 비교하면 언어정보는 인지적 영역의 지식에 대응되고, 지적 기능은 인지적 영역의 나머지 5개 하위범주(이해, 적용, 분석, 종합, 평가)에 대응된다. 태도는 정의적 영역에 대응되고, 운동기능은 심동적 영역에 대응된다. 그런데 교육목표분류학은 학습성과를 평가하는 데 주안을 두고, Gagné의 분류체계는 수업의 조건과 환경을 설계하는 데 주안을 둔다는 차이가 있다.

〈표 8-4〉 인지적 영역의 교육목표분류

하위영역	설명	일반목표 예시
지식 (knowledge)	학습한 내용(사실, 개념, 원리, 방법, 유형, 구조, 이론 등)에 대한 기억(회상 및 재인)	• 용어를 정의하기 • 방법과 절차를 기술하기 • 원리를 기술하기
이해 (comprehension)	학습한 내용의 의미를 파악하는 능력으로 자료가 다소 치환되어도 의미를 파악하고 해석하고 추론하는 능력	• 사실과 원리를 이해하기 • 그래프를 해석하기 • 언어적 자료를 공식으로 표현하기
적용 (application)	학습한 내용(개념, 규칙, 원리, 이론, 기술, 방법 등)을 새로운 장면에서 활용하는 능력	• 문법에 맞는 문장을 작성하기 • 중력의 법칙으로 문제를 해결하기 • 수학공식을 활용하여 문제를 풀기
분석 (analysis)	조직, 구조 및 구성요소의 상호관계를 이해하기 위하여 자료의 구성 및 내용을 분석하는 능력	• 사실과 추론을 구분하기 • 작품의 조직적 구조를 분석하기 • 원인과 결과를 확인하기

종합 (synthesis)	새롭고 독창적인 형태, 원리, 관계, 구조 등을 만들어 내기 위하여 자료의 내용 및 요소를 정리하고 조직하는 능력	• 조직적인 논설문을 작성하기 • 독창적인 소설이나 시를 쓰기 • 가설을 설정하기
평가 (evaluation)	특정한 목적과 의도를 근거로 아이디어, 작품, 해결책, 방법, 자료 등의 가치를 판단하는 능력	• 자료의 논리적 일관성을 판단하기 • 내적 준거에 따라 작품의 가치를 판단하기 • 외적 준거에 따라 작품의 가치를 판단하기

2) 학습조건

학습성과(즉, 수업목표)를 결정한 다음에는 수업을 계획해야 한다. 수업을 계획할 때는 학습성과를 달성할 수 있는 최적 학습조건을 구체화해야 한다.

학습조건(conditions of learning)은 내적 조건과 외적 조건으로 나뉜다. 내적 조건(internal conditions)은 학습성과를 달성하는 데 필요한 학습자의 내적 상태로 ① 학습성과를 성취하기 위한 내적 과정(선수기능과 태도)과 ② 학습에 포함된 인지과정을 말한다. 외적 조건(external conditions)은 학습자의 인지과정을 지원하는 환경조건을 가리킨다. 학습성과 달성은 내적 조건과 외적 조건의 상호작용에 따라 결정된다. 구체적인 학습조건은 학습성과에 따라 다르다는 점에 유의해야 한다.

〈표 8-5〉 학습성과 달성에 영향을 주는 외적 학습조건

학습성과	학습조건
언어정보	• 글씨나 음성을 다양화하여 중요한 정보에 주의를 집중하도록 한다. • 정보를 쉽게 조직할 수 있도록 제시한다. • 유의미한 맥락을 제시하여 정보를 효과적으로 부호화하도록 한다. • 정보의 회상 및 전이를 촉진하는 단서를 제공한다.
지적 기능	• 중요한 특징에 주의를 환기한다. • 작업기억의 한계를 고려한다. • 이미 학습한 하위기능을 회상하도록 한다. • 하위기능들을 결합하도록 언어적 단서를 준다. • 연습과 분산복습 기회를 계획한다. • 전이를 촉진하기 위해 다양한 맥락을 활용한다.

인지전략	• 전략을 기술하고, 시범을 보인다.
	• 전략을 활용하는 다양한 연습기회를 제공한다.
	• 전략이나 성과의 창의성과 독창성에 관한 정보적 피드백을 준다.
태도	• 바람직한 태도에 관한 성공기대를 형성한다.
	• 존경하는 모델을 확인하도록 한다.
	• 개인적으로 행위를 하거나 시범을 보이도록 한다.
	• 성공적 수행에 피드백을 주거나 모델의 피드백을 관찰하도록 한다.
운동기능	• 하위동작 실행을 위한 언어적/비언어적 단서를 제공한다.
	• 반복연습을 하도록 한다.
	• 동작의 정확성 여부에 관해 즉시 피드백을 준다.
	• 정신적 연습(mental practice)을 격려한다.

자료: Gagné & Driscoll (1988).

3) 수업사상

수업사상(instructional events, 수업사태)은 학습성과 달성을 촉진하는 교사행동이나 교육활동을 가리킨다. 정보처리 모형을 토대로 Gagné와 Briggs(1979)가 제안한 수업사상은 수업을 계획·전개하는 단계로 널리 활용되고 있다. 수업사상은 직접 학습을 산출하지 않고 학습에 필요한 인지과정을 지원하는 역할을 한다. 구체적인 수업사상은 다음과 같다.

① **주의 획득**(gaining attention): 수업에 주의를 집중할수록 수업 효과가 높아지므로 교사는 다양한 활동이나 자극을 활용해서 학생들이 수업에 주의를 집중하도록 해야 한다. 과학수업을 시작할 때 마그네슘 조각에 불을 붙여 놀라게 하거나 교통안전수업을 시작하면서 교통사고 장면을 보여 주는 것은 학생의 주의를 끄는 방안이다.

② **수업목표 전달**(informing objectives): 학생들이 수업목표를 정확하게 인식할수록 학습이 촉진되므로 수업목표를 전달해야 한다.

③ **선수기능 회상 자극**(stimulating recall of prerequisite skills): 학습은 선행학습과 관련될 때 효과적으로 이루어지므로 수업목표 달성에 필요한 선수기능과 지식을 회상하도록 한다. 가령, '분수의 덧셈'을 학습하려면 분수의 개념, 정수의 덧셈 및 곱셈, 정수

의 나눗셈과 같은 선수기능을 회상하도록 해야 한다.

④ **학습자료 제시**(presenting the learning material): 수업목표에 관련된 자료 및 내용을 제시한다. 역사적 사건들의 순서를 가르칠 때는 역사적 사건들을 순서대로 제시하고, 영어질문에 대한 응답요령을 가르칠 때는 영어로 질문한다. 학습자료를 제시할 때는 중요한 내용을 이탤릭체, 진한 글씨, 밑줄 등으로 강조하여 주의집중을 유도하고, 도표나 그림을 이용하여 체계적으로 제시하는 것이 좋다.

⑤ **학습 안내**(providing learning guidance): 학습내용을 의미 있게 학습하도록 질문하거나 힌트를 제시한다. 질문하거나 힌트를 줄 때는 학습성과의 성질을 고려해야 한다. 생소한 용어를 학습할 경우, 직접 질문하거나 힌트를 주지 않고 간접적으로 제시하여 해답을 발견하도록 유도하는 것이 바람직할 수도 있다.

⑥ **수행 유도**(eliciting the performance): 학습한 지식이나 기능을 직접 실행하도록 요구한다. 언어정보의 경우 말해 보라고 하고, 원리의 경우 새로운 상황에 적용하도록 한다.

⑦ **피드백 제공**(providing feedback): 피드백은 학습을 촉진하는 기능을 하므로 정반응을 하면 보상을 주고, 오반응을 하면 즉시 교정해야 한다. 교사 행동(미소, 말, 고개 끄덕이기 등)이나 연습문제 해답이 피드백을 제공하는 수단으로 사용된다.

⑧ **수행 평가**(assessing performance): 수업목표 달성 여부를 확인한다. 수업목표 달성 여부는 학습성과에 적합한 방법으로 확인해야 한다. 언어정보는 말이나 글로 진술하도록 하여 수업목표 달성 여부를 평가하고, 원리는 새로운 상황에 적용하도록 하여 수업목표 달성 여부를 평가할 수 있다.

⑨ **파지 및 전이 증진**(enhancing retention and transfer): 학습한 지식 및 기능을 장기간 파지하도록 충분한 연습과 훈련 기회를 주어야 한다. 또 일반화(즉, 전이)를 촉진하기 위해 학습내용을 다양하고 새로운 상황에 적용할 수 있는 기회를 부여한다.

앞의 수업사상은 크게 ① 학습준비 국면의 수업사상(주의 획득, 수업목표 전달, 선수학습 회상 자극), ② 획득 및 수행 국면의 수업사상(학습자료 제시, 학습 안내, 수행 유도, 피드백 제공), ③ 전이 국면의 수업사상(수행 평가, 파지 및 전이 증진)으로 분류할 수 있다.

수업사상은 학습성과별로 학습을 촉진하는 정보, 활동, 상호작용을 포함한다. 수업사상은 학생 특성과 학습유형에 따라 달라질 수 있으므로 특정 수업이 아홉 가지 수업사상을 모두 포함하지 않아도 된다. 당연히 수업의 특성에 따라 몇 단계를 생략할 수도 있고, 수업사상의 순서를 바꾸어도 된다.

〈표 8-6〉 수업사상

내적 인지과정	수업사상	행위
수용	1. 주의 획득	신기한 자극이나 활동을 활용한다.
기대	2. 수업목표 전달	수업 후 할 수 있어야 하는 것을 말해 준다.
인출	3. 선수기능 회상 자극	선수 지식/기능을 회상하도록 한다.
선택적 지각	4. 학습자료 제시	학습자료를 제시한다.
의미적 부호화	5. 학습 안내	학습내용을 유의미하게 조직하도록 한다.
반응	6. 수행 유도	학습내용을 수행하도록 요구한다.
강화	7. 피드백 제공	정보적 피드백을 제공한다.
인출 및 강화	8. 수행 평가	또 다른 수행을 요구하고 피드백을 준다.
인출 및 일반화	9. 파지 및 전이 증진	다양한 연습과 복습을 하도록 한다.

자료: Gagné & Briggs (1979).

〈표 8-7〉 학습성과별 적합한 수업사상

수업사상	학습성과				
	언어정보	지적 기능	인지전략	태도	운동기능
1. 주의 획득	질문하고 답하게 한다.	자극을 변화시키고, 감각양식을 다양화한다.			기대하는 수행을 시범 보인다.
2. 수업목표 전달	조직화된 정보의 맥락을 회상한다.	기대하는 수행을 예시한다.	기대하는 해결책의 일반적 성격을 명료화한다.	의도하는 행위를 하는 모델을 제시한다.	기대하는 수행을 시범 보인다.
3. 선수기능 회상 자극	하위 기능 및 병렬을 회상한다.	하위 기능을 회상하도록 한다.	과제전략과 관련된 지적 기능을 회상하도록 한다.	관련 정보, 기능, 모델을 회상하도록 한다.	하위 루틴과 요소기능을 회상하도록 한다.
4. 학습자료 제시	정보를 명제형식으로 제시한다.	개념 혹은 병렬의 사례를 제시한다.	새로운 문제를 제시한다.	행위를 시범 보이는 모델을 제시한다.	수행을 위한 외적 자극(도구 포함)을 제시한다.
5. 학습 안내	의미적 맥락에서 언어적 연계를 제공한다.	개념을 제대로 결합하기 위한 언어단서를 제공한다.	새로운 해결책을 위한 단서와 힌트를 준다.	모델의 행위선택과 모델이 받는 강화를 관찰하도록 한다.	피드백을 주면서 연습하도록 한다.
6. 수행 유도	정보를 의역하거나 자신의 말로 표현하도록 한다.	개념 혹은 병렬을 새로운 사례에 적용하도록 한다.	문제해결을 요구한다.	실제 상황이나 모의 상황에서 행위를 선택하도록 한다.	수행하도록 요구한다.
7. 피드백 제공	정보 진술의 정확성을 확인한다.	개념 혹은 병칙 적용의 정확성을 확인한다.	문제해결의 독창성을 확인한다.	행위를 선택하면 직접 혹은 대리 강화를 준다.	수행의 정확한 시점에 관한 피드백을 준다.
8. 수행 평가	정보를 의역해서 다시 진술한다.	개념 혹은 병칙을 적용하는 시범을 보인다.	새로운 해결책을 점검한다.	실제 상황 혹은 모의 상황에서 행위를 선택한다.	전체 기능을 시범 보인다.
9. 파지 및 전이 증진	부가적인 복잡한 정보에 대한 언어적 연계를 제공한다.	다양한 사례에서 분산복습을 하도록 한다.	다양한 상황에서 새로운 문제해결 기회를 제공한다.	개인적으로 선택할 수 있는 다양한 상황을 제시한다.	기능을 반복 연습한다.

자료: Gagné & Briggs (1979).

요약

1. 발견학습은 학습자 스스로 지식을 획득하도록 하는 교수법이다. 발견학습은 고차적 사고기능과 독자적 문제해결능력을 기르는 것을 목표로 하며 ① 교사 개입을 최소화하고, ② 학습자가 학습을 주도하며, ③ 구체적 사례를 탐구한 결과에 근거하여 원리와 법칙을 도출하도록 하는 귀납적 교수법이며, ④ 문제해결의 결과보다 과정을 더 중시한다.

2. 발견학습의 형태는 문제해결의 수준과 교사의 개입 정도를 기준으로 ① 안내형 발견, ② 수정형 발견, ③ 개방형 발견으로 나뉜다.

3. 발견학습을 옹호하는 Bruner에 따르면 ① 기본원리를 발견하기 쉽도록 교육과정을 구성하고, ② 지식의 표현양식(작동적 표현, 영상적 표현, 상징적 표현)을 고려해야 하며, ③ 교육과정을 나선형으로 조직하고, ④ 직관적 사고를 중시하며, ⑤ 다양한 기자재와 매체를 활용해야 한다. 또 발견학습을 촉진하려면 학생들이 ① 발견지향적 태세를 갖고, ② 요구상태가 적절해야 하며, ③ 구체적 내용을 통달해야 하고, ④ 다양한 상황에서 훈련해야 한다.

4. 유의미수용학습은 학습내용을 선행지식(인지구조)에 체계적으로 관련짓는 학습을 가리킨다. 유의미수용학습을 하자면 ① 인지구조가 존재해야 하고, ② 학습내용이 유의미해야 하며, ③ 유의미학습태세를 갖고 있어야 한다. 세 가지 조건 중 하나라도 충족되지 않으면 기계적 학습을 하게 된다.

5. 유의미수용학습의 과정은 학습내용과 인지구조의 관계에 따라 ① 종속포섭(포괄성이 높은 인지구조가 포괄성이 낮은 학습내용을 포섭하는 학습), ② 상위포섭(학습내용이 인지구조보다 상위수준일 때 일어나는 학습), ③ 병렬포섭(학습내용과 인지구조의 수준이 같을 때 일어나는 학습)으로 구분된다.

6. 선행조직자는 학습내용을 포섭하는 인지적 근거지로 활용하도록 학습하기 전에 제시하는 포괄성과 일반성이 높은 아이디어나 개념을 말한다. 선행조직자는 설명조직자와 비교조직자로 나뉜다. 설명조직자는 학습내용보다 포괄성과 일반성이 더 높은 기본개념과 아이디어로, 선행지식이 전혀 없거나 학습내용과 인지구조의 유사성이 없을 때 사용된다. 비교조직자는 학습내용과 기존 학습내용이 유사할 때 혼동을 방지하고 변별하도록 하는 조직자를 말한다.

7. Gagné의 교수이론은 학습성과를 확인한 다음 학습성과를 달성하기 위한 학습조건과 수업사상을 체계적으로 제시한다. 교수학습으로 달성하려는 수업목표에 해당되는 학습성과는 ① 언어정보, ② 지적 기능, ③ 인지전략, ④ 태도, ⑤ 운동기능으로 분류된다. 학습성과를 분류하는

것은 최적의 학습조건을 확인하는 데 목적이 있다.

8. 학습조건은 학습성과를 달성하는 필요한 내적 조건(학습성과를 달성하는 데 필요한 내적 과정)과 외적 조건(학습자의 인지과정을 지원하는 환경조건)으로 나뉜다.

9. 수업사상은 학습성과 달성을 촉진하는 교사행동이나 교육활동을 가리킨다. 수업사상은 구체적으로 ① 주의 획득, ② 수업목표 전달, ③ 선수기능 회상 자극, ④ 학습자료 제시, ⑤ 학습 안내, ⑥ 수행 유도, ⑦ 피드백 제공, ⑧ 수행 평가, ⑨ 파지 및 전이 증진으로 구성된다.

제9장
구성주의

학습 목표

- 인지적 구성주의와 사회적 구성주의를 비교한다.
- 구성주의의 지식 및 교육에 관한 견해를 설명한다.
- 구성주의와 객관주의의 견해를 비교한다.
- 구성주의 교육의 일반적 조건을 서술한다.
- 구성주의 교육의 적용형태를 설명한다.

구성주의(constructivism)는 학습자가 지식 및 이해를 구성한다고 전제하는 이론적 접근이다. 구성주의에 따르면 학습은 지식(개념, 법칙, 원리, 가설 등과 같은 정신적 표상)을 구성하는 과정이고, 지식은 인지활동(정보에 주의를 집중하고 정보를 조직하고 정보를 선행지식과 통합하는 인지활동)이나 사회적 상호작용을 통해 구성된다. 따라서 구성주의에 따르면 학생들은 선행지식, 경험, 정서, 신념, 기대에 근거하여 지식 및 이해를 스스로 구성하므로 교사가 학습내용을 체계적으로 전달하는 활동은 좋은 수업이라고 할 수 없다.

정보처리이론에 대한 비판과 기존 학교 교육에 대한 반성은 구성주의의 출현에 영향을 주었다. 사고가 개인의 정신 내부에 존재한다고 가정하는 정보처리이론은 사고가 개인과 상황의 상호작용 속에 존재하며 실제 상황의 경험을 통해 지식을 구성한다는 점을 간과했다. 기존 학교 교육은 학생들이 수동적으로 학습에 임하고 있고 학교에서 가르치는 지식 및 기능이 실제 상황에 제대로 적용되지 않는다는 비판을 받고 있다.

이 장에서는 구성주의의 관점과 구성주의의 지식 및 교육에 대한 견해를 살펴보고 객관주의와 구성주의를 비교한 다음 구성주의에 기반한 교수법을 소개한다.

1. 구성주의의 관점

구성주의는 하나의 관점이 아니라 다양한 관점을 포괄하고 있으므로 관점에 따라 지식에 관한 견해가 상당히 다르다. 이 절에서는 교육과 관련된 구성주의의 대표적 관점인 인지적 구성주의와 사회적 구성주의를 소개한다.

1) 인지적 구성주의

인지적 구성주의(cognitive constructivism)는 개인의 인지활동을 통해 지식을 구성한다는 관점이다. Piaget의 인지발달이론에 기반을 둔 인지적 구성주의에 따르면 지식은 선행지식을 변형, 조직, 재조직하는 인지활동을 통해 구성된다.

인지적 구성주의는 학습이 ① 정신 내부에서 일어나고, ② 인지평형이 파괴될 때 경험하는 인지갈등을 극복하는 과정에서 일어난다는 Piaget 이론에 동의하지만, 다음과 같은 차이가 있다(Gredler, 2005). 첫째, Piaget 이론은 외적 실재의 존재를 인정하고 외적 실재에 조절하는 과정을 통해 인지발달이 된다고 보지만, 인지적 구성주의는 외적 실재의 존재 자체를 인정하지 않는다. 둘째, Piaget 이론은 논리적 사고의 발달에 주안을 두지만, 인지적 구성주의는 교과지식의 발달에 주안을 둔다.

인지적 구성주의에 기반을 둔 교육은 인지갈등을 유발하는 사회적 상호작용과 경험에 기반을 둔 활동, 그리고 발견을 지향한 활동을 강조한다. 수학을 예로 들면 교사가 개념을 설명하는 것이 아니라 블록이나 막대기와 같은 구체적 대상을 조작하는 활동을 중시한다.

2) 사회적 구성주의

사회적 구성주의(social constructivism)는 사회적 상호작용을 통해 지식을 구성한다는 관점이다. 사회적 구성주의에 따르면 지식은 다른 사람과 상호작용하는 과정에서 경험하는 정신적 모순을 구성적으로 통합한 것이다. Vygotsky의 이론은 지식을 구성하는 과정에 사회문화의 영향을 강조하는 사회적 구성주의에 해당된다.

사회적 구성주의에 기반을 둔 교육은 사회적 상호작용을 중시하고 문제를 해결할 때 서로 의견을 교환하고 협력하도록 권장한다. 사회적 구성주의에 따르면 유의미학습은 문화적 도구(언어, 수학 등)를 활용하는 방법을 가르치고 문화적 도구를 실제 상황에서 활용할 기회를 줄 때 이루어진다.

인지적 구성주의와 사회적 구성주의의 기본견해와 교육적 함의를 비교하면 〈표 9-1〉과 같다.

〈표 9-1〉 인지적 구성주의와 사회적 구성주의의 학습 및 교수에 관한 견해

	기본견해	교육적 함의
인지적 구성주의	1. 새로운 아이디어를 동화하면 기존 도식과 조작이 수정된다. 기존 도식과 일치하지 않는 아이디어에 적응하기 위해 새로운 도식과 조작을 구성한다(조절). 2. 동화와 조절은 선천적인 과정으로, 또래 및 물리적 환경과의 상호작용의 영향을 받는다.	1. 교사는 기존 도식과 일치하지 않은 새로운 아이디어를 제시하여 인지불평형을 유발해야 한다. 2. 학생들은 더 정교한 도식을 구성하기 위해 개별 및 함께 노력한다. 3. 새로운 도식을 형성하여 개인적 의미를 구성하는 데 주안을 둔다.
사회적 구성주의	1. 학습은 기본적으로 더 유능한 사람들이 있을 때 일어나고 그 사람들의 영향을 받는다. 2. 다른 사람의 지도를 받아 획득한 지식과 기능은 선행지식에 통합되고 내면화되어 자율성과 독립성이 점차 높아진다.	1. 교사는 실제적이고 개방적인 과제를 활용하여 학생들이 지식을 구성하도록 조력한다. 2. 학생들은 교사의 지도를 받아 협동적으로 새로운 개념을 구성한다. 3. 공유된 의미를 구성하고 내면화하는 데 주안을 둔다.

자료: Snowman & Biehler (2000).

　그런데 학습은 개인의 인지활동과 사회적 활동을 모두 포함하므로 인지적 구성주의와 사회적 구성주의가 배타적인 관점은 아니다. 오케스트라 단원의 연주역량을 높이려면 단원 각자의 개별연습과 악단 전체의 조율이 모두 필요하고 축구선수의 기량을 높이려면 선수 개인의 연습과 팀의 전체적인 연습이 모두 필요한 것처럼, 지식을 구성하려면 학생 개인의 인지활동과 또래들 간의 사회적 상호작용이 모두 필요하다는 점에서 인지적 구성주의와 사회적 구성주의는 상호 보완적인 관계에 있다고 할 수 있다.

2. 구성주의의 지식 및 교육에 관한 견해

　앞서 살펴본 것처럼 구성주의와 객관주의의 학습 및 교육에 관한 견해는 크게 다르다. 구성주의의 지식 및 교육에 관한 견해는 다음과 같이 요약할 수 있다.

1) 지식에 관한 견해

구성주의의 지식에 관한 견해는 다음과 같다.

① **지식의 성질:** 지식은 개인이 구성한다. 구성주의는 객관적인 진리와 지식을 부정하고, 지식을 주관적이고 가변적이며 잠정적인 가설로 간주한다. 구성주의에 따르면 개인은 자신의 신념, 선행지식, 흥미, 경험을 기반으로 지식을 구성하며, 특정 시점의 지식은 인지적 한계를 반영한다.

② **지식의 구성기제:** 모든 구성주의 관점은 지식을 구성한다는 견해를 갖고 있지만, 관점에 따라 지식을 구성하는 심리적 기제에 관한 견해는 다르다. 인지적 구성주의에 따르면 개체는 조직 · 동화 · 조절과 같은 인지활동을 통해 지식을 구성하고, 사회적 구성주의에 따르면 사회적 상호작용을 통해 지식을 구성한다.

③ **사회적 협상:** 사회적 협상은 지식의 구성 및 변화에 큰 영향을 준다. 사회적 협상(social negotiation)은 다른 사람들의 견해를 존중하고 협력하는 과정을 일컫는다. 구성주의 교육은 다른 사람을 존중하고 서로 협력하면서 자신의 견해를 확립하고 옹호할 수 있는 능력을 기르는 것을 주요 목표로 하는데, 이러한 목표를 달성하려면 간주관적 태도(intersubjective attitude, 공통근거를 발견하고 해석을 교환하여 공유된 의미를 형성하려는 태도)를 가져야 한다. 간주관성(intersubjectivity)이란 견해가 다른 두 사람이 합의하는 과정을 말한다.

2) 교육에 관한 견해

구성주의의 교육에 관한 견해는 다음과 같다.

① **교육:** 교육은 지식을 전수(傳受)하는 활동이 아니라 지식 및 의미를 구성하도록 도와주는 활동이다. 지식 및 의미는 학습자가 구성하므로 아무리 유능한 교사라도 학습자에게 전수할 수 없다. 음악연주를 예로 들면 교사가 곡을 해설하거나 연주기법

은 가르칠 수 있으나 곡에 대한 해석 및 연주는 연주자의 성장배경, 작곡가 및 작곡 동기에 대한 선행지식, 악기 등 다양한 요인에 따라 달라지기 때문에 '연주의 모든 것'은 결코 가르칠 수 없다. 학습자에게 지식을 전수할 경우 지식의 일부는 불가피하게 상실된다.

② **교육목표**: 구성주의 교육의 목표는 학습자가 지식 및 의미를 구성하도록 도와주고 정보를 판단하고 조직하는 고차적 능력을 기르는 데 있다. 구체적으로 문제해결능력, 비판적 사고, 탐구능력, 자기결정능력, 중다관점 수용능력 등을 기르는 것을 교육목표로 한다.

③ **학습과제(문제)**: 구성주의 교육은 복잡하고 실제적이며 비구조화된 학습과제를 중시한다. 따라서 구성주의 교육의 학습과제는 단순하고 인위적이며 구조화된 과제를 활용하는 객관주의 교육의 학습과제와 근본적으로 다르다. 복잡한 과제는 여러 측면으로 구성된 과제를, 비구조화된 과제는 다양한 해결책이 존재하고 정답이 없을 수도 있는 과제를, 실제적 과제는 실생활과 긴밀하게 관련된 과제를 말한다. 구성주의 교육이 복잡하고 비구조화된 실제적인 학습과제를 중시하는 것은 세상에 단순하고 인위적인 과제가 거의 존재하지 않고, 지식을 구성하는 행위가 실제 상황과 긴밀한 관련이 있기 때문이다.

④ **중다관점**: 구성주의 교육은 실생활 문제가 복잡하고 다면적이라는 점을 고려하여 중다관점(multiple perspectives)을 중시한다. 구성주의 교육은 실생활 문제를 다각적인 관점에서 조망하도록 한다.

⑤ **협력학습(collaborative learning)**: 구성주의는 사회적 상호작용을 통해 지식을 구성한다고 보고 협력학습을 중시한다. 협력학습을 하면서 학습자들은 다양한 견해를 접하고, 아이디어를 공유하며, 이해를 전용하고(즉, 새로운 의미를 구성하며), 사고를 명료화하며, 사고를 논리적으로 전개하는 방법과 토론 및 협상의 기술을 학습한다.

⑥ **선행지식**: 지식은 선행지식을 기반으로 구성된다. 가령, 촛불에 가까울수록 뜨겁다는 선행지식을 활용하여 여름이 겨울보다 더운 것은 지구가 태양과 더 가깝기 때문이라는 지식을 구성할 수 있다. 따라서 수업할 때는 적절한 선행지식이 있는지 확인해야 하며, 선행지식이 부족할 경우 지식구성에 활용할 수 있도록 다양한 사례와

구체적 활동을 제시하는 것이 좋다.

⑦ **학습자**: 구성주의 교육은 능동적으로 지식 및 의미를 구성하도록 학습자에게 주도 권을 부여한다. 학습자는 지식 및 의미를 구성하는 주체로서 주인의식(ownership) 을 갖고 학습을 계획하고 관리하며 자기성찰을 한다. 자기성찰(self-reflection)은 일 상 경험이나 사건에 대해 질문하고 분석하고 대안을 탐색하는 습관을 일컫는다. 자 기성찰을 통해 학습자는 새로운 견해를 정립할 수 있다. 자기성찰을 할 때는 성찰 노트(reflective journal)나 토론을 활용할 수 있다.

⑧ **교사**: 교사는 지식전수자나 해설자가 아니라 학습자가 지식을 구성하도록 도와주 는 코치, 촉진자, 조력자, 조언자, 공동학습자(co-learner) 역할을 한다. 교사가 지식 구성에 도움을 주려면 선행지식, 흥미, 요구, 근접발달영역을 고려하여 실제적 과 제를 제시하고, 긍정적인 학습환경을 조성하며, 학습자들의 상호작용과 협력을 촉 진해야 한다.

⑨ **수업형태**: 구성주의 수업은 지식을 구성하는 데 활용하도록 수업자료, 활동(예: 자료 수집, 견학), 수업과정(예: 협력학습, 토론) 등을 다양화해야 한다. 특히 수업방법의 측 면에서 협력학습과 사회적 협상을 강조해야 한다.

⑩ **평가**: 구성주의 교육은 지필검사, 보고서, 발표, 모형 설정, 문제해결 등 다양한 방 법을 융통성 있게 활용하여 학습을 평가한다. 또 단원이나 학기 종료 후에만 평가 하는 것이 아니라 연속적으로 평가한다.

3. 객관주의와 구성주의 비교

학습자중심교육을 표방하는 구성주의는 교사중심교육을 지향하는 객관주의와 현저한 차이가 있다. **객관주의**(objectivism)는 실재(reality)가 외부에 객관적으로 존재한다고 전제 하는 철학적 관점을 가리킨다. 조작적 조건형성이론, 정보처리이론, Gagné의 교수이론 은 객관주의에 기반을 둔 학습이론이다. 객관주의와 구성주의를 비교하면 다음과 같다.

〈표 9–2〉 객관주의와 구성주의의 비교

객관주의	구분	구성주의
인식주체 외부에 객관적으로 존재한다.	실재	인식주체가 능동적으로 구성한다.
외부에 존재하는 객관적인 실재 수용	학습	개인적 지식 및 의미 구성
교사중심교육	교육형태	학습자중심교육
학문적 지식, 체계적 지식 획득	교육목표	비판적 사고, 문제해결능력, 수행능력 획득
강의식 수업, 직접 교수법	교육방법	문제기반학습, 정착수업, 상황학습
수동적 지식수용자	학습자	능동적 지식구성자
지식의 전달자, 교육과정 실행자	교사 역할	학습의 촉진자, 교육과정 재구성자

① **실재 및 지식에 관한 견해**: 객관주의에 따르면 실재는 인식주체 외부에 독립적으로 존재하며, 세계에 대한 경험이 확대되고 심화될수록 정신에 표상된 지식은 실재에 근접한다. 객관주의에 따르면 지식은 절대적이고 진리와 같으며, 경험을 통해 획득된다. 반면, 구성주의에 따르면 지식은 개체가 능동적으로 구성한 것으로 내부에 존재하고 있어 주관적(상대적)이며 가변적인 성질을 갖고 있다.

② **학습**: 객관주의에 따르면 학습은 외부에 존재하는 지식을 내부로 수용하는 과정이다. 반면, 구성주의에 따르면 학습은 지식을 능동적으로 구성하는 과정으로, 지식은 학습자의 인지활동(인지적 구성주의)이나 사회적 상호작용(사회적 구성주의)을 통해 구성된다.

③ **교육형태**: 객관주의는 학습자 외부의 지식을 내부로 전이하는 활동을 교육으로 간주하고 외부 지식을 효과적으로 전수(傳授)할 수 있는 교사중심교육을 지향한다. 반면, 구성주의는 학습자들이 능동적으로 지식을 구성하도록 도와주는 학습자중심교육을 중시한다.

④ **교육목표**: 객관주의 교육의 목표는 학문적 지식과 체계적 지식을 학습자에게 전수하는 데 있다. 반면, 구성주의 교육의 목표는 비판적 사고, 문제해결능력을 기르는 데 있다.

⑤ **교육방법**: 강의식 수업이나 직접 교수법은 객관주의에 기반을 둔 교수법이고, 문제기반학습, 정착수업, 상황학습은 구성주의에 기반을 둔 교수법이다.

⑥ 학습자 역할: 객관주의 교육에서 학습자는 교사가 전수하는 지식을 수동적으로 수용하는 역할을 한다. 반면, 구성주의 교육에서 학습자는 지식을 주도적으로 구성하는 역할을 한다.

⑦ 교사 역할: 교사중심교육을 지향하는 객관주의 교육에서 교사는 전권(全權)을 갖고 교육의 목표, 내용, 방법, 평가 등을 결정한다. 이에 반해 학습자중심교육을 지향하는 구성주의 교육에서 교사는 학습자들이 지식을 구성하도록 촉진하는 역할을 한다.

〈표 9-3〉 학습에 관한 네 가지 관점

	행동주의 Skinner	정보처리이론 Anderson	인지적 구성주의 Piaget	사회적 구성주의 Vygotsky
지식의 성질	고정된 지식체계로 외부에 존재한다.	고정된 지식체계로 외부에 존재한다. 선행지식은 정보처리에 영향을 준다.	가변적 지식체계로 개인이 구성한다. 학습자는 선행지식에 근거하여 지식을 구성한다.	가변적 지식체계로 사회적 상호작용을 통해 구성한다. 학습자들이 공동으로 지식을 구성한다.
학습	사실·기능·개념의 획득 반복 및 연습 중시	사실·기능·개념·전략 획득 인지전략 중시	능동적 구성, 선행지식의 재구조화 개인의 인지활동 중시	사회적으로 규정된 지식과 가치의 협력적 구성 사회적 상호작용 중시
교수	전수 해설	전수 학생이 더 정확하고 완전한 지식을 갖도록 지도	도전, 더 완전하게 이해하고 사고하도록 지도	학생과 지식의 공동 구성
교사 역할	관리자, 감독자, 오류 교정자	효과적인 전략의 교수 및 모델 오개념 교정	촉진자, 안내자 학생의 기존 개념, 아이디어, 사고에 주목	촉진자, 안내자 공동참여자 지식의 공동구성, 사회적으로 구성된 개념 고려
또래 역할	보통 고려되지 않음	필요하지 않지만 정보처리에 영향을 줄 수 있음	필요하지 않지만 사고를 자극하고 질문을 할 수 있음	지식구성과정의 일부

학생 역할	정보의 수동적인 수용 적극적인 청취 지시추종	능동적 정보처리자, 전략활용 정보의 조직 및 재조 직기억	능동적 지식구성 능동적 사고, 설명, 해석, 질문	타인과 공동으로 지 식구성 능동적 사고, 설명, 해석, 질문 능동적인 사회참여

자료: Marshall (1992).

4. 구성주의 교육

교육현장에서 다양한 방식으로 구현되고 있는 구성주의 교육의 일반적인 조건은 다음과 같다.

① **주인의식**(ownership): 학습자는 학습의 주체로 학습을 주도한다. 즉, 학습자는 주도적으로 아이디어를 설명하고, 교재를 해석하고, 현상을 예언하고, 증거에 근거하여 논점을 개발한다.

② **자기성찰**(self-reflection): 학습자는 학습하는 과정에서 모든 경험, 행동, 사건, 현상의 의미와 중요성에 대해 질문하고, 분석하며, 대안을 탐색한다.

③ **선행지식**(prior knowledge): 선행지식은 새로운 지식을 구성하는 기반이 되므로 선행지식의 유무와 적절성을 확인한 다음 선행지식을 활성화하고 재구조화할 수 있는 학습경험을 제공한다.

④ **실제적 과제**(authentic task): 복잡하고 유의미한 실제적 과제를 제시하여 지식을 실제 상황에 적용하도록 한다.

⑤ **중다관점**(multiple perspectives): 복잡하고 실제적 문제를 다각적인 관점에서 다양한 방식으로 접근하도록 한다. 이를 위해 다양한 정보원과 인지적 도구와 공학적 도구(예: 인터넷)를 활용하는 것이 좋다.

⑥ **협력학습**(collaborative learning): 지식은 사회적 상호작용 과정에서 구성되므로 협력학습을 하는 것이 좋다.

⑦ 평가(evaluation): 다양한 평가방법을 사용하고, 학습결과는 물론 학습과정에 대한 피드백을 제공한다.

구성주의에 기반을 둔 교수법으로 인지적 도제, 문제기반학습, 상황학습, 정착수업, 협동학습을 간략하게 소개한다.

1) 인지적 도제

인지적 도제(cognitive apprenticeship)는 도제방법을 활용하여 초보자(학생)가 전문가(교사)의 도움과 지도를 받으면서 지식 및 기능을 습득하는 과정을 말한다(Collins, Brown, & Newman, 1989).[1] Vygotsky의 근접발달영역의 개념에 기반을 두고 상황학습과 실제적 학습의 견해를 반영한 인지적 도제에 따르면 학습 및 인지는 문화적 맥락에 존재하며, 지식은 실제적 활동을 통해 발달한다.

인지적 도제는 참여지도 혹은 합법적 주변참여라고 부르기도 한다. **참여지도**(guided participation)는 학습자가 성인이나 유능한 또래와 함께 복잡하고 유의미한 과제를 해결하면서 지식 및 기능을 획득하는 과정을 가리킨다(Rogoff, 2003). **합법적 주변참여** (legitimate peripheral participation)는 새로운 구성원이 공동체의 전형적인 지식 및 기능을 획득하기 위해 공동체 주변에 참여하는 것을 말한다(Lave & Wenger, 1991). 합법적이란 공동체 자원에 접근할 수 있다는 것을(안동대학교 학생은 종합정보시스템에 합법적으로 접근할 수 있다), 주변이란 새로운 참여자는 기존 참여자와 구분된다는 것을 가리킨다(교수가 학문공동체의 완전한 참여자라면 석사과정 입학생은 주변참여자라고 할 수 있다).

인지적 도제는 전통적인 학교에서 가르치는 지식 및 기능이 너무 추상적이어서 실생활에서 제대로 활용할 수 없다는 인식에 근거하여 고안된 교수법이다. 전통적인 학교에

---

1) 도제는 초보자(도제)가 전문가(장인)를 관찰·모방하고 전문가의 지도를 받으면서 전문 지식과 기능을 연마하는 방법이다. 도제는 다양한 직종에서 전문가가 초보자에게 지식 및 기능을 전수하는 보편적인 방법으로 활용되어 왔다. 오늘날에도 도예, 재단, 요리와 같은 직종에서는 도제방법으로 전문기술을 전수하고 있다. 학교에서 도제방법은 예체능분야에서 기능을 지도하고 대학원에서 논문작성을 지도하는 방법으로 활용되고 있다.

서 이루어지는 학습은 실생활과 너무 큰 괴리가 있다. 가령, 학교에서 학습자들이 수학 문제를 푸는 방식은 전문가들이 실제 상황에서 문제를 해결하는 방식과 너무 다르다.

인지적 도제는 학습자를 지식 및 기능을 습득하기 위해 전문가의 지도를 받는 도제로 간주한다. 교사는 효과적으로 사고하고 시범을 보이고 탐구를 조장하며 격려하는 전문가 역할을 한다. 학습자와 교사는 복잡하고 도전적인 문제를 함께 해결하면서 문제의 다양한 측면에 관해 대화하고 문제를 분석하고 최적의 해결방안을 모색한다. 인지적 도제의 특징은 다음과 같다.

① 복잡한 문제해결전략을 가르치는 데 주력한다. 개념적 지식과 사실적 지식을 가르칠 때는 상황학습 관점에서 다양한 맥락을 활용한다.
② 신체적인 기능 및 과정에 주안을 두는 전통적 도제와 달리 인지 및 메타인지 기능에 주안을 둔다.
③ 전통적인 도제의 과제는 직업현장의 요구를 반영하지만, 인지적 도제의 과제는 교육적 관심사를 반영한다.
④ 전통적인 도제는 특정 맥락에서만 활용할 수 있는 기능을 가르치지만, 인지적 도제는 다양한 맥락에서 활용가능한 지식을 강조한다.

튜터링, 멘토링, 상호적 교수는 인지적 도제의 구체적인 적용사례라고 할 수 있다. 튜터링(tutoring)은 성인과 학습자, 유능한 학습자와 유능하지 않은 학습자 간에 일어나는 인지적 도제의 유형이고, 멘토링(mentoring)은 멘토와 멘티 사이에 일어나는 인지적 도제의 한 유형이다. 상호적 교수(reciprocal teaching)는 교사와 학생이 교사 역할을 교대로 하면서 교사-학생 간 대화와 학생-학생 간 대화를 통해 학습하는 교수법이다(제5장 참조).

인지적 도제 모형에 따르면 이상적인 학습환경은 내용, 방법, 계열, 사회적 측면으로 구성된다(Collins et al., 1989).

(1) 목표

인지적 도제는 영역지식(domain knowledge), 발견전략(heuristic strategies), 통제전략

(control strategies), 학습전략(learning strategies) 등의 획득을 목표로 한다.

(2) 교수방법

인지적 도제에서 사용되는 주요한 교수방법은 다음과 같다.

① **모델링**(modeling): 전문가(모델)를 관찰하여 문제해결과정을 학습하도록 하는 방법이다. 모델링의 목적은 초보자가 전문가 행동을 단순히 모방하도록 하는 것이 아니라, 학습과제에 대한 인지적 모형을 구성하는 데 있다.

② **코칭**(coaching): 문제를 해결하는 과정에서 전문가가 구체적인 제안, 힌트, 피드백을 제시하여 지도하는 방법이다.

③ **스캐폴딩**(scaffolding, 비계설정), **점진적 제거**(fading, 용암법): 스캐폴딩은 혼자 해결하기 어려운 과제를 해결하도록 도와주는 방법이다. 구체적으로 모델링, 힌트, 유도질문, 제안 등을 통해 도와준다. 점진적 제거는 스스로 과제를 할 수 있는 능력을 갖추면, 즉 잠재적 발달수준에서 실제적 발달수준으로 이행하면, 도움을 점차 줄여 스스로 문제를 해결하도록 하는 방법이다.

④ **명료화**(articulation): 지식, 기능, 문제해결과정을 설명하도록 하는 방법이다. 정교한 언어적 설명은 인지과정을 명료화시킨다.

⑤ **성찰**(reflection): 문제해결과정을 전문가, 다른 학습자, 모델의 문제해결과정과 비교하도록 하는 방법이다.

⑥ **탐색**(exploration): 지식 및 기능을 새로운 장면에서 어떻게 활용할 것인지 모색하도록 하는 것으로, 전이나 일반화와 비슷한 과정이다.

이 방법 중 모델링, 코칭, 스캐폴딩은 인지전략 및 메타인지전략을 획득하도록 도와주는 방법이고, 명료화와 성찰은 문제해결전략을 의식적으로 통제하도록 하는 방법이며, 탐색은 자율성을 격려하는 방법이다.

(3) 계열

인지적 도제의 일반적인 계열은 다음과 같다.

① 점점 더 많은 개념과 기능이 필요하도록 단순한 것을 먼저 제시하고 복잡한 것을 뒤에 제시한다.
② 점점 더 다양한 전략과 기능이 필요하도록 과제를 계열화하여 유의미학습과 전이를 촉진하는 데 목적이 있다.
③ 일반성이 높은 개념이나 기능을 특수한 개념이나 기능보다 앞에 제시한다. 선행조직자와 비슷하다.

(4) 사회적 측면

인지적 도제의 사회적 측면은 상황인지이론에서 직접 도출한 것으로 상황학습, 전문가 문화, 내재적 동기, 협동, 경쟁으로 구성된다.

2) 문제기반학습

문제기반학습(problem-based learning: PBL)은 유의미한 실제적 문제를 탐구ㆍ해결하는 과정에서 다양한 상황에 적용할 수 있는 융통성 있는 지식획득을 목표로 하는 교수법이다. 원래 캐나다 McMaster 대학교에서 의학훈련을 위한 목적으로 개발한 문제기반학습은 학교 교육은 물론 다양한 분야에 활발하게 적용되고 있다. 문제기반학습의 특징은 다음과 같다.

① **교육목표**: 특정 영역의 단순한 사실을 학습하는 것을 넘어 다양한 상황에서 적용할 수 있는 융통성 있는 지식을 획득하고, 문제해결기능이나 추리기능과 같은 고등정신능력을 함양하며, 메타인지전략을 포함한 자기주도적 학습전략을 획득하고, 효과적인 협동기능을 습득하며, 내재적 동기가 높은 학습자가 되도록 하는 데 목적이 있다.

② **학습자중심:** 학습자는 주인의식을 갖고 자발적이고 능동적으로 학습을 주도한다. 즉, 학습자는 학습목표를 설정하고, 학습전략을 선정하며, 학습과정을 수시로 점검하며, 학습결과를 평가한다.

③ **교사 역할:** 교사는 해결할 문제를 제시하고 문제해결을 지원하는 안내자, 지원자, 촉진자 역할을 한다.

④ **문제(과제):** 문제(과제)는 실제적이고 비구조화된 성격을 갖는다. 실제적 문제(authentic problem)는 현실 상황과 긴밀하게 관련된 문제를, 비구조화 문제(ill-structured problem)는 문제가 제대로 정의되지 않고 문제를 해결할 수 있는 정보가 충분하지 않아 다양한 해결책이 존재하는 문제를 말한다. 이러한 문제는 학습동기를 높이고 고차적 사고능력과 비판적 사고능력을 기르는 데 효과가 있는 것으로 알려져 있다. 학습자들은 실제적이고 비구조화된 문제를 주도적으로 해결하고 경험을 성찰하는 과정에서 학습한다.

⑤ **협력학습:** 학습자들은 또래와 함께 문제를 파악하고 문제해결방안을 확인, 실행한다. 문제를 해결하는 과정에서 학습자들은 다양한 견해를 경험하고, 아이디어를 공유하며, 자신의 사고를 명료화하고 수정한다.

⑥ **성찰:** 학습자들은 문제를 해결하는 과정에서 자신의 아이디어가 적절했는지, 제대로 협력하고 학습을 주도했는지, 무엇을 학습했는지 성찰해야 한다. 문제기반학습의 결정적 특징인 성찰은 새로운 지식을 추상화하고, 새로운 지식을 선행지식에 관련짓고, 학습 및 문제해결전략을 적용할 수 있는 방식을 이해하도록 함으로써 광범하고 융통성 있는 지식기반을 형성하는 데 도움을 준다.

⑦ **평가:** 문제해결의 결과는 물론 과정에 관한 평가를 모두 중시한다. 또 교사의 평가는 물론 학생 자신의 평가와 동료 학생들의 평가도 포함한다.

문제기반학습, 정착수업, 프로젝트기반학습은 모두 문제를 중심으로 이루어지는 교수법이지만 ① 문제의 유형 및 역할, ② 문제해결과정, ③ 구체적인 활용도구에서 차이가 있다(Hmelo-Silver, 2004).

① **문제유형 및 역할**: 문제기반학습은 실제적이고 비구조화된 문제(예: 의학진단이나 수업설계)를 지식 및 추리전략을 획득하기 위한 초점으로 활용한다. 정착수업은 통상적으로 해결하는 데 15~20단계가 필요한 문제를 비디오기반 스토리로 제시한다. 프로젝트기반학습에서 문제는 과학적 탐구의 초점 역할을 한다.

② **문제해결과정**: 문제기반학습은 문제 시나리오 제시, 사실 확인, 가설 설정, 선행지식의 미비점 확인, 새로운 지식의 적용, 추상화, 평가의 순서로 이루어진다. 정착수업은 계획수립과 하위목표 설정을 중시한다. 프로젝트기반학습은 실험설계와 같은 과학적 탐구과정(예언, 관찰, 예언의 정확성/부정확성에 관한 설명)으로 이루어진다.

③ **도구**: 문제기반학습은 구조화된 화이트보드(사실, 아이디어, 학습쟁점, 행위계획을 구분함)와 같은 단순도구를 활용한다. 정착수업은 비디오를 조작할 수 있는 도구를 활용한다. 프로젝트기반학습은 다양한 컴퓨터기반 도구(메타인지 스캐폴더, 플래너, 모델링 도구 등)를 활용한다.

〈표 9-4〉 문제해결경험을 중시하는 세 가지 교수법

	문제기반학습	정착수업	프로젝트기반학습
문제	실제적인 비구조화 문제	복잡한 문제로 종결되는 비디오기반 내러티브	추동(driving) 질문
문제의 역할	지식 및 추리전략을 학습하는 초점	지식이 문제해결을 지원하는 방법을 이해하도록 공유된 경험 제공 비디오는 문제이해 지원	과학적 탐구의 초점
과정	사실 확인, 아이디어 및 학습쟁점 생성, 자기주도학습, 재검토, 성찰	계획과 하위목표 생성	예언, 관찰, 설명
교사 역할	학습과정 촉진과 추리 시연	선행지식 활성화, 문제해결전략 시연, 필요시 내용 수업	탐구 전 및 도중 적절한 내용 소개 탐구과정 안내
협력	아이디어 협상 집단에 문제에 활용할 수 있는 새로운 방식 제안	소집단 및 학급전체에서 아이디어 및 전략 협상	또래 및 지역사회구성원과 아이디어 협상

도구	구조화된 화이트보드 학생이 확인한 학습자원	비디오 컨트롤러 문제에 적합한 도구 (지도, 나침반 등)	계획, 자료 수집 및 분석, 모델링, 정보수집을 지원하는 컴퓨터기반 도구

자료: Hmelo-Silver (2004).

3) 상황학습

지식은 개인의 정신 내부에 존재하고 일반적인 성격을 갖고 있어서 다양한 상황으로 전이되는가? 아니면 특정 상황에 존재하고 특수한 성격을 갖고 있어서 특정 상황에만 전이되는가? 정보처리이론은 지식이 개인 내부에 존재한다고 가정하고 모든 장면 및 교과에 적용할 수 있는 보편적인 학습법칙을 규명하는 데 치중했다. 정보처리이론의 영향을 받은 학교 교육은 다양한 장면으로 전이될 수 있는 일반지식을 가르치는 데 주력했는데, 구성주의는 정보처리이론 및 학교학습이 실제 상황을 반영하지 못하고 있다고 비판한다.

상황학습(situated learning) 혹은 **상황인지**(situated cognition)는 지식, 행동, 인지가 특정 상황 및 맥락에서 획득되므로 상황이나 맥락이 다르면 제대로 활용되지 않는다는 것을 뜻한다. 기본적으로 사회적 성격을 갖는 상황학습은 학습하는 상황과 분리될 수 없다.

상황학습이론은 전통적인 학교 교육이 교과서를 이해하고 시험을 치는 데는 필요하지만, 실생활에 전혀 도움이 되지 않는 '죽은 지식'을 가르치는 데 치중했다고 비판한다. 전통적인 교육에서 이루어지는 학습과 실제 상황에서 이루어지는 학습은 큰 차이가 있다. 예컨대, 사칙연산을 교과서 문제를 풀면서 학습하는 것과 마트에서 물건을 사면서 학습하는 것은 완전히 다르고, 외국어를 교과서를 통해 학습하는 것과 일상생활에서 대화를 통해 학습하는 것은 완전히 다르다. 전통적인 교육을 통해 획득한 죽은 지식은 실생활에 쉽게 적용할 수 없다는 문제가 있다.

상황학습이론에 따르면 대부분의 학습은 특정 상황에서 이루어지며 유의미학습은 실제 상황에서 활용할 수 있는 지식을 획득하는 학습이다. 따라서 학습은 실제 상황과 맥락에서 이루어져야 한다. 실제 상황과 맥락이란 일상생활에서 당면하는 상황을 가리킨다. 학생들이 좋아하는 야구를 활용하여 투수의 커브볼을 물리학 원리로 설명하고, 수학

원리를 적용하여 홈런의 거리를 계산하며, 사회학 원리를 이용해서 선수들의 사회관계를 분석하는 것이 상황학습의 사례에 해당된다.

상황학습을 통해 지식을 실제 상황에서 융통성 있게 활용하는 방법을 이해하면 학업성취가 촉진된다. 또 상황학습은 학습동기를 효과적으로 유발한다. 상황학습이론에 따르면 학습동기는 학생의 내적 상태나 강화가 아니라 사회·문화적인 상황과 상호작용하는 과정에서 유발된다.

그런데 특정 상황에 국한된 지식은 다양한 상황으로 전이를 방해한다는 문제점이 있다. 모든 학습이 특정 상황에서 이루어진다면 전이는 사실상 불가능하다.

4) 정착수업

정착수업(anchored instruction)은 실제 상황과 비슷한 문제해결장면을 정착지로 활용하여 문제해결능력을 기르려는 테크놀로지기반교수법을 말한다. 정착지(anchor)란 지식 및 기능을 활용할 수 있는 맥락을 제공하는 문제해결장면을 가리킨다. 효과적인 정착지는 내재적 흥미를 유발하고, 주인정신을 북돋우며, 문제해결을 촉진한다.

정착수업의 가장 큰 특징은 실생활에서 유용한 지식을 획득하도록 유의미하고 실제적인 문제해결장면을 정착지로 활용한다는 점이다. 정착수업은 실제적인 문제를 해결하는 과정에서 지식을 획득하도록 흥미 있는 문제를 실제적이고 거시적인 맥락에서 제시한다. 정착수업의 또 다른 특징은 실제 맥락이나 상황을 생생하게 제시하기 위해 비디오를 활용한다는 점이다.

정착수업은 Vanderbilt 대학교 인지 및 공학 연구팀(Cognition and Technology Group at Vanderbilt, 1993)이 상황학습의 아이디어를 교육에 적용하기 위해 도입했다. 예컨대, 재스퍼의 문제해결 시리즈는 주인공 재스퍼가 해결해야 하는 수학문제를 다양한 상황에서 사실적으로 제시하는 비디오로 제작되어 있다. 학생들은 비디오를 본 다음 문제를 해결하기 위해 문제확인, 하위목표 설정, 문제해결에 필요한 정보 확인, 상호협력, 가능한 해결책의 장단점 토론, 관점 비교와 같은 활동을 한다.

정착수업과 인지적 도제는 상황학습, 실제적 과제, 인지적 성찰과 같은 특징을 공유하

고 있다. 단, 정착수업은 학생주도의 문제형성과 해결에 주안을 두고 있고, 인지적 도제
는 특정 문화집단에 참여하여 집단의 문화나 지식을 익혀 문화적으로 동화하는 데 초점
을 둔다는 차이가 있다.

5) 협동학습

협동학습(cooperative learning)은 소집단 구성원들이 문제를 함께 해결하거나 공동목표
를 달성하도록 하는 교수법이다.[2] 초등학교에서는 협동학습을 모둠학습이라고 한다. 경
쟁학습(일부 학생만 성공하고 나머지는 실패하는 학습)이나 개별학습(학생마다 다른 목표를
달성하도록 하는 학습)과 대비되는 협동학습은 오랜 역사를 갖고 있다. 지나친 경쟁의 폐
단에 주목한 Dewey는 학교를 민주적 학습공동체로 전환해야 할 필요성을 역설했으며,
인본주의 심리학도 협동학습을 중시한다.

공동목표를 달성하기 위해 구성원들이 서로 협력해야 하는 협동학습에서는 소집단
구성이 매우 중요하다. 소집단을 구성했더라도 구성원들이 협력하지 않는 학습은 당연
히 협동학습이 아니다. 예컨대, 구성원 각자가 작성한 부분을 합쳐서 보고서를 완성하는
것은 협동학습이 아니다. 일반적으로 협동학습은 구성원들의 협력을 촉진하기 위해 능
력, 성별, 배경이 이질적인 5명 이내의 구성원들로 소집단을 구성한다. 구체적으로 구성
원들이 보상관계(compensatory relationship)를 갖도록 소집단을 구성하거나(예: 성적이 낮
은 학생과 높은 학생, 사회성이 낮은 학생과 높은 학생이 서로 보상관계를 이루도록 소집단을 구
성한다), 보완관계(complementary relationship)를 갖도록 소집단을 구성한다(예: 목표설정
능력이 높으나 의지가 부족한 학생과 의지가 높으나 목표설정능력이 낮은 학생이 서로 보완할 수
있도록 소집단을 구성한다).

그런데 소집단을 구성한다고 해서 협동학습이 저절로 일어나지는 않으므로 협동학습

---

2) 협동, 협력, 집단작업은 중첩되지만 엄밀한 의미에서는 다르다. 협동(cooperation)은 공동목표를 달성하기 위
해 구성원들과 함께 작업하는 것을 말한다. 협력(collaboration)은 차이를 존중하고, 권위를 공유하며, 다른
사람의 지식을 활용하는 등 다른 사람들과 관계를 맺고 다른 사람을 대하는 방식(철학)을 뜻한다. 집단작업
(group work)은 협력 여부와 관계없이 단순히 다른 사람과 함께 작업하는 것을 가리킨다.

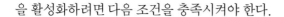

을 활성화하려면 다음 조건을 충족시켜야 한다.

① **긍정적 상호의존**(positive interdependence): 모든 구성원은 목표달성, 자원, 역할에서 서로 도움을 주고받아야 한다. 긍정적 상호의존은 목표의존(공동목표를 달성하기 위해 합심하는 것), 자원의존(구성원의 정보나 자원을 결합하여 문제를 해결하는 것), 역할의존(구성원들이 보완적 역할을 하는 것)을 통해 형성할 수 있다.

② **긍정적 상호작용**(positive interaction): 공동목표를 달성하기 위해 구성원들은 긍정적인 상호작용을 통해 정보를 교환하고 격려하며 도움을 주고받아야 한다.

③ **개별 책무성**(individual accountability): 구성원은 모두 공동목표 달성에 도움을 주어야 한다.

④ **대인관계 기술**(interpersonal skills): 구성원들은 서로 의견을 교환하고 신뢰하며 지지하고 갈등을 해결할 수 있는 사회적 기술을 갖추어야 한다.

⑤ **집단처리**(group processing): 구성원들은 어떤 행동이 도움이 되고 어떤 행동이 도움이 되지 않는지 논의하고, 계속해야 할 행동과 중단하거나 바꾸어야 할 행동을 성찰해야 한다.

협동학습에서 구성원들은 다양한 방식으로 상호작용하는데, 과제구조는 구성원들의 상호작용 방식을 결정한다. 세 가지 과제구조는 다음과 같다(Dunne & Bennett, 1990).

① **상호독립구조**(independent students in a group structure): 구성원들이 과제를 개별로 학습하면서 도움을 주고받는 구조

② **상호의존구조**(interdependent students in a group structure): 구성원별로 다른 과제를 학습한 후 하나의 집단성과를 형성하는 구조. JIGSAW는 구성원 각자가 자신이 맡은 부분을 학습한 후 다른 학습자들을 가르치도록 상호의존적 과제를 설계한다. 상호의존구조에서 구성원의 성취는 다른 구성원들의 성취에 의존한다.

③ **집단구조**(students as a group structure): 구성원들이 공동목표를 달성하기 위해 과제를 함께 학습하면서 도움을 주고받는 구조

한편, 협동학습을 할 때는 명료한 행동지침을 제시해야 한다. 행동지침이 불명료하거나 없으면 협동학습을 촉진하는 행동을 하지 않거나 방해하는 행동(일부 학생이 토론을 주도하거나, 다른 학생을 무시하거나, 다른 학생에게 부당한 압력을 행사하는 등)을 할 소지가 있다. 학습자들이 협동학습에 익숙하지 않을 경우 협동학습의 구조(단계나 각본)를 제시하는 것이 좋다. 구성원들의 협동적인 행동을 증가시키려면 다음과 같은 지침이 도움이 된다(Ormrod, 2020).

- 다른 구성원들의 의견을 적극적으로 경청한다.
- 모든 구성원에게 동등한 참여기회를 준다.
- 이해하지 못하면 질문한다.
- 다른 구성원들을 격려하고, 필요할 경우 도움을 준다.
- 구체적이고, 친절하며, 건설적인 피드백을 준다.
- 구성원들과 다른 의견을 우호적으로 제시한다.

협동학습은 학업성취에 긍정적인 영향을 준다. Slavin(1995)에 따르면 협동학습 집단은 전통적 수업집단보다 학업성적이 1/4 표준편차 정도 더 높다. 협동학습의 학업성취 촉진 효과는 네 가지 관점에 비추어 설명할 수 있다(Slavin, 1995).

① **동기론적 관점**: 협동학습은 학습동기를 유발하여 학업성취를 촉진한다. 협동학습은 자기존중 및 자기효능을 높이고 긍정적인 학습태도를 형성하며 귀인에 긍정적 영향을 준다(협동학습을 한 학생들은 성공을 운이 아니라 노력과 능력으로 귀인한다). 그 결과 협동학습은 학습동기를 높여 학습에 더 많은 시간을 투입하도록 유도하는데 학습시간이 많을수록 학업성취가 높아진다.

② **사회심리학적 관점**: 협동학습의 전형적인 특징인 구성원들의 긍정적 상호의존성은 응집력 및 결속력을 높이고 성취지향행동(열심히 노력하고 주의집중하며 서로 격려하고 다른 구성원들의 도움을 구하는 행동 등)을 촉진하여 학업성취를 촉진한다.

③ **인지발달론적 관점**: 협동학습은 구성원들의 상호작용을 촉진하여 학업성취를 높인

다. Piaget에 따르면 또래 간 상호작용은 인지불평형을 유발하여 인지발달을 촉진
한다. Vygotsky도 다른 사람과 공동으로 문제를 해결하는 것이 발달을 촉진한다는
점을 강조한다.

④ **정보처리론적 관점**: 협동학습은 학습내용의 인지적 정교화를 촉진하여 학업성취를
촉진한다. 즉, 협동학습 과정 중 학습내용을 동료들에게 설명하면서 학습내용이 인
지적으로 재구조화되고 선행지식에 관련되므로 유의미학습이 이루어진다.

5. 구성주의의 딜레마

구성주의의 가장 중요한 교육적 함의는 학습자들에게 자율성과 주도성을 부여하여 스
스로 지식 및 의미를 구성하도록 해야 한다는 것이다. 그런데 구성주의 교육은 전통적
교육과 큰 차이가 있으므로 구성주의 교육을 하려는 교사는 다양한 도전에 직면할 수 있
다. Windschitl(2002)에 따르면 구성주의 교육을 하려는 교사는 다음과 같은 딜레마에 직
면할 수 있다.

① **인지적 딜레마**(cognitive dilemma): 인지적 구성주의와 사회적 구성주의를 이해하고,
두 관점을 조율하는 데 관련된 딜레마
② **교육적 딜레마**(pedagogical dilemma): 학생들의 사고를 존중하는 동시에 학습을 보
장하도록 구성주의 방식으로 어떻게 가르칠 것인가에 관한 딜레마
③ **문화적 딜레마**(cultural dilemma): 다양한 학급에서 공동체를 구성하기 위해 어떤 활
동, 문화적 지식, 대화방식을 활용할 것인가에 관한 딜레마
④ **정치적 딜레마**(political dilemma): 책무성 요구를 충족시키는 동시에 심층적 이해와
비판적 사고를 하도록 어떻게 가르칠 것인가에 관한 딜레마

〈표 9-5〉 구성주의 관련 딜레마

딜레마 범주	대표적 관심 질문
인지적 딜레마	• 인지적 구성주의와 사회적 구성주의 중 어느 관점에 근거하여 교육할 것인가? • 학급을 개념적 변화를 위해 노력하는 집단으로 간주해야 하는가? 아니면 실제적 활동에 참여하는 학습공동체로 간주해야 하는가? • 전문가들이 옳다고 하는 지식을 학습자들은 내면화해야 하는가?
교육적 딜레마	• 수업을 수업목표가 아니라 학습자의 기존 아이디어에 기반을 두어야 하는가? • 촉진자 역할을 한다는 것은 어떤 의미인가? 촉진자 역할을 하려면 어떤 기능과 전략이 필요한가? • 학습자들이 서로 대화할 때 학급을 어떻게 관리해야 하는가? • 학습자들이 스스로 지식을 구성하는 데 한계를 두어야 하는가? • 의도하는 학습을 어떤 방법으로 평가해야 하는가?
문화적 딜레마	• 전통적이고 효율적인 관행을 어떻게 반박하고, 가치 있고 보상할 것을 학생들과 어떻게 합의할 것인가? • 교사의 기존 관념이 학습환경의 잠재력 파악을 어떻게 방해하고 있는가? • 학급문화를 바꾸는 동시에 배경이 다양한 학습자들의 세계관을 어떻게 조정할 것인가? • 학생들이 학습에 책임을 진다는 사실을 믿어야 하는가?
정치적 딜레마	• 급진적이고 생소한 교수방식에 대해 행정가 및 학부모의 지지를 어떻게 얻을 것인가? • 학습자 요구를 제대로 반영하지 않은 공식교육과정을 활용해야 하는가? 아니면 나름대로 교육과정을 개발해야 하는가? • 학습자들이 지역 및 국가 표준을 충족시키도록 문제기반경험을 어떻게 다양화할 것인가? • 구성주의 교육은 학생들의 대학입시 준비에 도움이 되는가?

자료: Windschitl (2002).

구성주의가 유행하면서 구성주의 교수법은 바람직한 교수법이고 전통적인 교수법은 바람직하지 않은 교수법이라고 평가절하하는 경향이 없지 않다. 그런데 구성주의 교수법은 바람직하고 전통적인 교수법은 중요하지 않거나 심지어 그릇된 교수법으로 여기는 이분법적 사고는 타당하지 않다. 구성주의 교수법은 모든 상황에서 적합한 교수법이 아니라 교육상황에서 선택할 수 있는 다양한 교수법 중 하나에 불과하다.

요약

1. 구성주의는 학습자가 지식 및 이해를 구성한다고 전제하는 이론적 접근이다. 구성주의에 따르면 학습은 인지활동이나 사회적 상호작용을 통해 지식 및 이해를 구성하는 과정이다.

2. 인지적 구성주의는 개체가 인지활동을 통해 지식을 구성한다는 관점으로 Piaget 이론에 기반을 둔다. 반면, 사회적 구성주의는 사회적 상호작용을 통해 지식을 구성한다는 관점으로 Vygotsky의 이론에 기반을 둔다. 그런데 학습은 개인의 인지활동과 사회적 활동을 모두 포함하므로 인지적 구성주의와 사회적 구성주의가 배타적인 관점은 아니다.

3. 구성주의는 지식이란 객관적인 진리가 아니라 개인의 인지활동이나 사회적 상호작용을 통해 구성한 것으로, 주관적이고 가변적이며 잠정적인 가설로 간주하며, 사회적 협상이 지식의 구성 및 변화에 큰 영향을 준다고 가정한다.

4. 구성주의의 교육에 관한 견해는 ① 교육을 지식 및 의미를 구성하도록 도와주는 활동으로 간주하고, ② 고차적 능력 함양을 교육목표로 하며, ③ 복잡하고 실제적이며 비구조화된 학습과제를 활용하고, ④ 중다관점, 협력학습, 선행지식을 중시하며, ⑤ 지식 및 의미를 구성하도록 학습자에게 주도권을 부여하고, ⑥ 교사는 촉진자로 다양한 수업방법과 평가방법을 융통성 있게 활용한다.

5. 학습자중심교육을 표방하는 구성주의는 교사중심교육을 표방하는 객관주의와 큰 차이가 있다. 객관주의에 따르면 ① 실재 및 지식은 인식주체 외부에 객관적으로 존재하고, ② 학습은 외부 지식을 내부로 수용하는 과정이며, ③ 교육은 외부 지식을 내부로 전이하는 과정이고, ④ 학문적 지식과 체계적 지식을 전수하는 것을 교육목표로 하며, ⑤ 강의식 수업이나 직접 교수법을 활용하고, ⑥ 교사가 주도적 역할을 하고 학습자는 수동적 역할을 한다. 반면, 구성주의에 따르면 ① 지식은 개체가 능동적으로 구성한 것이고, ② 학습은 지식을 능동적으로 구성하는 과정이며, ③ 교육은 학생들이 지식을 구성하도록 도와주는 활동이고, ④ 비판적 사고와 문제해결능력을 기르는 것을 목표로 하며, ⑤ 문제기반학습이나 정착수업 등을 교수법으로 활용하고, ⑥ 학습자가 학습을 주도하고 교사는 촉진자 역할을 한다.

6. 구성주의 교수법의 일반적인 조건으로는 ① 학습자의 주인의식과 자기성찰, ② 선행지식 활성화, ③ 실제적 과제, ④ 중다관점 및 협력학습, ⑤ 평가의 다양성 등을 들 수 있다.

7. 인지적 도제는 전통적인 도제방법을 원용해서 학습자가 전문가의 지도를 받으면서 지식 및 기능을 습득하는 과정을 말한다.

8. 문제기반학습은 유의미한 실제적 문제를 탐구하고 해결하는 과정에서 다양한 상황에 적용할 수 있는 융통성 있는 지식을 습득하기 위한 학습자주도의 교수법을 지칭한다.

9. 상황학습이란 실제 생활에서 실생활에 유용한 유의미한 지식이나 기능을 습득하도록 하는 교수법을 말한다.

10. 정착수업은 상황학습의 견해에 따라 실제 상황과 비슷한 문제해결장면을 정착지로 활용하여 문제해결능력을 함양하려는 테크놀로지기반교수법을 가리킨다.

11. 협동학습은 소집단의 구성원들이 공동으로 학습과제를 해결하거나 학습목표에 도달하도록 하는 교수법이다.

제**10**장
Piaget의 인지발달이론

학습 목표

- Piaget 이론의 기본견해를 설명한다.
- 인지발달의 주요 기제(조직, 적응, 동화, 조절, 평형화)를 설명한다.
- 감각운동 단계, 전조작 단계, 구체적 조작 단계, 형식적 조작 단계 사고를 비교한다.
- Piaget 이론의 교육적 함의를 서술한다.

발달(development, 일생에 걸쳐 일어나는 모든 구조와 기능의 변화)은 후천적인 요인에 의한 변화(즉, 학습)와 선천적인 요인에 의한 변화(즉, 성숙)를 포함한다. 발달의 다양한 영역 중 인지발달(cognitive development, 연령에 따라 사고가 양적 및 질적으로 변화되는 과정)은 교육목표, 교육내용, 교육시점, 교육방법을 결정하는 데 필요한 기초정보를 제공한다. 따라서 교육이 소기의 목적을 달성하자면 인지발달을 정확하게 이해할 필요가 있다. Jean Piaget(1896~1980)의 이론과 Lev Vygotsky(1896~1934)의 이론은 대표적인 인지발달이론이다. 이 장에서는 Piaget의 인지발달이론을 소개한다. Vygotsky의 사회문화이론은 다음 장에서 소개한다.

개체가 지식을 획득하는 과정을 탐구한 Piaget는 자신의 이론을 **발생적 인식론**(genetic epistemology)이라고 불렀다. 인식론(epistemology)은 지식에 관한 이론을, 발생(genesis)은 원천(기원)이란 뜻을 갖는다. 또 Piaget는 자신의 이론이 지식의 능동적 구성을 강조한다는 점에서 구성주의라고 부르기도 했다(Piaget 이론은 인지적 구성주의의 토대가 되었다). 또 Piaget 이론은 논리적 인지구조의 발달을 탐구했다는 점에서 논리적 결정론(logical determinism)으로 불리기도 한다.

생물학의 영향을 받은 Piaget는 선천적인 발달경향성을 중시한다. 생물학은 종(種)과 개체의 변화를 DNA로 설명한다. 식물은 씨앗의 DNA에 내장된 계획에 따라 싹트우고 꽃피며 열매 맺는다. Piaget는 인지발달이 식물의 성장과 같다고 보고 ① 인지발달의 내재적 경향성, ② 인지발달을 활성화하는 조건, ③ 인지발달단계별 사고양상을 탐구했다.

Piaget는 영문학의 Shakespeare나 철학의 Aristotle의 위상에 비견될 정도로 인지발달 심리학에 절대적인 영향을 미쳤다. Piaget 인지발달이론의 기본견해는 다음과 같다.

첫째, 지능은 환경에 적응하는 능력으로, 정적(靜的) 능력이 아니라 가변적인 능력이다. 개체는 환경과 상호작용하면서 환경에 적응하기 위해 구조를 구성한다.

둘째, 인지발달은 사고가 질적으로 급격하게 변용(變容)되는 비연속적인 과정이다. 따라서 발달단계에 따른 사고는 질적으로 다르다. 아동의 사고는 성인의 사고와 질적으로 당연히 다르다. 아동을 성인의 축소판으로 간주한 전통적 아동관을 혁신적으로 변화시킨 Piaget에 따르면 아동의 사고는 세계를 해석하는 독특한 방식을 반영한다.

셋째, 아동은 지식(인지구조)을 능동적으로 구성한다. Piaget에 따르면 지식은 외부에 객관적으로 존재하는 것이 아니라 능동적으로 구성한 것이다. 이는 발달의 동인이 내부에 존재하며 개체가 발달의 주체 역할을 한다는 것을 뜻한다. 이러한 Piaget의 견해는 경험을 지식의 원천으로 간주하는 경험론이나 지식의 토대가 되는 본유관념을 갖고 태어난다고 주장하는 선천론과 근본적으로 다르다. Piaget는 개체가 지식을 능동적으로 구성한다고 보는 자신의 관점을 구성주의라고 불렀는데, 이 관점에 따르면 교육은 지식을 전수하는 역할이 아니라 지식을 발견하도록 기회를 제공하는 역할을 해야 한다.

넷째, 물리적 환경과의 상호작용은 인지발달에 큰 영향을 준다. 아동은 물리적 환경을 탐색하고 조작하는 과정에서 새로운 도식을 구성하고 기존 도식을 수정하며, 무게, 길이, 양 등과 같은 물리적 특성과 인과관계를 이해한다.

다섯째, 사회적 상호작용은 인지발달에 중요하다. 아동들은 다른 사람과 상호작용하면서 사람마다 견해가 다르고 자신의 견해가 옳지 않을 수 있음을 인식한다. Piaget는 또래 역할을 특히 중시하는데, 그 이유는 또래와의 상호작용에서 야기되는 인지갈등이 인지발달의 동인을 제공한다고 보기 때문이다. 반면, 성인과의 상호작용은 인지갈등을 거의 유발하지 않는다고 보고 중시하지 않는다. Piaget는 발달이란 발견의 과정이고 발견이란 권위적 인물이 가르칠 수 없으므로 성인과의 상호작용에서는 중요한 것을 학습할 수 없다고 믿는다. 이러한 Piaget의 견해는 Vygotsky의 견해와 다르다.

여섯째, 인지발달에는 신경계 성숙이 선행되어야 한다. Piaget에 따르면 뇌의 성숙은 인지발달에 큰 영향을 주는데, 취학전 아동이나 초등학생은 뇌의 미성숙으로 인해 결코 어른과 같은 방식으로 사고할 수 없다.

일곱째, 특정 발달단계의 인지구조는 선행 발달단계의 인지구조를 기반으로 구성된다. 특정 발달단계의 인지구조가 선행 발달단계의 인지구조에 의존하는 현상을 위계화(hierarchization)라고 한다.

여덟째, 모든 문화권에서 인지발달은 같다. 이는 사회나 문화가 인지발달에 별 영향을 주지 않는다는 것을 뜻한다. 인지발달이 모든 문화권에서 동일한 현상을 인지적 보편성이라고 한다.

이 장에서는 Piaget 인지발달이론의 인지발달 기제, 인지발달 단계, 교육적 함의를 살

퍼본다.

1. 인지발달의 기제

인지발달은 도식이 질적으로 변용되는 과정으로, 인지는 도식을 변형하고 정교화하는 과정을 통해 발달한다. **도식**(圖式, scheme)은 행동 혹은 사고의 조직화된 패턴을 말하며 행동도식, 상징도식, 조작도식으로 나뉜다.

① **행동도식**(감각운동도식): 조직화된 행동패턴을 말한다. 즉, 행동도식은 구체적 행동이 아니라 다양한 행동을 가능하게 하는 잠재능력을 뜻한다. 출생 후부터 2세까지의 지식은 대부분 행동도식으로 표상된다. 생후 처음 출현하는 행동도식은 빨기도식과 파악도식이다. 빨기도식은 손에 잡히는 것을 입으로 빨려는 일반적 능력이고, 파악도식은 물건을 움켜쥐려는 일반적 능력이다.

② **상징도식**: 사람이나 사물을 정신적 상징으로 표상하는 것을 말한다. 지연모방(과거에 관찰한 행동을 재현하는 능력)은 상징도식을 활용한 것이다.

③ **조작도식**: 사고를 대상으로 하는 정신활동으로 인지구조라고 한다. 인지구조(cognitive structure)는 세계에 대한 '이해의 틀'로, 세계에 대한 지각과 이해를 결정한다.

도식은 조직 및 적응을 통해 구성되고 수정된다. 조직과 적응은 모든 사람에게 같은 방식으로 기능하는 불변기능(invariant functions)이다.

1) 조직

조직(organization)은 행동이나 사고를 더 정교한 구조로 결합하는 과정, 즉 도식을 더 복잡한 도식으로 결합하는 과정을 가리킨다. 조직을 통해 단순한 도식은 더 복잡하고 정교한 도식으로 발달한다. 예컨대, 빨기도식과 손가락 운동도식은 조직을 통해 손가락 빨기도식으로 통합된다. 정신분야에서도 조직이 작용한다. '사과'와 '귤'을 통합하여 '과일'을 구성하는 것이 조직이다. 조직은 행동 및 사고의 효율성을 높여 적응에 도움을 준다.

2) 적응

적응(adaptation, 순응)은 자신의 요구를 충족하기 위해 자신이나 환경을 수정하고 조정하는 경향성을 뜻한다. 동화와 조절은 평형(equilibrium)을 유지하기 위한 정신과정으로, Piaget에 따르면 모든 지적 행위는 동화나 조절을 포함한다.

① 동화(assimilation): 새로운 경험을 기존 도식에 비추어 해석하는 과정을 말한다. 소꿉장난하면서 인형을 아기라고 생각하는 아이는 동화를 하고 있다. 동화는 외부 정보를 기존 도식에 통합하는 과정으로 기존 도식과 일치하는 방식으로 문제를 해결하도록 한다. 특정 시점의 도식은 동화할 수 있는 한계를 결정한다.
② 조절(accommodation): 새로운 경험에 맞추어 도식을 수정하거나 새로운 도식을 구성하는 과정을 가리킨다. 즉, 조절은 기존 도식으로 문제를 해결할 수 없는 상황에서 기존 도식을 수정하거나 새로운 도식을 구성하는 과정이다. '개' 도식을 가진 아동이 '송아지'를 보고 '개'가 아니라는 사실을 깨닫고 '송아지' 도식을 구성했다면 조절을 한 것이다. 모델 특성을 습득하자면 기존 도식을 수정해야 하므로 모방에서는 조절이 우위를 점한다. 학습은 기존 도식을 수정하거나 새로운 도식을 형성하는 조절의 산물이다.

3) 평형화

평형화(equilibration)는 인지불평형을 해소하여 인지적 평형을 달성하려는 과정을 말한다. 인지불평형(cognitive disequilibrium)은 기존 도식으로 대처할 수 없는 상황에서 경험하는 인지갈등상태를, 인지적 평형(cognitive equilibrium)은 사고와 환경이 조화를 이룬

상태를 뜻한다. 기존 도식으로 해결할 수 없는 상황에서 유발되는 인지불평형에 대처하는 방안은 다음과 같다.

① 새로운 정보가 기존 도식과 너무 큰 차이가 있으면 무시한다. 이 경우 기존 도식은 원래 그대로 존속되므로 인지발달이 되지 않는다.
② 새로운 정보를 왜곡하여 기존 도식에 흡수(동화)한다. 이 경우에도 도식의 질적 변화, 즉 인지발달은 일어나지 않는다.
③ 새로운 정보를 통합하기 위해 기존 도식을 수정하거나 새로운 도식을 구성한다. 이 상황에서는 평형화가 작용하여 도식을 변화시키고, 그 결과 인지불평형이 해소되어 더 높은 수준의 인지적 평형이 달성된다. 이때 인지발달이 일어난다.

인지불평형은 인지적 평형을 회복하기 위한 평형화의 원동력을 제공한다. 인지불평형을 해소하려면 학습자가 능동적 역할을 해야 한다. 평형화는 인지발달을 촉진하려면 인지불평형을 유발해야 함을 시사한다.

평형화는 Freud 이론의 쾌락원리나 Maslow 이론의 자기실현이 차지하는 위상에 비견되는 Piaget 이론의 핵심 개념이다. Piaget는 인지발달에 영향을 주는 네 가지 요인(성숙, 물리적 환경, 사회적 전수, 평형화) 중 평형화를 제외한 요인으로는 인지발달을 제대로 설명할 수 없다고 보고 평형화를 가장 중시했다.

2. 인지발달 단계

인지발달 단계는 ① 감각운동 단계, ② 전조작 단계, ③ 구체적 조작 단계, ④ 형식적 조작 단계로 구분된다.

① 감각운동 단계: 감각 및 행위를 통해 적응하는 단계
② 전조작 단계: 논리성과 체계성이 부족한 비논리적 사고를 하는 단계

③ **구체적 조작 단계**: 구체적 사상에 대해 체계적이고 논리적으로 사고하는 단계
④ **형식적 조작 단계**: 추상적 사상에 대해 체계적이고 논리적으로 사고하는 단계

인지발달 단계는 질적으로 다르며, 모든 사람은 네 단계를 동일한 순서로 통과한다. 인지발달 단계를 구체적으로 살펴본다.

1) 감각운동 단계

감각운동 단계(sensory motor stage)는 감각 및 행위를 통해 세계를 이해하고 적응하는 단계를 말한다. 즉, 감각운동 단계에서는 감각(시각, 청각, 촉각 등)을 활용하여 세계를 이해하고, 대상을 조작하고 근육운동을 통해 학습한다. 감각운동 단계는 진정한 사고능력이 없으므로 이 단계의 지능을 **감각운동지능**(sensory motor intelligence)이라고 한다.

감각운동 단계 후기에는 **대상영속성**(object permanence, 사물이 눈에 보이지 않아도 존재한다는 사실을 인식하는 능력)을 획득한다. 대상영속성을 획득하기 전에는 눈에 보이지 않으면 존재하지 않는다고 생각한다. 대상영속성은 사물이 독립적으로 존재한다는 것을 인식하는 능력이므로 대상영속성 획득은 표상능력(representational ability)을 획득했음을 뜻한다. 대상영속성의 획득은 모든 지적 기능에 토대가 되므로 인지발달의 '코페르니쿠스적 전환'에 비유되기도 한다.

2) 전조작 단계

전조작 단계(pre-operational stage)는 사고가 가능하지만 사고의 논리성과 체계성이 부족한 단계를 말한다. **전조작**은 논리적 조작(operation, 논리적 사고)의 요건을 충족시키지 못한 비논리적 사고를 말한다.[1] 전조작 단계의 하위단계는 전개념 단계와 직관적 사고

---

1) 조작(操作: operation)은 논리적 규칙을 따르는 사고를 뜻한다. 조작은 ① 내면화되어야 하고, ② 논리적 규칙을 따라야 하며, ③ 전체 체제에 통합되어야 한다.

단계로 구분된다.

(1) 전개념 단계

전개념 단계(pre-conceptual stage: 2~4세)는 내적 표상을 상징이나 기호로 표현하는 상징적 기능이 발달하고 전개념을 사용하는 단계를 말한다.

① **상징적 기능**(semiotic function): 사물을 언어, 그림, 기호, 이미지로 표상하는 능력을 말한다. 가상놀이, 그림, 언어는 상징을 활용한 대표적 활동이다. 가상놀이는 가상 상황이나 사물을 사용하여 실제 상황이나 사물을 상징화하는 놀이를 가리킨다. 소 꿉장난이나 병원 놀이는 가상놀이에 해당된다.

② **전개념**(前槪念: preconcept): 불완전하고 비논리적인 개념을 뜻한다. 전개념 단계의 대표적인 전개념은 다음과 같다.

- **변환적 추리**(transductive reasoning): 특수사례에서 특수사례로 진행하는 비논리적 추리를 가리킨다. 마녀가 백설 공주에게 독이 든 사과를 준 이야기를 듣고 사과 를 주는 엄마를 마녀라고 부르는 아이는 변환적 추리를 하고 있다.
- **물활론**(animism): 생명이 없는 대상에 생명을 부여하는 사고를 가리킨다. 태양이 나 구름은 움직이므로 살아 있고, 산이나 꽃은 움직이지 않으므로 죽었다고 생각 하는 것이 물활론이다. 8세 이후 스스로 움직이는 것은 살아 있다고 생각한다.
- **실재론**(realism): 정신현상을 물리현상으로 여기는 사고를 말한다. 실재론적 사고 의 전형적인 사례는 꿈이 실재한다고 믿는 것이다.
- **인공론**(artificialism): 모든 것을 인간이 만들었다고 생각하는 사고를 말한다. 해와 달을 인간이 만들었다고 생각하는 것이 인공론이다.

(2) 직관적 사고 단계

직관적 사고 단계(intuitive thinking stage: 4~7세)는 사물의 여러 측면을 체계적으로 고 려하지 못하고 한 측면에 구속된 비논리적인 사고를 하는 단계를 말한다. 사물의 한 측면에 구속된 사고의 한계를 **중심화**(centration)라고 하는데, 중심화는 자아중심성과 직관적 사고에서 전형적으로 나타난다.

① **자아중심성**(egocentrism): 다른 사람의 관점을 고려하지 못하는 상태, 즉 다른 사람의 감정과 관점이 자신과 같다고 생각하는 인지적 한계를 말한다. 자아중심성은 자아중심적 조망과 자아중심적 언어로 나타난다.

자아중심적 조망(egocentric perspective)은 다른 사람의 관점과 감정이 자신과 같다고 생각하는 인지적 한계를 말한다. 자아중심적 조망에 구속되면 다른 사람도 자신과 마찬가지로 보고 듣고 느낀다고 생각한다. 자아중심적 조망은 세 산 모형 실험에서 확연히 드러난다. 세 개의 산을 본떠 만든 모형을 앞에 두고 4세 아이에게 자신의 위치에서 산이 어떤 모습으로 보이는지 물어보면 산의 모습을 정확하게 선택한다. 그런데 다른 위치에서도 산이 자신의 위치에서 보이는 모습과 같다고 생각한다. 따라서 자아중심적 조망을 갖고 있으면 다른 사람의 관점을 이해하지 못한다. 타인의 관점을 추론하는 **조망수용능력**(perspective-taking ability)은 7~8세 이후 획득되는데, 조망수용능력을 획득하면 위치(조망)에 따라 사물이 다르게 보이고 사람에 따라 관점이 다르다는 것을 정확하게 추리한다.

자아중심적 언어(egocentric speech)는 자신의 말을 다른 사람이 이해하는지 고려하지 않고 자기 생각을 일방적으로 전달하는 의사소통방식을 말한다. 자아중심적 언어는 조망수용능력 결손에서 기인하는 의사소통능력의 한계를 나타낸다. 자아중심성으로 인해 의사소통이 제대로 되지 않는 전조작 단계 아동 간의 상호대화를 **집단독백**(collective monologue)이라고 한다. 7세 이후 자아중심적 언어는 급격히 감소하고 **사회적 언어**(socialized speech)를 사용한다.

② **직관적 사고**(intuitive thinking): 두드러진 지각적 속성을 중심으로 대상을 파악하는 사고를 말한다. 대상의 두드러진 지각적 속성에 구속되어 여러 측면을 전체로 통합하지 못하는 한계를 **지각적 중심화**(perceptual centration)라고 한다. 직관적 사고를 하는 아동은 [그림 10-1]의 보존실험에서 컵의 높이나 너비만 고려하고 높이와 너비를 동시에 고려하지 못한다. 직관적 사고는 일상적 사고에서도 흔히 발견된다.

예컨대, 다섯 살짜리 어떤 여자아이는 자기 엄마가 마을에서 가장 젊은 엄마라고 생각했는데, 실제 엄마는 키가 가장 작았지만 나이가 가장 많았다고 한다. 구체적 조작 단계가 되면 전체적인 측면을 고려하여 논리적인 사고를 할 수 있다.

3) 구체적 조작 단계

구체적 조작 단계(concrete operation stage: 7~11세)는 직접 경험할 수 있는 구체적 사상(事象)에 대해 논리적으로 사고하는 단계를 말한다. 단, 구체적 조작 단계의 논리적 사고는 친숙한 대상이나 사물에 한정된다.

구체적 조작이 가능한 것은 **탈중심화**(decentration, 사물의 여러 측면을 동시에 고려하는 사고)되었기 때문이다. 탈중심화되면 자아중심성에서 벗어나 다른 사람의 관점을 고려할 수 있고, 직관적 사고에서 벗어나 사물의 여러 측면을 고려할 수 있다. 그 결과 보존개념, 분류능력, 서열화 능력, 조망수용능력을 획득한다.

〈표 10-1〉 전조작과 구체적 조작의 비교

전조작	기준	구체적 조작
자신의 관점이 타인의 관점과 같다고 생각하고 타인의 관점을 이해하지 못한다.	자아중심성	자신의 관점이 타인의 관점과 다를 수 있음을 인식한다.
보존을 획득하지 못한다.	보존	보존을 획득한다.
가역적 사고를 할 수 없다.	가역성	가역적 사고가 가능하다.
변화에 대해 추리할 수 없다(예: 유충이 나비가 된다고 믿지 않고, 유충이 기어나간 후 나비가 날아왔다고 주장한다).	변화에 대한 추리	변화에 대해 추리할 수 있다(예: 변태는 유충이 나비가 되기 위한 과정이라는 것을 이해한다).
사물들을 하나의 기준에 따라 분류할 수 있다.	분류	사물들을 여러 기준에 따라 분류한다.
변환적 추리 관계없는 사실들을 결합하여 추리한다. 예컨대, 사건이 시간이나 공간에서 근접하면 인과관계가 있다고 생각한다.	추리	연역적 추리 두 개 이상의 정보로부터 논리적 추론을 한다.

자료: Ormrod (2000).

① **보존**(conservation): 사물의 겉모습이 바뀌어도 속성이나 실체가 같다는 것을 인식하는 능력을 말한다. 따라서 보존을 획득하면 사물의 겉모습이 바뀌어도 같다고 인식한다. 보존의 논리는 다음과 같다.

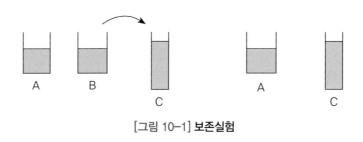

[그림 10-1] **보존실험**

① A = B(A와 B가 같다는 것을 확인시킨다.)
② B → C(아동이 보는 앞에서 B의 모양을 C로 바꾼다.)
③ A ? C?(A와 C 중 어느 것이 많은지 물어본다.)

보존을 획득하면 A와 C에 담긴 물의 양이 같다고 답하지만, 보존을 획득하지 못하면 A의 물이 더 많다고 하거나 C의 물이 더 많다고 답한다. A가 더 많다고 한 경우 컵의 너비만 고려했고, C가 더 많다고 한 경우 컵의 높이만 고려했다. 보존을 획득하려면 가역성이 가능해야 한다. **가역성**(reversibility, 가역적 사고)은 정신적으로 반대조작을 수행하여 원래 조작을 무효화시켜 원래 상태로 되돌리는 능력을 말한다.[2] 가역적 사고는 보존, 분류, 서열화 능력의 기반이 된다.

② **분류**(classification): 일정한 기준에 따라 사물들을 분류하는 능력을 가리킨다. 분류는 사물들을 한 가지 기준에 따라 분류하는 단순분류(simple classification), 2개 이상

---

2) 가역성은 반환성 조작과 상보성 조작으로 나타난다. 반환성(返還性, inversion or negation)은 조작이 반대조작으로 무효화된다는 것을 인식하는 능력이고, 상보성(相補性, compensation or reciprocity)은 조작이 다른 조작으로 상쇄된다는 것을 인식하는 능력이다. 위의 실험에서 처음 가했던 조작의 반대 조작을 하면 원래 상태로 돌아간다고 생각하는 조작이 반환성(C의 물을 B에 도로 부으면 물의 양이 같다.)이고, 높이와 너비의 관계를 비교 통합하는 조작이 상보성(C는 높이가 높아도 너비가 좁고 B는 높이가 낮아도 너비는 넓다.)이다.

의 기준에 따라 분류하는 중다분류(multiplicative classification), 상위유목과 하위유목의 관계를 이해하는 유목포함(class inclusion)으로 나뉜다. 유목포함은 상위유목(상위집합)과 하위유목(하위집합)의 관계, 즉 상위유목이 하위유목보다 항상 더 크다는 사실을 이해하는 능력이다. 유목포함이 가능하면 어떤 대상이 상위유목과 하위유목에 동시에 속할 수 있으며 상위유목은 하위유목보다 항상 크다는 것을 이해한다. 유목포함이 가능하면, 예컨대 강아지는 동물과 개에 동시에 속하며, 동물이 개보다 더 큰 개념이라는 것을 이해한다.

③ 서열화(seriation): 사물들을 일정한 기준(크기, 무게, 길이 등)에 따라 순서대로 배열하는 능력(예: A<B<C)을 말한다. 서열화는 사물들을 한 가지 기준에 따라 배열하는 단순 서열화(simple seriation)와 여러 기준을 고려하여 배열하는 중다 서열화(multiple seriation)로 나뉜다. 서열조작의 하나인 추이성 추론(transitive inference)은 대상들의 서열관계를 논리적으로 추론하는 능력이다. 막대기 A가 B보다 길고 B가 C보다 길 때, A가 C보다 더 길다는 것을 추론하는 능력이 추이성 추론인데, 구체적 조작이 가능하면 B는 C보다 긴 동시에 A보다 짧다는 것을 이해한다.

④ 조망수용(perspective taking): 다른 사람의 관점, 감정, 사고를 이해할 수 있는 능력을 말한다. 구체적 조작 단계에 도달하면 자아중심성에서 벗어나 조망수용능력을 획득한다.

그런데 구체적 조작은 구체적인 대상이나 상황에 한정되므로 추상적이고 가설적인 사상에 대한 논리적 사고가 어렵다. 추상적이고 가설적인 사상에 대한 논리적인 사고는 형식적 조작 단계가 되어야 가능하다.

4) 형식적 조작 단계

형식적 조작 단계(formal operation stage: 12세 이후)는 추상적 개념과 가설적 사상에 대해 논리적으로 사고하는 단계를 말한다. 형식적 조작은 Piaget의 인지발달이론에서 가장 높은 수준의 사고능력이다. ① 추상적 사고, ② 체계적 사고, ③ 가설적 사고는 형식적 조작의 전형적 특징이다. 형식적 조작 단계의 구체적 특징은 다음과 같다.

〈표 10-2〉 구체적 조작과 형식적 조작의 비교

구체적 조작	형식적 조작
구체적 사물에 대해 논리적으로 사고할 수 있지만, 추상적이고 가설적인 대상이나 사실에 반(反)하는 아이디어에 대해 논리적으로 사고할 수 없다.	추상적이고 가설적이며 사실과 다른 아이디어에 관해 논리적으로 사고할 수 있다.
과학적 현상을 설명하기 위해 하나의 가설을 설정하여 검증할 수 있지만 여러 가설을 설정하여 검증할 수 없다.	과학적 현상을 설명하기 위해 인과관계에 대한 여러 가설을 설정, 검증한다.
인과관계에 대한 가설을 검증하기 위해 다른 변수들을 통제하지 못한다.	인과관계에 대한 가설을 검증하기 위해 다른 변수들을 통제한 상태에서 특정 변수의 효과를 하나씩 검증한다.
비율적 추리가 불가능하므로 분수와 소수점의 관계를 이해할 수 없다.	비율을 이해하고 비율, 분수, 소수점에 대한 문제를 풀 수 있다.

자료: Ormrod (2000).

① **추상적 사고**(abstract thinking): 추상적 개념을 사용해서 논리적으로 사고하는 능력을 말한다. 추상적 사고가 가능하면 사고에 관한 사고, 즉 내적 성찰(internal reflection) 혹은 반성적 추상화(reflective abstraction)를 할 수 있다. 형식적 조작 단계에서는 자신의 사고를 검토하고 지식을 성찰하는 과정을 통해 새로운 지식을 획득하고 대안적인 문제해결전략을 모색할 수 있다. 구체적 조작 단계에서는 추상적 사고가 가능하지 않기 때문에 자신의 사고를 검토할 수 없고, 기존 지식을 성찰하는 과정을 통해 새로운 지식을 획득할 수 없다.

② **가설연역적 사고**(hypothetico-deductive thinking): 가설을 도출하고 검증하여 결론을 도출하는 사고를 말한다. 청년기의 가설설정능력은 사회·정치·종교·철학 등 전 영역에 걸친 이상주의(idealism)로 확대된다.

③ **체계적 사고**(systematic thinking): 문제를 해결하는 모든 가능성을 체계적으로 고려하는 사고를 말한다. 무색·무취의 액체가 담긴 5개 비커의 액체를 섞어서 빨간 액체를 만들어 보라고 하면 구체적 조작 단계에서는 무작정 2개 비커의 액체를 섞어 보

다가 안 되면 그만둔다. 그렇지만 형식적 조작 단계에서는 빨간 액체를 만들 수 있
는 모든 경우의 수를 체계적으로 숙고한 다음 문제를 해결한다. 즉, 먼저 2개 비커
에 담긴 액체를 섞어 보고, 그다음 3개의 비커에 담긴 액체를 섞어 보며, 4개의 비커
에 담긴 액체를 섞어 보고, 마지막으로 5개의 비커에 담긴 액체를 조합해서 섞어 본
다. 결국 문제를 해결하는 모든 가능성을 체계적으로 검토하여 문제를 해결한다.

3. Piaget 이론의 교육적 함의[3]

인지적 구성주의의 이론적 토대를 제공한 Piaget 인지발달이론의 교육적 함의는 다음
과 같다.

1) 교육목표

교육목표는 논리적 사고능력을 기르는 데 있다. 교육을 통해 논리적 사고능력을 획득
하면 논리적 사고를 활용하여 각종 문제를 해결할 것이라고 기대한다. 논리적 사고능력
을 기르려는 교육목표는 특정 사실이나 개념을 가르치거나 개인적 문제나 사회 문제의
해결방안을 가르치려는 통상적인 교육목표와 대비된다. 사실이나 개념을 가르칠 수도
있으나, 그것은 내재적인 가치가 있기 때문이 아니라 논리적 사고능력 발달을 촉진하기
때문이다.

---

3) Piaget의 이론은 ① 인지발달이 비연속적인 과정이고 발달단계별 사고가 질적으로 다르다는 Piaget의 주장과
   달리 연속적인 과정이고, ② 아동의 인지능력을 과소평가했으며, ③ 성인의 인지능력을 과대평가했고, ④ 논리
   수학적 사고의 발달을 설명하는 데 치중한 나머지 교과지식의 발달에 대한 설명이 미흡했으며, ⑤ 인지발달의
   보편적 법칙을 밝히는 데 주력한 나머지 인지발달의 개인차에 대한 고려가 미흡했고, ⑥ 뇌의 성숙이 논리적 사
   고를 제약한다고 가정하고 인지발달에서 성숙의 역할을 과대평가했으며, ⑦ 문화 및 사회가 인지발달에 미치는
   영향을 고려하지 못했다는 지적을 받고 있다.

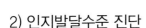

2) 인지발달수준 진단

인지발달의 수준은 학습할 수 있는 한계를 결정하므로 인지발달수준을 진단해야 한다. 왜냐하면 인지발달이 되지 않으면 그에 상응하는 학습이 가능하지 않기 때문이다. 예컨대, 형식적 조작이 가능하지 않으면 수학이나 과학의 추상적 개념을 학습할 수 없다. 따라서 교육목표를 설정하고 교육활동을 선정하기 전에 인지발달 수준을 정확하게 진단해야 한다. 또 인지발달은 개인차가 있으므로 모든 학생의 인지발달수준이 같다고 가정하지 말아야 한다.

3) 교육과정 계열화

교육과정 및 학습활동은 인지발달수준을 고려하여 계열화(系列化, 전후관계 결정)해야 한다. 예컨대, 전조작 단계에서는 사물의 한 차원만 고려할 수 있고, 구체적 조작 단계에서는 두 차원의 상호관계를 이해할 수 있으며, 형식적 조작 단계에서는 여러 차원의 상호관계를 추리할 수 있다는 점을 고려하여 교육과정 및 학습활동을 계열화해야 한다. 보존의 경우 양(量), 무게, 밀도의 순서로 발달한다는 점을 고려하여 교육과정 및 학습활동을 계열화해야 한다. 또 구체적인 개념을 먼저 제시하고 추상적인 개념을 뒤에 제시해야 하고, 새로운 개념은 이미 알고 있는 개념과 관련지어야 한다.

4) 학습자의 능동적 활동 강조

학습자는 물리적 환경과 상호작용하는 과정에서 새로운 도식을 구성하고 기존 도식을 수정한다. 따라서 능동적이고 발견지향적인 학습환경을 조성하여 물리적 환경과 상호작용하는 과정에서 문제를 제기하고, 문제해결책을 찾으며, 자신의 발견을 다른 아동과 비교할 수 있도록 해야 한다. Piaget 이론은 학습자 스스로 개념을 구성하는 발견학습(discovery learning)을 중시한다.

5) 인지불균형 유발

인지발달은 평형화 과정을 통해 이루어지므로 인지불균형을 유발할 수 있는 과제나 활동을 제시해야 한다. 기존 도식으로 해결할 수 있는 쉬운 과제나 도저히 이해할 수 없는 어려운 과제 또는 활동은 인지불균형을 유발할 수 없으므로 적절하지 않다.

6) 사회적 상호작용 촉진

인지불균형을 쉽게 유발하는 또래 간 상호작용을 촉진해야 한다. 성인과의 상호작용은 인지발달에 별 영향을 주지 않는다. 아동은 성인이 더 많이 안다고 생각하고, 아동과 성인의 세력관계도 불균형을 이루며, 성인은 일방적으로 지시하는 경향이 있으므로 성인과의 상호작용에서는 인지불균형이 유발되지 않는다.

요약

1. 발달은 일생에 걸쳐 일어나는 모든 구조와 기능의 변화양상과 과정으로, 선천적인 요인에 의한 행동의 변화(성숙)와 후천적인 요인에 의한 행동의 변화(학습)를 포함하는 개념이다.
2. Piaget의 발생적 인식론은 지식의 발달을 탐구하는 이론이다. Piaget에 따르면 ① 지능은 환경에 적응하는 능력이고, ② 개체가 능동적으로 지식을 구성하며, ③ 인지발달은 비연속적인 과정으로 단계별 사고는 질적으로 다르고, ④ 물리적 환경 및 또래와의 상호작용은 인지발달에 큰 영향을 주며, ⑤ 모든 문화권에서 인지발달은 같다.
3. 인지발달은 도식 혹은 인지구조가 질적으로 변용되는 과정이다. 도식은 행동 혹은 사고의 조직화된 패턴으로 ① 행동도식, ② 상징도식, ③ 조작도식으로 나뉜다. 도식은 조직과 적응을 통해 구성되고 수정된다. 조직은 행동과 사고를 더 정교한 체제로 결합하는 과정이다. 적응은 요구를 충족하기 위해 자신이나 환경을 수정하고 조정하는 경향성으로 동화(새로운 경험을 기존 도식에 비추어 해석하는 과정)와 조절(새로운 경험에 맞추어 기존 도식을 수정하거나 새로운 도식을 구성하는 과정)을 포함한다.
4. 평형화는 인지불평형을 해소하여 인지적 평형을 달성하려는 과정으로 인지발달의 동기를 제

공한다.

5. 인지발달 단계는 ① 감각운동 단계, ② 전조작 단계, ③ 구체적 조작 단계, ④ 형식적 조작 단계로 나뉜다. 감각운동 단계는 감각이나 운동을 통해 세계를 이해하고 적응하는 단계로 진정한 의미의 사고능력이 없다. 이 단계의 말기에 사물이 눈에 보이지 않더라도 존재한다는 것을 인식하는 대상영속성 개념을 획득한다.

6. 전조작 단계는 사고의 논리성과 체계성이 부족한 단계로 전개념 단계와 직관적 사고 단계로 구분된다. 전개념 단계는 내적 표상을 상징이나 기호로 표현하고, ① 변환적 추리(특수사례에서 특수사례로 진행되는 비논리적 추리), ② 물활론(생명이 없는 사물에 생명의 속성을 부여하는 비논리적 사고), ③ 실재론(정신현상을 물리현상으로 여기는 사고), ④ 인공론(인간이 모든 것을 만들었다고 생각하는 사고)와 같은 전개념(비논리적 개념)을 사용한다. 직관적 사고 단계는 사물의 지각적 속성에 구속된(중심화) 비논리적 사고를 말한다. 다른 사람의 견해를 고려하지 못하는 자아중심성과 두드러진 지각적 속성을 중심으로 대상을 파악하는 직관적 사고는 이 단계의 전형적인 특징이다. 이러한 사고의 한계로 인해 전조작 단계에서는 보존(사물의 외형적인 변화에도 불구하고 사물이 동일하다는 인식)을 획득하지 못한다.

7. 구체적 조작 단계는 직접 경험할 수 있는 구체적 사상에 대해 논리적인 사고를 할 수 있다. 이 단계에서는 탈중심화(사물의 여러 가지 측면을 동시에 고려하는 능력)가 되어 가역적 사고를 할 수 있으며 그 결과 ① 보존(사물의 겉모습이 바뀌어도 동일하다는 것을 인식하는 능력), ② 분류능력(사물들을 일정 기준에 따라 분류하는 능력), ③ 서열화능력(사물들을 일정 기준에 따라 서열화하는 능력), ④ 조망수용능력(다른 사람의 관점, 감정, 사고를 이해하는 능력)을 획득한다.

8. 형식적 조작 단계에서는 추상적 개념과 가설적 사상에 대해 논리적으로 사고를 할 수 있다. 그 결과 ① 추상적 사고(추상적 개념을 사용하여 논리적으로 사고하는 능력), ② 가설적 사고(문제를 해결하기 위해 가설을 설정하고 검증하는 과정을 통해 결론을 도출하는 사고), ③ 체계적 사고(문제를 해결하는 가능성을 체계적으로 고려하는 사고)를 할 수 있다.

9. Piaget 이론을 교육에 적용하려면 ① 교육목표를 논리적 사고능력 개발에 두고, ② 인지발달 단계를 정확하게 진단해야 하며, ③ 인지발달을 고려하여 교육과정을 계열화하고, ④ 지식을 구성할 수 있도록 능동적인 활동기회를 부여하고, ⑤ 인지불균형을 유발하여 발달에 대한 동기를 제공하며, ⑥ 또래와 상호작용을 통해 인지갈등을 경험하고 자아중심성을 극복하도록 해야 한다.

제**11**장

Vygotsky의 사회문화이론

학습 목표

- 사회문화이론의 기본견해를 설명한다.

- 근접발달영역을 정의하고 교육적 함의를 설명한다.

- 스캐폴딩의 의미를 설명하고 구체적 방법을 제시한다.

- Piaget 이론과 Vygotsky 이론의 공통점과 차이점을 설명한다.

  사람은 어떤 사회에 태어나 어떤 사람과 어떤 상호작용을 했는가에 따라 완전히 다르게 사고한다. 북한 사람의 사고가 우리의 사고와 근본적으로 다른 것은 유전형질 차이가 아니라 사회문화적 환경 차이에서 기인한다고 할 수 있다. 이는 학습 및 발달을 제대로 이해하려면 사회 및 문화의 영향을 고려해야 함을 시사한다.

  Lev Vygotsky(1896~1934)의 **사회문화이론**(sociocultural theory)은 사회 및 문화가 학습 및 발달에 결정적인 영향을 준다고 전제하는 이론이다. 이러한 사회문화이론의 견해는 인지보편성을 가정하고 학습자가 발달의 주체 역할을 한다는 Piaget 인지발달이론의 견해와 극명하게 대비된다. **인지보편성**(cognitive universals)은 인지발달이 사회 및 문화 차이와 관계없이 같다는 가정(예: 정보화 사회에 사는 아동과 농경사회에 사는 아동의 인지발달이 같다는 가정)을 일컫는데, 이 가정에 따르면 사회 및 문화는 인지발달에 거의 영향을 주지 않는다. 발달의 원동력이 학습자 외부, 즉 사회 및 문화에 존재하고 인지발달이 사회 및 문화에 따라 달라진다고 전제하는 사회문화이론은 인지보편성을 가정하지 않는다.

  법학을 전공한 후 철학, 심리학, 문학과 같은 다양한 학문을 섭렵한 Vygotsky는 심리학의 모차르트라고 불릴 정도로 천재의 자질을 유감없이 발휘했다. 사회 및 역사가 사고와 행동을 결정한다는 Karl Marx(1818~1883) 이론을 언어 및 발달에 적용한 Vygotsky의 사회문화이론은 러시아를 사회주의 체제로 변혁하려는 러시아 혁명이념과 긴밀히 부합되었다. Vygotsky는 폐결핵으로 38세에 요절했는데, 만약 Piaget처럼 장수했다면(Piaget는 Vygotsky와 같은 1896년 출생했고 1980년 사망했다.) 현대 심리학과 교육학의 판도가 달라졌을 것이라는 평가를 받고 있다.

  Vygotsky에 따르면 발달은 네 수준에서 탐구할 수 있는데 Vygotsky 이론은 발달의 네 차원 중 사회역사적 발달을 강조하는 이론이다. 발달의 네 차원은 ① 개체발생적 발달(ontogenetic development, 일생에 걸친 개인의 발달), ② 미세발생적 발달(microgenetic development, 극히 짧은 시간, 즉 몇 초, 몇 분, 몇 시간, 며칠 동안에 일어나는 변화), ③ 계통발생적 발달(polygenetic development, 수천 년 심지어 수백 만년에 걸친 진화과정에서 일어나는 변화), ④ 사회역사적 발달(sociohistorical development, 자신이 속한 문화에서 일어나는 발달)로 나뉜다.

Vygotsky 이론은 1970년대 이후 서방에 소개되었다. Vygotsky는 1934년 사망했으므로 매우 늦게 소개된 셈인데, 그 이유는 Vygotsky 사후 소련 정부에서 발달에 관한 그의 연구를 '부르주아의 사이비 과학'으로 규정하여 출판 및 연구를 엄금했기 때문이다. 생몰(生歿) 연대를 고려하면 Vygotsky는 구시대 인물이고 또 자신의 이론을 정교화하지 못한 채 사망했지만, 그의 기본 아이디어는 현대의 발달 및 학습 이론에 큰 영향을 주고 있다. 이 장에서는 구성주의, 특히 사회적 구성주의의 토대를 제공한 Vygotsky의 사회문화이론을 ① 사고의 사회문화적 원천, ② 언어, ③ 문화적 도구, ④ 근접발달영역, ⑤ 스캐폴딩, ⑥ 역동적 평가, ⑦ 학습과 발달의 관계, ⑧ Piaget 이론과 Vygotsky 이론의 비교로 나누어 살펴본다.

1. 사고의 사회문화적 원천

사회 및 문화는 사고를 결정한다. 인간은 어떤 문화권에서 성장했는가에 따라 완전히 다르게 사고한다. 사회 및 문화가 사고에 영향을 주는 근본적인 이유는 문화권마다 고유한 신념, 가치, 인지적 도구가 다르기 때문이다. 학습자는 사회적 상호작용을 통해 성인이 매개(전달)한 문화권의 고유한 신념, 가치, 인지적 도구를 내면화한다.

매개(mediation)는 성인이 아동과 상호작용하면서 아동에게 지식 및 기능을 전달하는 과정을 말한다. 사회 및 문화에 관한 지식과 기능은 '매개'를 통해 아동에게 전달된다. 사회문화이론은 아동을 성인의 도움을 얻어 지식 및 기능을 획득하는 도제로 간주한다. 사회적 상호작용 과정에서 성인이 아동과 함께 경험하는 현상을 아동이 이해하도록 도와주는 과정을 매개학습경험(mediated learning experience)이라 한다.

내면화(internalization)는 성인이 사회적 상호작용을 통해 전달한 지식 및 기능을 아동이 내적으로 통합하는 과정을 가리킨다. 따라서 내면화가 되었다는 것은 사회 및 문화에 고유한 지식 및 기능이 내적 정신기능으로 변환되었음을 뜻한다. 아동은 사회적 상호작용에서 성인이 전달한 지식 및 기능을 내면화하여 자기 것으로 만들어 간다. 사회적 상호작용은 아동이 내면화하는 내용을 결정한다. 즉, 아동은 사회적 상호작용을 통해 성인의 사고나 행위방식을 내면화하므로 사회적 상호작용이 어떻게 이루어지는가에 따라 내면화하는 지식과 기능이 달라진다.

요컨대, 성인이 사회적 상호작용을 통해 사회와 문화 고유의 지식 및 기능을 아동에게 전달(매개)하면, 아동은 그것을 내면화하여 전용한다. **전용**(轉用, appropriation)이란 성인이 전달한 지식 및 기능을 자신의 요구 및 목적에 맞게 조정하는 과정을 말한다. 이 과정을 Vygotsky(1962)는 "모든 발달은 처음에는 사회적 국면에서 나타나고, 그다음에는 심리적인 국면에서 나타난다." 혹은 "우리는 다른 사람을 통해 우리 자신이 된다(Through others we become ourselves)."라고 했다.

2. 언어

언어는 학습 및 발달에서 핵심적인 역할을 한다. 언어는 사회적 상호작용을 가능하게 하고 성인이 사고 및 기능을 아동에게 전달(매개)하는 수단이다. 언어가 없으면 사회적 상호작용 자체가 불가능하므로 성인이 아동에게 사고나 기능을 전달할 수 없다. 나아가 언어는 사고에 필요한 개념과 범주를 제공하여 사고를 가능하게 하고 행동을 조절하는 기능을 한다. 요컨대, 언어는 사회적 상호작용 및 사고의 수단이므로 언어가 없으면 사회적 상호작용을 할 수도 없고 사고할 수도 없다.

언어와 사고는 처음에는 따로 발달하지만 2세 무렵 상호의존적으로 발달한다. 유아기에는 언어와 사고가 별개 기능을 갖는다. 이 시기 언어는 사고와 관계없이 출현하며, 사고의 기제가 아니라 의사전달의 수단이다. 2세 무렵 사고와 언어가 통합되어 사고를 말로 표현하고 언어에 비추어 사고한다. 성인이 되면 사고와 언어는 긴밀하게 통합된다. 성인은 일반적으로 언어에 비추어 사고한다. 예컨대, 동물을 생각할 때 개나 고양이라는 언어를 떠올린다. 또 다른 사람과 대화하면서 생각을 전달한다. 그래서 다른 사람에게 말하는 것을 '마음을 말한다.'고 한다.

언어는 ① 사회적 언어, ② 자아중심적 언어, ③ 내적 언어의 순서로 발달한다. **사회적 언어**(social speech)는 다른 사람의 행동을 통제하기 위해 자신의 감정이나 사고를 전달하는 3세 이전에 우세한 초보적 언어기능을 가리킨다. "엄마, 밥 줘."라는 말은 엄마의 행동을 통제하려는 사회적 언어에 해당된다. 3세부터 7세 이전에 나타나는 **자아중심적 언어**(egocentric speech)는 자신의 행동을 조정하기 위해 자신에게 말하는 언어를 말한다. 성인은 자아중심적 언어를 속으로 말하고 아동은 소리 내어 말한다는 특징이 있다. **내적 언어**(inner speech)는 내적 자기대화, 즉 나이 든 아동이나 성인이 주로 사용하는 속으로 말하는 **사적 언어**(private speech)를 말한다. 내적 언어는 William James(1890)가 말하는 의식의 흐름(stream of consciousness)과 유사한 개념이다. 내적 언어는 사고와 행동을 조정하며 고등정신기능을 가능하게 한다.

〈표 11-1〉 자아중심적 언어/사적 언어에 대한 Piaget와 Vygotsky의 견해

Piaget(자아중심적 언어)	구분	Vygotsky(사적 언어)
다른 사람의 조망을 수용하여 상호소통하는 능력이 결여되어 있음을 나타낸다.	발달적 중요성	외재화된 사고로, 자기지도와 자기방향설정을 위해 자기와 소통하는 기능을 갖고 있다.
나이가 들수록 감소한다.	발달경향	어린 나이에 증가하며 점진적으로 청각적 성질이 줄어들고 내적인 언어적 사고로 바뀐다.
반비례. 사회인지적으로 미성숙할수록 많이 사용한다.	사회적 언어와의 관계	비례. 사적 언어는 타인과의 상호작용으로부터 발달한다.
—	환경맥락과의 관계	과제가 어려울수록 증가한다. 사적 언어는 문제를 해결하기 위해 더 많은 인지적 노력이 필요할 때 유용한 자기지도기능을 한다.

자료: Berk & Garvin (1984).

3. 문화적 도구

사회 및 문화가 학습 및 발달에 영향을 주는 근본적인 이유는 문화적 도구가 다르기 때문이다. **문화적 도구**(cultural tools)는 문화권에서 생활하고 소통하며 사고하고 문제를

해결하며 지식을 생성하기 위해 사용하는 물리적 도구(칼, 자, 컴퓨터, 인터넷 등) 및 인지적 도구(심리적 도구; 수 체계, 언어, 지도, 그래프 등)를 말한다. 모든 문화권은 고유한 물리적 도구 및 인지적 도구를 갖고 있으며, 사회적 상호작용을 통해 학습자에게 전달한다.

기억, 추리, 문제해결과 같은 사고에 영향을 주는 문화적 도구의 몇 사례를 보자.

① 기억도구: 문화권에서 사용하는 기억도구는 기억에 영향을 준다. 원시사회에서는 매듭이나 눈금으로 기억했지만, 정보화 사회에서는 스마트폰이나 노트북과 같은 정보화 기기를 이용하여 기억한다.

② 수 체계: 수 체계는 계산 및 문제해결에 영향을 준다. 우리가 아는 수 체계(0, 정수, 소수점 등)를 이용하면 복잡한 계산도 쉽게 할 수 있지만, 로마자(Ⅰ, Ⅱ, Ⅲ)를 이용하면 복잡한 계산을 할 수 없다.

③ 언어: 문화권에 따라 큰 차이가 있는 언어는 사고에 영향을 주는 대표적인 문화적 도구에 해당된다. 모든 언어에서 1부터 10까지의 명칭은 무조건 외워야 한다. 그런데 11에서 20까지의 명칭은 한국어나 중국어에서는 외우지 않아도 되지만, 영어에서는 무조건 외워야 한다. 이러한 언어 차이로 인해 한국이나 중국의 아동은 미국 아동보다 더 일찍 20까지 셀 수 있다. 이처럼 언어는 발달에 영향을 준다.

〈표 11-2〉한국어, 중국어, 영어의 수체계

수	한글	중국어	영어
1	일	一(yee)	one
2	이	二(uhr)	two
3	삼	三(sahn)	three
4	사	四(suh)	four
5	오	五(wooh)	five
6	육	六(lyo)	six
7	칠	七(chee)	seven
8	팔	八(bah)	eight
9	구	九(jyo)	nine

10	십	十(shi)	ten
11	십 일	shi yee	eleven
12	십 이	shi uhr	twelve
13	십 삼	shi sahn	thirteen
14	십 사	shi suh	fourteen
15	십 오	shi wooh	fifteen
16	십 육	shi lyo	sixteen
17	십 칠	shi chee	seventeen
18	십 팔	shi bah	eighteen
19	십 구	shi jyo	nineteen
20	이십	ershi	twenty

모든 문화권은 일상생활이나 형식교육을 통해 문화적 도구를 학습자에게 전달하는데, 학습자는 문화적 도구를 일단 내면화한 후 자신의 요구 및 목적에 맞게 전용한다.

4. 근접발달영역

근접발달영역(zone of near or proximal development: ZPD)은 실제적 발달수준(X)과 잠재적 발달수준(Y) 사이의 격차(D=Y−X)를 뜻한다. 실제적 발달수준은 혼자 문제를 해결할 수 있는 수준을, 잠재적 발달수준은 성인이나 또래의 도움을 얻어 문제를 해결할 수 있는 수준을 가리킨다. 실제적 발달수준은 완성된 발달수준이고, 근접발달영역은 미래 시점에 완성할 것으로 기대되는 전향적인 발달수준이다. 그래서 실제적 발달수준은 발달의 '열매'에, 잠재적 발달수준은 발달의 '꽃' 또는 '꽃봉오리'에 비유된다.

혼자 해결할 수 없지만 다른 사람의 도움을 받아 해결할 수 있는 학습잠재력의 범위를 나타내는 근접발달영역의 교육적 함의는 다음과 같다.

첫째, 교수-학습은 근접발달영역에 초점을 맞추어야 한다. 실제적 발달에 부합한 교수-학습은 학습 및 발달에 전혀 도움이 되지 않으므로 적절하지 않다. 또 잠재적 발달수준보다 높으면 학습 자체가 불가능하므로 부적절하다. 근접발달영역을 고려하여 지도하면 학습이 진행됨에 따라 잠재적 발달수준이 실제적 발달수준으로 전환되고, 그에 따라 근접발달영역은 점차 상향적으로 확장된다. 이러한 의미에서 교수-학습이란 잠재적 발달수준을 실제적 발달수준으로 전환하는 활동이다.

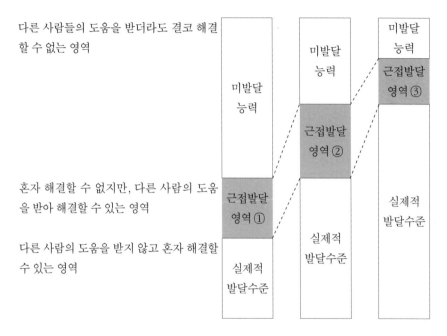

적절한 교수-학습을 통해 근접발달영역은 점차 상향 이동한다. 근접발달영역이 상향 이동하고 있음은 발달이 이루어지고 있다는 증거다. 따라서 근접발달영역은 교수-학습 및 평가활동이 집중되어야 할 영역이다.

[그림 11-1] 근접발달영역의 개념

둘째, 근접발달영역에서 학습 및 발달을 촉진하는 사회적 상호작용을 활성화해야 한다. 인지적 도제(cognitive apprenticeship; Collins et al., 1989), 상호적 교수(reciprocal teaching; Palincsar & Brown, 1984), 스캐폴딩(scaffolding; Wood, Bruner, & Ross, 1976) 등은 근접발달영역에서 학습자와 교사나 유능한 동료와의 상호작용을 중시하는 교수법이다.

셋째, 근접발달영역, 즉 학습잠재력을 평가해야 한다. 두 아동의 지능지수가 같더라도 성인의 도움을 받아 해결할 수 있는 문제의 수준이 다르다면 학습잠재력이 다르다. 실제적 발달수준을 평가하는 전통적인 지능검사는 지적 잠재력을 측정하지 못한다는 문제점이 있다(6. 역동적 평가 참조).

요컨대, 교수-학습 및 평가는 학습 및 발달이 활발하게 일어나고, 유능한 사람의 능력이 학습자 내부로 가장 잘 전이될 수 있는 근접발달영역에 주안을 두어야 한다.

5. 스캐폴딩

스캐폴딩(scaffolding, 비계설정 혹은 발판화)은 근접발달영역에서 학습을 도와주는 다양한 방법을 뜻한다.[1] 스캐폴딩은 혼자 학습하기 어려운 지식이나 기능을 학습하도록 도움을 줌으로써 근접발달영역에 부합한 지식이나 기능을 실제적 발달수준으로 전환하는 데 목적이 있다. 혼자 하기 어려운 일도 다른 사람의 도움을 받으면 해결할 수 있다.

구체적인 스캐폴딩 방법은 매우 다양한데 몇 가지를 예시하면 다음과 같다.

- 시범
- 모델 제시
- 문제해결도구(계산기, 소프트웨어 등) 제공
- 문제를 해결하기 위한 구조, 지침, 지시 제공
- 문제의 중요한 측면에 대한 주의집중 유도
- 구체적이고 현실적인 목표 제시
- 절차 설명
- 기초기능 개발
- 오류 교정

---

1) 스캐폴드(scaffold, 비계)는 콘크리트가 굳을 때까지 구조물을 지탱하는 거푸집이나 지지대를 말한다. 스캐폴딩은 발판화 혹은 비계설정(飛階設定)이라고 번역하기도 한다. scaffolding은 Vygotsky 이론의 공식적 개념이 아니다. 이 용어를 처음 사용한 학자는 Wood 등(1976)이었지만 이 개념은 근접발달영역의 개념에 부합된다. 이 용어는 Bandura(1986)의 모델링의 일부이기도 하다.

- 동기유발
- 피드백 제공
- 문제해결에 도움을 주는 질문하기
- 문제해결에 도움을 주는 힌트나 단서 제공
- 복잡한 과제를 단순한 과제로 나누기

스캐폴딩을 할 때는 근접발달영역을 고려해야 한다. 구체적으로 실제적 발달수준보다 약간 더 높은 수준의 과제를 제시한 다음 도움을 주어야 한다. 매우 쉬운 과제는 혼자 해결할 수 있으므로 스캐폴딩이 필요하지 않고, 너무 어려운 과제는 아무리 많은 도움을 주어도 해결할 수 없으므로 스캐폴딩이 효과가 없다.

교사나 성인의 지도와 도움이 필요한 학습 초기에는 스캐폴딩을 많이 해야 한다. 학습이 진전되면 스스로 할 수 있게 되므로 스캐폴딩을 줄여 나가야 한다. 비유컨대, 건축물의 강도가 높아지면 거푸집을 철거해서 스스로 설 수 있도록 해야 한다.

스캐폴딩이 효과를 발휘하면 잠재적 발달수준이 실제적 발달수준으로 전환된다. 학습자가 잠재적 발달수준을 실제적 발달수준으로 전환하도록 교사가 스캐폴딩할 때 활용할 수 있는 4요인 모형은 다음과 같다(Tappan, 1998).

① **학업행동 모델 제시**: 학습자는 모델의 학업행동을 관찰, 모방한다. 모델은 학업행동을 스스로 하도록 자극한다.

② **대화**: 근접발달영역 내에서 이루어지는 교사와 학생 간의 질문, 대화, 피드백은 개념, 절차, 원리를 이해하고 조직화하는 데 도움을 준다.

③ **연습**: 관찰한 사고기능 연습은 내면화를 촉진한다.

④ **확인**: 학습자는 다른 사람의 도움을 받으면서 할 수 있다는 것을 교사와 다른 학생에게 확인시킨다. 이 과정은 교사와 학생 간에 신뢰 및 지지 관계를 형성하는 데 도움을 준다.

6. 역동적 평가

역동적 평가(dynamic assessment)는 학습잠재력(즉, 근접발달영역)을 확인하기 위한 평가를 말한다. 역동적 평가는 실제적 발달수준, 즉 혼자 문제를 해결할 수 있는 수준을 확인하기 위한 **고정적 평가**(static assessment)와 대비된다. 고정적 평가가 실제적 발달수준을 측정하는 과거지향적인 평가라면, 역동적 평가는 근접발달영역을 측정하는 미래지향적인 평가라고 할 수 있다. 학교에서 실시되는 대부분의 시험, 전통적인 지능검사, 대학수학능력시험은 고정적 평가에 해당된다.

역동적 평가와 고정적 평가는 목적이 다르므로 실시방식도 다르다. 고정적 평가에서는 문제를 혼자 해결해야 하며, 다른 사람의 도움을 받으면 부정행위로 간주한다. 반면, 역동적 평가는 혼자 해결할 수 없지만 다른 사람의 도움을 얻어 해결할 수 있는 문제를 제시한 후 평가과정에서 문제해결전략을 가르치고, 평가과제를 바꾸며, 피드백을 주고, 자기점검기능 활용을 권장하며, 문제를 해결하지 못하면 힌트를 준다. 고정적 평가는 피드백이나 힌트가 타당도를 저해한다고 보지만, 역동적 평가는 힌트를 활용해서 문제를 해결하는 능력이 잠재력, 즉 근접발달영역을 측정한다고 보고 힌트를 활용해서 문제를 풀면 잠재력이 있다고 해석한다.

학습잠재력을 평가하려는 역동적 평가는 다음과 같은 사항을 포함한다.

① 혼자 해결할 수 없는 과제를 확인한다.
② 과제에 관련된 행동 및 인지과정을 심층 수업하고 연습시킨다.
③ 수업 및 연습 후 문제를 어느 수준에서 해결할 수 있는지 확인한다.

7. 학습과 발달의 관계

학습이 경험을 통해 지식, 사고, 태도, 기능을 후천적으로 획득하는 과정이라면, 발달은 일생에 걸쳐 일어나는 선천적 및 후천적 변화를 망라한다. 즉, 학습은 후천적인 요인에 의한 변화만 지칭하지만, 발달은 선천적 요인에 의한 변화와 후천적 요인에 의한 변화를 포괄한다. 따라서 개념적으로 발달은 학습을 포함한다. 학습과 발달의 관계에 관한 관점은 세 가지로 나뉜다.

첫째는 발달이 학습에 선행한다는 Piaget 이론의 관점이다. 이 관점에 따르면 발달은 학습의 선행요건으로 일정 수준의 발달을 해야 학습을 할 수 있다. 바꾸어 말하면 특정 내용을 학습할 수 있는 수준의 발달이 이루어지지 않으면 진정한 학습이 불가능하다. 이러한 관점에 따라 교육할 때는 먼저 발달수준을 확인한 다음 그에 맞추어 수업해야 한다.

둘째는 학습과 발달을 동일시하는 행동주의 및 정보처리이론의 관점이다. (소수 특성을 제외한) 모든 행동이 학습된다고 보고 모든 발달을 학습의 산물로 가정하는 행동주의는 환경이 발달 및 학습을 결정한다고 보고 교사중심의 계획적인 수업을 중시한다.

셋째는 학습이 발달에 선행하며 학습이 발달을 촉진한다는 Vygotsky 이론의 관점이다. 이 관점에 따르면 근접발달영역에서의 학습은 발달을 촉진한다. Vygotsky에 따르면 좋은 수업은 발달을 유도하는 수업이고, 좋은 학습은 발달에 선행하는 학습이다. 이 관점에 따라 교육할 때는 학습을 통해 발달을 촉진할 수 있는 환경을 조성하고, 교사-학생 상호작용이나 학생-학생 상호작용을 중시하는 수업을 해야 한다.

8. Piaget 이론과 Vygotsky 이론의 비교

Piaget 이론이 인지적 구성주의의 토대를 제공했다면, Vygotsky 이론은 사회적 구성주의의 토대를 제공했다. 그러나 Vygotsky 이론은 ① 사회 및 문화가 인지발달에 미치는 영향을 지나치게 강조하고 성숙요인을 상대적으로 무시했으며, ② 발달에 기저한 인지과정을 명세화하지 못했고(예컨대, 어떤 인지과정이 사회적 활동에 참여하도록 하는지 구체적으로 설명하지 못했다), ③ 이론이 대부분 일반적 아이디어로 구성되어 있어 구체성이 미흡하며, ④ 이론을 교육에 적용하는 방안을 구체적으로 제시하지 않았다(현재 우리가 알고 있는 교육적 적용은 대부분 다른 학자들이 제안했다.)는 지적을 받고 있다.

학습 및 발달에 관한 통찰을 제공하고 구성주의에 큰 영향을 준 Piaget 이론과 Vygotsky 이론의 공통점과 차이점은 다음과 같다.

1) 공통점

① **지식 구성**: Piaget와 Vygotsky는 학습자가 외부에 존재하는 지식을 모사(模寫)하지 않고 지식을 구성한다는 견해를 갖고 있다.

② **연령별 사고 차이**: Piaget와 Vygotsky는 시간 경과에 따라 복잡한 사고를 획득하므로 나이에 따라 사고가 다르다는 견해를 갖고 있다. 단, 사고의 발달을 Piaget는 질적으로 다른 인지발달 단계에 비추어 설명하고, Vygotsky는 다른 정신기능의 내면화에 비추어 설명한다.

③ **도전 및 도전적 과제**: Piaget와 Vygotsky는 모두 인지발달에서 도전과 도전적 과제를 중시한다. Piaget는 기존 도식으로 해결할 수 없는 정보에 직면할 때 경험하는 인지불평형을 해결하는 과정에서 더 정교한 도식 및 사고가 발달한다고 보고 인지불평형을 유발하는 도전 및 도전적 과제를 중시한다. Vygotsky 이론에서 도전의 개념은 근접발달영역에 반영되어 있다. Vygotsky 이론에 따르면 근접발달영역에 해당하는 도전적 과제를 유능한 사람의 도움을 얻어 해결할 때 인지발달이 일어난다.

④ **준비도**: Piaget와 Vygotsky는 모두 교수-학습에서 준비도를 고려해야 한다고 본다. Piaget에 따르면 인지발달은 학습을 제약하므로 학습을 촉진하려면 인지발달 수준을 고려해야 한다. 근접발달영역을 중시하는 Vygotsky도 특정 시점에서 해결할 수 있는 과제수준은 한계가 있다는 견해를 갖고 있다.

⑤ **상호작용**: Piaget와 Vygotsky는 모두 사회적 상호작용이 인지발달에 미치는 영향을 중시한다.

2) 차이점

① **인지적 보편성**: Piaget는 모든 문화권에서 인지발달이 동일하다는 인지보편성을 가

정한다. 반면, Vygotsky는 문화권에 따라 인지발달이 다르다고 가정한다.

② **발달의 동인**: Piaget는 발달의 원동력이 개인 내부에 존재하므로 학습자가 발달의 주체 역할을 하고 사회환경은 발달에 큰 영향을 주지 않는다고 주장한다. 반면, Vygotsky는 사회 및 문화가 발달에 결정적인 영향을 준다고 주장한다.

③ **지식 구성기제**: Piaget는 개체가 인지활동을 통해 지식을 구성한다는 인지적 구성주의 관점을, Vygotsky는 사회적 상호작용을 통해 지식을 구성한다는 사회적 구성주의 관점을 취하고 있다. 즉, Piaget는 평형화 과정에서 독자적으로 지식을 구성한다고 가정하고, Vygotsky는 사회적 상호작용을 통한 내면화로 지식을 구성한다고 가정한다. 관련하여 Piaget는 혼자 해결할 수 있는 과제를 사용했고, Vygotsky는 성인의 도움을 받아 해결할 수 있는 과제를 사용했다.

④ **언어의 역할**: Piaget와 Vygotsky의 언어에 관한 견해는 큰 차이가 있다. Piaget에 따르면 사고가 언어를 결정하므로 언어는 발달에 거의 영향을 주지 않는다. 반면, Vygotsky에 따르면 언어는 사회적 상호작용과 사고의 도구로 발달에 핵심 역할을 한다. 사적 언어(내적 자기대화)에 대한 견해도 다르다. Piaget는 사적 언어를 인지적 미성숙의 지표로 간주하지만, Vygotsky는 사적 언어가 인지발달에 중요한 역할을 한다고 본다.

⑤ **학습과 발달의 관계**: 학습과 발달의 관계에 관한 Piaget와 Vygotsky의 견해는 상반된다. Piaget는 발달이 학습에 선행하므로 일정 수준에서 발달해야 학습을 할 수 있다고 주장한다. 반면, Vygotsky는 학습이 발달에 선행하므로 학습을 통해 발달을 촉진해야 한다고 주장한다.

⑥ **사회적 상호작용 유형**: Piaget와 Vygotsky는 학습 및 발달에서 사회적 상호작용을 중시하지만, 효과적인 사회적 상호작용에 관한 견해는 다르다. Piaget는 인지불평형을 유발하는 또래 간 상호작용을 중시하고, Vygotsky는 지식 및 기능을 매개하는 유능한 사람과의 상호작용을 중시한다.

〈표 11-3〉 Piaget의 인지발달이론과 Vygotsky의 사회문화이론의 비교

Piaget의 인지발달이론	구분	Vygotsky의 사회문화이론
모든 문화권에서 인지발달은 같다.	인지보편성에 관한 가정	인지발달은 문화권에 따라 다르다.
개체 내부에 존재한다.	발달의 동인	사회 및 문화에 존재한다.
개체는 독자적으로 지식을 구성한다.	지식구성	사회적 상호작용을 통해 지식을 구성한다.
평형화	인지발달 기제	내면화
자아중심적 언어는 사회적 언어로 바뀐다.	언어발달	사회적 언어는 사적 언어로 바뀐다.
사고가 언어를 결정한다.	사고와 언어의 관계	언어가 사고를 결정한다.
발달은 학습에 선행한다.	학습과 발달의 관계	학습은 발달에 선행한다.
인지발달에는 또래가 중요하다.	사회적 영향	인지발달에는 문화적 도구를 전달하는 성인이 중요하다.

요약

1. 사회 및 문화는 인지발달에 결정적인 영향을 준다. 그 이유는 문화권마다 신념, 가치, 인지적 도구가 다르기 때문이다. 학습자는 사회적 상호작용 과정에서 매개(전달)된 문화권 고유의 신념, 가치, 인지적 도구를 내면화하여 전용한다.

2. 언어는 사회적 상호작용을 가능하게 하고 성인이 아동에게 사고 및 기능을 전달하고 사고를 가능하게 하는 수단이므로 발달 및 학습에서 핵심 역할을 한다. 언어와 사고는 처음에는 따로 발달하다가 성인이 되면 긴밀하게 통합된다. 언어는 ① 사회적 언어, ② 자아중심적 언어, ③ 내적 언어의 순서로 발달한다.

3. 문화적 도구는 문화권 고유의 인지적 도구 및 물리적 도구를 말한다. 사회 및 문화가 발달에 영향을 주는 근본적인 이유는 문화권마다 문화적 도구가 다르기 때문이다. 모든 문화권은 일상생활이나 형식교육을 통해 문화적 도구를 아동에게 전달하며, 아동은 문화적 도구를 내면화한 다음 자신의 요구 및 목적에 맞게 변형한다.

4. 근접발달영역은 혼자 문제를 해결할 수 있는 수준과 다른 사람의 도움을 얻어 문제를 해결할

수 있는 수준 사이의 격차, 즉 학습잠재력의 범위를 가리킨다. 근접발달영역은 발달이 활발하게 일어날 것이라고 기대되는 영역이므로 ① 교수-학습은 근접발달영역에 초점을 맞추고, ② 근접발달영역에서의 사회적 상호작용을 촉진해야 하며, ③ 근접발달영역(즉, 학습잠재력)을 평가해야 한다.

5. 스캐폴딩(비계설정, 발판화)은 근접발달영역에서 학습을 도와주는 다양한 방법, 즉 독자적으로 학습하기 어려운 지식이나 기능을 학습하도록 도와주는 방법을 가리킨다. 스캐폴딩을 할 때는 근접발달영역을 고려해야 한다.

6. 역동적 평가는 근접발달영역을 확인하기 위한 평가로, 실제적 발달수준을 확인하는 고정적 평가와 대비된다.

7. 학습은 발달에 선행하며 발달을 촉진한다. 따라서 학습을 통해 발달을 촉진할 수 있는 환경을 조성해야 한다.

8. Piaget와 Vygotsky는 ① 학습자가 지식을 구성하고, ② 나이에 따라 사고가 다르며, ③ 인지발달에서 도전과 도전적 과제를 중시하고, ④ 교수-학습에서 준비도를 고려해야 하며, ⑤ 사회적 상호작용이 인지발달에서 중요하다는 견해를 공유하고 있다. 그렇지만 ① 인지적 보편성, ② 발달의 동인, ③ 지식을 구성하는 기제, ④ 언어의 역할, ⑤ 학습과 발달의 관계, ⑥ 효과적인 사회적 상호작용 유형에 관한 견해는 차이가 있다.

제**12**장
동기이론

학습 목표

- 동기를 정의하고 동기의 기능을 설명한다.
- 내재적 동기와 외재적 동기를 비교한다.
- 주요 동기이론의 견해를 서술한다.

학생은 밤새워 공부하고, 농부는 동이 트기도 전에 논밭에서 일한다. 학자는 연구에 몰두하고, 몸짱이 되려는 청년은 고통스러운 운동을 계속한다. 아이들은 시간이 가는 줄 모르고 노는 데 정신이 팔려 있다. 마스터스(아마추어 마라토너)들은 마라톤 대회에서 좋은 기록을 달성하기 위해 틈만 나면 달린다.

사람들은 왜 행동할까? 학생은 왜 공부하고, 농부는 왜 논밭에서 땀을 흘리며, 학자는 왜 연구에 몰두하고, 몸짱이 되려는 청년은 왜 고통스러운 운동을 하며, 아이들은 왜 시간이 가는 줄 모르고 놀고, 마스터스들은 왜 틈만 나면 달릴까?

구체적인 행동은 저마다 다르지만 행동하는 데는 나름의 이유가 있는데, 행동하는 이유를 동기라고 한다. **동기**(motivation)는 행동의 개시, 강도, 지속성에 영향을 주는 과정을 가리킨다. 따라서 동기는 ① 목표를 달성하려는 행동을 시작하도록 하고, ② 행동을 열정적으로 수행하도록 하며, ③ 어려움이 있어도 포기하지 않고 행동을 지속하게 한다.

동기는 행동의 에너지를 제공하는 원동력이다. 따라서 동기가 전혀 없으면 아예 행동하지 않는다. 동기가 높은 사람의 행동과 동기가 낮은 사람의 행동은 크게 다르다. 학생을 예로 들면 학습동기가 높은 학생은 늘 공부하고 학습에 몰입하며 열정적으로 공부하고 어려움이 있어도 쉽게 포기하지 않는다. 반면, 학습동기가 낮은 학생은 공부하지 않고 어쩌다 공부하더라도 건성으로 공부하는 척하며, 조금만 어려우면 포기한다.

학습에서 동기는 능력 못지않게, 어떤 측면에서 능력보다 더 중요하다. 왜냐하면 능력이 다소 낮더라도 동기가 높으면 능력이 낮은 것을 상당 부분 보완할 수 있지만, 능력이 높아도 동기가 낮으면 능력을 제대로 발휘할 수 없기 때문이다. 능력이 비슷할 경우 성취는 전적으로 동기에 의해 좌우된다. 능력이 동질적인 대학생들의 학업성취가 현격한 차이가 있는 것은 거의 전적으로 동기 차이에서 기인한다고 할 수 있다. 학습에 성공하려면 학습동기가 높아야 한다. 교사가 아무리 열심히 가르쳐도 학생들의 학습동기가 낮으면 제대로 학습할 수 없다.

동기의 중요성을 나타내는 말이나 일화는 헤아릴 수 없을 만큼 많다. 그중 몇 가지를 들면 다음과 같다.

- 토끼와 거북의 경주에서 거북이 이겼다.
- 마늘과 쑥을 먹으며 100일을 견딘 곰은 웅녀로 변신한 후 환웅과 결혼하여 단군을 낳았다(단군신화).
- 천재는 1%의 능력과 99%의 노력으로 결정된다.
- 날고 기는 놈도 열심히 하는 놈한테는 못 당한다.
- 공부는 머리가 아니라 엉덩이로 하는 것이다.
- 마부작침(磨斧作針, 도끼를 갈아서 침을 만든다.)
- 노마십가(駑馬十駕, 둔한 말도 열흘 동안 수레를 끌 수 있다.): 순자(荀子) 수신편(修身篇)에 실려 있는 말로 재주 없는 사람이라도 열심히 노력하면 재주 있는 사람을 따를 수 있다는 뜻이다.

그런데 동기는 직접 관찰할 수 없으므로 행동에 근거하여 추론해야 한다. 동기를 추론할 수 있는 지표는 다음과 같다.

첫째, 어떤 행동이나 과제를 선택하는가? 동기는 행동이나 과제 선택에 영향을 준다. 따라서 어떤 행동이나 과제를 선택하는지 관찰하면 동기를 추론할 수 있다. 예컨대, 공부를 선택하는 학생도 있고, 모바일 게임을 선택하는 학생도 있다. 공부하는 학생이 모바일 게임을 하는 학생보다 학습동기가 더 높다고 할 수 있다. 또 학습동기가 높으면 도전적인 과제를 선택하지만 학습동기가 낮으면 어려운 과제를 회피하고 쉬운 과제를 선택하는 경향이 있다.

둘째, 행동을 시작하는 데 시간이 얼마나 소요되는가? 동기가 높을수록 행동을 즉시 실행하는 경향이 있다. 동기가 높은 농부는 동이 트기도 전에 논밭에 나간다.

셋째, 행동의 강도는 어느 정도인가? 동기가 높을수록 행동의 강도(intensity)가 높으므로 열정적으로 행동을 한다.

넷째, 행동을 어느 정도 지속하는가? 동기가 높을수록 행동을 계속하는 시간, 즉 지속성(persistence)이 높으므로 어려움이 있어도 행동을 계속한다. 동기가 낮으면 행동을 시작하더라도 지속하지 않는 경향이 있다.

다섯째, 어느 정도 노력하는가? 동기가 높을수록 더 많이 노력하므로 노력은 동기의 가장 중요한 지표에 해당된다.

여섯째, 어떤 인지와 정서를 경험하는가? 동기는 인지 및 정서와 관련된다. 일반적으로 동기가 높으면 긍정적인 신념을 갖고 효과적인 인지전략을 구사하고 긍정정서를 경험한다.

이 장에서는 먼저 내재적 동기와 외재적 동기를 소개한 다음 대표적인 동기이론을 살펴본다.

1. 내재적 동기와 외재적 동기

행동의 동인(動因)은 내부에 존재할 수도 있고 외부에 존재할 수도 있는데, 행동의 동인이 존재하는 장소에 따라 동기는 내재적 동기와 외재적 동기로 구분된다.

1) 내재적 동기

내재적 동기(intrinsic motivation)는 행동 자체를 목적으로 하는 동기를 가리킨다. 내재적 동기에 의해 행동하는 경우 행동의 동력이 내부에 존재한다. 행동 자체가 주는 만족감, 즐거움, 성취감 때문에 행동하면 내재적으로 동기화된 것이다. 공부가 즐거워서 공부하는 학생, 시간 가는 줄 모르고 노는 아이, 그림 그리는 것 자체를 즐기고 그림을 완성할 때 경험하는 성취감 때문에 그림 그리는 화가는 내재적 동기에 의해 행동하고 있다. "학이시습지 불역열호(學而時習之 不亦說呼)"라고 하여 공부의 즐거움을 인생삼락(人生三樂)의 으뜸으로 꼽은 공자의 말은 내재적 동기의 중요성을 강조한 말이다. 내재적 동기의 강력한 형태인 몰입(flow)은 시간도 잊은 채 활동이나 과제에 완전히 몰두하고 집중한 상태를 가리킨다.

일반적으로 내재적 동기는 외재적 동기보다 더 바람직하다. 그 이유는, 첫째, 외재적 동기에 의한 행동은 보상이 없으면 곧 중단하지만 내재적 동기에 의한 행동은 보상과 관계없이 지속성이 높고, 둘째, 내재적 동기가 심층적인 학습과 이해를 촉진하기 때문이다. 내재적 동기가 높은 학생들의 특징은 다음과 같다.

- 자발적으로 학습한다.
- 인지적 및 정서적 관여도와 주의집중력이 높다.
- 도전적 과제를 선호한다.
- 교과를 마스터하기 위해 유의미학습을 한다.
- 창의력이 높다.
- 실패하는 상황에서도 지속성이 높다.
- 학습 자체에서 즐거움과 환희를 경험한다.
- 학습하면서 스스로 세운 표준에 비추어 성취도를 확인한다.
- 성취도가 높다.

따라서 교육에서는 학생들이 내재적 동기를 갖도록 할 필요가 있다. 학생들의 내재적 동기를 유발할 수 있는 방안은 다음과 같다.

- 과제 및 해결방식을 선택하도록 자율성을 부여하여 통제감을 높인다.
- 도전적인 과제를 제시하여 유능감과 자신감을 높인다.
- 기존 지식이나 신념과 괴리된 정보를 활용하여 호기심을 자극하고 인지갈등을 유발한다.
- 관계 요구를 충족시킨다.
- 학습을 학생들의 요구, 흥미, 경험, 삶과 관련짓는다.
- 내재적 동기를 강조하고 내재적 동기가 높은 모델을 제시한다.

2) 외재적 동기

외재적 동기(extrinsic motivation)는 행동으로 다른 것(음식, 돈, 칭찬, 관심, 스티커, 쿠폰, 인정, 성적, 자격 등)을 얻기 위한 수단적(도구적) 동기를 말한다. 외재적 동기에 의해 행동하는 경우 행동의 동력이 외부에 존재한다. 외재적 동기는 좋은 결과를 얻거나 싫어하는 결과를 피하는 데 목적이 있다. 좋은 성적을 받거나 취업하려고 공부하는 학생, 부모의 칭찬을 받으려고 청소하는 아이, 꾸중이나 잔소리를 듣지 않으려고 자기 방을 치우는 아이, 작품을 팔아 돈을 벌고 사회적 명성을 얻으려고 그림을 그리는 화가는 외재적 동기에 의해 행동하고 있다.

외재적 동기는 행동 외부에 존재하는 외적 사상(external event), 즉 결과, 유인, 보상에 의해 결정된다. 결과, 유인, 보상은 유사개념이지만 개념적 차이가 있다.[1] 결과(consequence)는 강화와 처벌로 나뉜다. **강화**(reinforcement)는 행동 후 제시할 때 행동을 증가시키는 정적 강화와 행동 후 제거할 때 행동을 증가시키는 부적 강화로 나뉜다. **처벌**(punishment)은 행동 후 제시할 때 행동을 감소시키는 정적 처벌과 행동 후 제거할 때 행동을 감소시키는 부적 처벌로 나뉜다. 따라서 외재적 동기를 높이려면 강화를 주고, 외재적 동기를 낮추려면 처벌하면 된다.

그런데 강화는 다음과 같은 문제점이 있다.

첫째, 강화는 내재적 동기를 낮출 수 있다. 구체적으로 강화는 ① 원래 흥미가 높을 때, ② 물질강화물(과자, 스티커 등)을 사용할 때, ③ 강화물을 행동 전에 제시할 때, ④ 단순히 공부한다고 강화를 줄 때, ⑤ 제한된 강화물을 얻기 위해 경쟁하는 상황에서 내재적 동기를 감소시킨다.[2]

---

1) 유인(incentive)은 행동을 유도하거나 금지하는 외적 사상을 가리킨다. 유인은 행동을 유도하는 정적 유인(positive incentive)과 행동을 금지하는 부적 유인(negative incentive)으로 나뉜다. 성적, 돈, 칭찬, 학위, 미소, 향기, 친구는 정적 유인에 해당하고, 실격, 벌금, 비난, 자격박탈, 짜증, 악취, 미운 사람은 부적 유인에 해당한다. 행동에 선행하는 유인은 행동하면 매력적인 결과 혹은 혐오적 결과가 나타날 것이라는 기대를 형성한다. 유인과 결과는 ① 시점과 ② 동기유발방식이 다르다. 시점상에서 유인은 행동에 선행하며, 행동을 유도하거나(정적 유인), 금지한다(부적 유인). 반면, 결과는 행동 후 수반되며, 행동의 강도를 증가시키거나(강화) 감소시킨다(처벌). 예를 들어, 행동을 하면 A+를 준다는 약속은 유인이고, 행동 후 A+를 주는 것은 강화다. 또 유인은 개인 외부에 존재하므로 내부에 존재하는 동인과 다르다. 한편, 보상(reward)은 행동이나 성취에 대해 한 사람이 다른 사람에게 주는 것(offering)을 말한다. 보상은 흔히 정적 강화물과 같은 의미로 사용되지만 엄밀한 의미에서 다르다. 정적 강화는 효과에 비추어 정의되기 때문에 효과가 없으면 정적 강화물이 아니다. 따라서 모든 정적 강화물은 보상이지만, 보상은 강화기능을 못할 수도 있다. 즉, 보상은 행동확률을 높일 수도 있고 행동확률을 높이는 효과가 없을 수도 있다.

2) 강화를 제대로 사용하면 내재적 동기를 높일 수 있다. 구체적으로 강화는 ① 과제가 지루하거나 과제에 대한 개

둘째, 강화 효과는 일시적이어서 강화하지 않으면 행동확률이 낮아진다.

셋째, 강화는 보편적인 효과가 없다. 성적에 관심이 없는 학생에게 성적은 강화기능을 전혀 하지 못한다.

넷째, 성적을 강화물로 사용하면 다수 학생은 강화를 받을 기회가 원천적으로 차단된다. 우수한 학생들은 특별히 노력하지 않아도 강화를 받지만, 일부 학생들은 열심히 노력해도 강화를 받기 어렵다.

따라서 강화를 무분별하게 사용하는 것은 바람직하지 않다. 특히 내재적 동기가 높을 경우 강화를 무분별하게 사용하지 말아야 한다. 강화는 수행수준에 관한 정보를 제공하고, 원래 흥미가 낮은 활동을 탐색하도록 자극하기 위한 용도로 사용해야 한다.

3) 동기의 유형

자기결정이론(self-determination theory)은 동기의 유형을 무동기, 외재적 동기, 내재적 동기로 구분한다(Ryan & Deci, 2000). 동기를 유형으로 구분하는 자기결정이론은 동기를 양적인 개념으로 간주하는 대부분의 동기이론과 대비된다. 구체적인 동기 유형은 다음과 같다.

① **무동기**(amotivation): 내재적 동기 및 외재적 동기가 전혀 없는 유형이다. 이 유형에 속하는 학생은 행동하려는 의도가 전혀 없고 실제 행동하지 않는다. 즉, 성적이나 인정에도 관심이 없고 공부의 즐거움이나 만족감도 없으므로 전혀 공부하지 않는다. 무동기는 유능성 결손(예: 나는 필요한 행동을 할 수 없다), 자율성 결손(예: 나는 공부에 전혀 흥미나 관심이 없다), 관계 결손(예: 나는 다른 사람과 관계를 맺을 필요가 없다.)에서 비롯된다.

② **외재적 동기**: 자율성 정도를 기준으로 외재적 동기는 자율성이 전혀 없는 외적 조

인적 흥미가 낮을 때, ② 개인적 흥미가 높은 상황에서 긍정적인 언어적 피드백을 사용할 때, ③ 표준을 충족시키는 모든 학생에게 정적 강화(A 학점이나 긍정적인 언어적 피드백)를 줄 때 내재적 동기를 높인다(Cameron, 2001).

절, 어느 정도 자율성이 있는 내사조절, 상당한 자율성이 있는 동일시 조절, 충분한
자율성이 있는 통합조절로 나뉜다.

- **외적 조절**(external regulation): 보상을 얻거나 처벌을 피하려고 행동하는 유형이
다. 외적 조절은 외재적 동기의 원형이다. 좋은 성적을 받거나 실격을 피하려고
공부하는 학생은 외적 조절을 하고 있다. 외적 조절을 하는 학생은 보상이나 처벌
이 없으면 공부하지 않는다.

- **내사조절**(introjected regulation): 다른 사람의 인정을 받고, 자기가치를 높이며, 죄
책감을 피하려고 행동하는 유형이다. 교사의 칭찬을 받으려고 공부하는 학생, 공
부하지 않을 때 죄책감을 피하려고 공부하는 학생은 내사조절을 하고 있다. 내사
는 외부 신념이나 통제를 부분적으로 수용하는 과정이므로 내사조절은 특정 방
식으로 사고하고 행동하라는 외부의 요구를 진정으로 수용하지 않고 부분적으로
내면화한 수준이다. 내사조절에서 비롯된 행동은 자기가치를 보호하고, 부정적
자기평가를 피하며, 죄책감을 피하기 위한 수단이라는 점에서 외적이다.

- **동일시 조절**(identified regulation): 자신이 중요하다고 생각해서 행동하는 상당한
수준에서 내면화되고 자율적인 유형이다. 이 유형은 행동이나 신념이 자신에게
중요하거나 유용하다고 생각하고 자발적으로 수용한다. 공부가 취업에 중요하다
고 생각하고 열공하는 학생, 프로선수가 되려면 연습이 중요하다고 생각하고 연
습에 매진하는 선수는 동일시 조절을 하고 있다. 이 경우 공부나 연습은 다른 목
적(취업, 프로선수)을 달성하기 위한 수단이라는 점에서 외적이지만, 외부의 요구
나 내재적인 흥미가 아니라 자신에게 중요하거나 유용하다고 생각해서 스스로
선택한 것이다.

- **통합조절**(integrated regulation): 행동의 바람직성을 완전히 수용하여 자신의 전반
적인 동기 및 가치 체계에 통합한 유형이다. 내면화가 가치나 행동방식을 수용하
는(즉, 동일시하는) 과정이라면, 통합은 동일시한 가치와 행동을 자기 속으로 전적
으로 변환하는 과정이다. 통합조절은 자율성 측면에서 내재적 동기와 비슷하지
만 어떤 것이 중요하고 가치 있다는 사회 및 문화적 메시지에 근원을 둔다는 점에
서 활동 자체의 즐거움과 흥미에서 행동하는 내재적 동기와 차이가 있다.

〈표 12-1〉 외재적 동기의 유형

유형	주요 외적 수반관계	행동하는 이유	공부하는 이유 예시
외적 조절	인센티브, 결과(강화 혹은 처벌)	강화를 얻거나 처벌을 피하려고	부모의 칭찬을 듣거나 잔소리를 피하려고
내사조절	죄책감 회피 자기존중 고양	마땅히 해야 하므로	자부심을 높이고 죄책감을 피하려고
동일시 조절	가치부여, 중요하다는 느낌	중요하므로	삶에서 중요하므로
통합조절	가치합치성	자신의 가치를 반영하므로	자신의 정체성과 신념을 나타내므로

자료: Reeve (2018).

③ **내재적 동기**(intrinsic motivation): 새로움과 도전을 추구하고, 탐색·탐구하며, 능력을 확장하려는 본질적 욕망을 가리킨다. 내재적 동기는 완전히 자율적인 동기 유형으로 흥미가 높고, 즐거움을 경험하며, 인지적 관여도가 높다. 자기결정이론에 따르면 유능 요구, 자율 요구, 관계 요구가 충족되면 내재적 동기가 높아진다.

4) 내재적 동기와 외재적 동기의 관계

내재적 동기와 외재적 동기는 상호 독립적인 관계가 있다. 따라서 과제나 활동에 따라 내재적 동기와 외재적 동기가 ① 모두 높을 수도 있고, ② 모두 낮을 수도 있으며, ③ 어느 하나만 높을 수도 있다.

개인이 수행하는 다양한 활동은 내재적 동기 및 외재적 동기의 수준(고, 저)을 기준으로 [그림 12-1]과 같이 조합할 수 있다.

I은 내재적 동기 및 외재적 동기가 모두 높은 활동이다. 공부 자체가 즐겁고 좋은 성적을 받으려고 열심히 공부하는 학생, 그리고 일 자체가 즐겁고 월급도 받기 위해 열심히 일하는 직장인이 있다고 할 때 공부나 일이 I에 속하는 활동이다.

II는 외재적 동기가 높지만 내재적 동기가 낮은 활동이다. 공부가 재미가 없지만 좋은 성적을 받으려고 열심히 공부하는 학생, 일이 전혀 즐겁지 않으나 월급을 받기 위해 할 수 없이 출근하는 직장인이 있다고 할 때 공부나 일이 II에 속하는 활동이다.

내재적 동기

		고	저
외재적 동기	고	I	II
	저	III	IV

[그림 12-1] 내재적 동기 및 외재적 동기에 따른 활동

III은 외재적 동기가 낮지만 내재적 동기가 높은 활동이다. 일반적으로 아무것도 바라지 않고 그 자체가 즐거워서 하는 취미활동은 III에 속한다. 성적에는 별 관심이 없으나 공부 자체를 즐기는 학생이 하는 공부도 III에 속하는 활동이다.

IV는 내재적 동기 및 외재적 동기가 모두 낮은 활동이다. 공부가 전혀 즐겁지 않고 성적에도 관심이 없어 아예 공부하지 않는 공포자의 경우 공부가 이에 속하는 활동이다. 개인적으로 전혀 관심 없는 활동도 IV에 속한다. 예를 들어, 골프에 전혀 관심이 없다면 골프는 IV에 속하는 활동이다.

학교학습의 경우 원칙적으로 내재적 동기 및 외재적 동기가 모두 높은 것이 가장 바람직하다. 즉, 공부 자체를 즐기면서 좋은 성적을 받기 위해 공부하는 것이 가장 낫다. 내재적 동기가 낮으면 외재적 동기가 높은 것이 동기가 전혀 없는 경우보다 훨씬 바람직하다. 내재적 동기 및 외재적 동기가 모두 낮으면 공부하려는 의도가 전혀 없으므로 당연히 가장 바람직하지 않다.

교육현장에서는 학년이 올라갈수록 내재적 동기는 감소하고 외재적 동기가 높아지는 것으로 알려져 있다. 이것은 다수의 학생이 공부가 전혀 즐겁지 않지만 대학진학이나 취업을 위해 공부하고 있음을 나타낸다. 수능시험이 끝나면 고등학생들이 거의 공부하지 않는 현상은 그들이 외재적 동기에 의해 공부하고 있다는 것을 단적으로 나타낸다. 학년이 높을수록 외재적 동기가 높아지는 것은 학생들이 성공을 절대적인 성취수준이 아니라 상대적인 성취수준에 비추어 정의하는 데서 기인한다고 볼 수 있다. 성공을 상대적으로 정의하면 내재적 동기가 감소하고 외재적 동기가 높아진다.

5) 보상의 부작용: 잠재비용(대가)

내재적 동기가 높은 활동에 보상을 주면 내재적 동기는 어떻게 될까? 가령, 독서를 즐기는 아이에게 용돈을 주면 내재적 동기가 더 높아질까? 내재적 동기에 외재적 동기(즉, 보상)가 더해지므로 전체 동기가 높아질 것으로 생각하기 쉽지만, 예상과 달리 내재적 동기가 감소할 수 있다. 보상의 내재적 동기 감소 효과는 '하던 굿도 멍석 깔아 놓으면 하지 않는다'라는 속담에도 반영되어 있다.

노인이 사는 집 뒤에는 넓은 공터가 있어 매일 동네 아이들이 모여 공놀이하였다. 조용한 것을 좋아하는 노인은 시끄러운 소리 때문에 화가 치밀었다. 참다못해 몇 번 소리를 질렀으나 전혀 효과가 없었다. 아이들은 공놀이에 정신이 팔려 노인의 잔소리를 아예 귀담아듣지도 않았다. 노인은 고민하다가 마침내 좋은 아이디어를 생각해 냈다. 다음 날 노인은 공터로 나가 아이들에게 "오늘부터 공놀이하면 천 원씩 줄게."라고 말하며 아이들에게 돈을 주었다. 아이들은 다음 날에도 공놀이하였다. 노인은 미소를 머금고 아이들에게 오백 원씩 주면서 "천 원은 너무 많아. 오늘은 오백 원밖에 없구나."라고 말했다. 아이들은 여전히 만족해서 돌아갔다. 다음 날 아이들은 공놀이하면서 노인을 기다렸다. 얼마 후 노인이 나타나 아이들에게 백 원씩 주었다. 한 아이가 "오늘은 왜 백 원만 주세요?"라고 물었다. 노인은 "오늘은 돈이 없구나. 백 원이라도 가지든지 아니면 그만두거라."라고 말했다. 아이들은 "누가 단돈 백 원 받으려고 힘들게 공놀이를 하겠어요?"라고 외치며 떠나갔다. 그 아이들은 다음 날부터 공터에 나타나지 않았다.

위의 이야기는 보상의 내재적 동기 감소 효과를 잘 묘사하고 있다. 아이들은 원래 공놀이가 즐거웠으나 보상(돈)하자 내재적 동기가 감소하여 공놀이는 보상을 얻기 위한 수단으로 전락했다.

과잉정당화 효과(over-justification effect)는 내재적 동기가 높은 활동에 보상을 줄 때 왜 내재적 동기가 감소하는지 잘 설명한다(Lepper, 1981). 그에 따르면 내재적 동기가 높은 경우 행동의 이유가 충분히 정당화되는데, 그 행동에 보상을 주면 행동의 이유가 필요 이상으로 정당화(즉, 과잉정당화)되어 보상받기 위해 행동한다고 생각하므로 내재적 동기가 감소한다는 것이다. 일단 그렇게 되면 행동을 계속하도록 하려면 보상을 계속 주어야 한다.

보상이 내재적 동기에 미치는 영향은 보상의 유형과 보상을 주는 방식에 따라 달라지는데, 보상이 다음과 같은 특성이 있으면 내재적 동기가 낮아진다(Brophy, 2004).

- 보상이 매우 매력적이다.
- 주의를 끌 수 있는 방식으로 보상을 준다.
- (목표 달성과 무관하게) 활동에 단순히 참여했다고 보상을 준다.
- 행동을 통제하기 위한 목적으로 보상을 준다.

예를 들어, 독서를 하면 피자를 주는 프로그램은 ① 학생들이 피자를 좋아하고, ② 단순히 책만 읽어도 피자를 주며, ③ 피자를 받기 위해 독서를 하도록 통제하고 있으므로 독서에 대한 내재적 동기를 감소시킬 수 있다.

보상이 내재적 동기를 감소시킬 수 있다는 사실은 중요한 함의를 갖는다. 가령, 독서를 권장하기 위해 독서를 할 때 보상(상장 수여 등)을 주면 내재적 동기를 감소시켜 보상을 주지 않으면 책을 거들떠보지 않는 잘못된 습관을 기를 수 있다. 많은 기업에서 채택하고 있는 연봉제나 파격적인 인센티브 제도는 일시적으로 업무능력을 높이는 효과가 있으나 창의적인 사고와 행동을 위축시킬 수도 있다.

보상의 **잠재비용**(hidden cost), 즉 의도하지 않은 대가를 치러야 한다. 첫째, 보상은 내재적 동기를 손상한다. 둘째, 보상은 학습의 과정 및 질을 저해한다. 즉, 보상을 주면 보상받기 위해 행동하므로 심층적으로 학습하지 않고 피상적으로 학습한다. 셋째, 보상은 자기조절을 방해한다. 보상받은 경험이 많을수록 자신의 행동을 조절하지 못한다. 넷째, 보상은 창의적이고 모험적인 행동을 제약한다.

그런데 보상이 항상 내재적 동기를 감소시키는 것은 아니다. 인지적 평가 이론(cognitive evaluation theory, Deci & Ryan, 1985)에 따르면 내재적 동기는 자기결정(self-determination)과 유능감(competence)을 경험할 때 유발된다. 자기결정은 선택 · 자율 · 내적 귀인을, 유능감은 능력을 입증하거나 능력이 증진될 때 뒤따르는 만족감을 뜻한다. 결국, 인지적 평가이론에 따르면 보상이 자기결정감 및 유능감을 높이면 내재적 동기가 높아지나, 반대의 경우 내재적 동기를 손상한다. 보상(칭찬, 피드백, 돈, 학위, 성적 등)은 행동을 통제하기 위한 목적으로 사용할 수도 있고, 유능성을 높이기 위한 목적으로 사용할 수도 있다. 따라서 보상이 항상 내재적 동기를 손상하는 것은 아니다. 보상은 특정 방식으로 행동하도록 통제하는 기능과 과제를 어느 정도 잘하는지 피드백을 제공하는 정보제공기능을 갖고 있다. 보상이 통제기능을 하면 자율성이 손상되므로 내재적 동기가 낮아지고 외재적 동기가 높아진다. 반면, 보상이 잘하고 있다는 긍정적 정보를 제공하면 유능성 동기와 내재적 동기가 높아진다. 이것은 보상을 어떻게 지각하는가에 따라 내재적 동기를 높일 수도 있고, 내재적 동기를 감소시킬 수도 있음을 의미한다.

2. 요구

요구(need)는 생존, 성장, 안녕, 삶에 필요한 개인 내부의 조건을 말한다(Reeve, 2018). 요구는 크게 생리적 요구(예: 배고픔, 갈증, 성), 심리적 요구(예: 자율, 유능, 관계), 암묵적 동기(implicit motives, 예: 성취, 친화, 권력)로 구분된다.

유기체는 요구를 충족시키기 위해 행동하므로 요구는 강력한 동기원이다. 요구에 비추어 동기를 설명하는 관점을 소개한다.

1) 성취 요구 및 실패회피 요구

성취동기이론(Atkinson, 1964)에 따르면 성취행동은 성취 요구 및 실패회피 요구의 절충에 의해 결정된다.

성취 요구(motive for achievement)는 도전적이고 어려운 과제를 성취하려는 요구, 즉 수월성 표준(standard for excellence)을 달성하려는 요구를 말한다. 성취 요구가 높은 사람들의 특징은 다음과 같다.

• 과업지향성이 높다.

- 적절한 모험성이 있다.
- 자신감이 높다.
- 정열적이고 혁신적인 활동성이 있다.
- 책임감이 높다.
- 피드백을 구한다.
- 미래지향적이다.

실패회피 요구(motive to avoid failure)는 실패를 피하려는 회피동기(avoidance motivation), 즉 실패로 인한 자기존중 손상, 사회적 존중 상실, 좌절감과 당혹감을 방어하려는 요구를 말한다. 실패회피 요구는 성취장면에서 경험하는 불안으로 정의되는데, 실패회피 요구가 높은 사람들의 특징은 다음과 같다.

- 아주 쉬운 일/목표를 시도한다.
- 지나치게 어려운 일/목표를 시도한다.
- 최선을 다하지 않는다.
- 과제를 미리 하지 않고 꾸물거리고 늑장을 부린다.
- 과욕을 부린다.
- 거짓말이나 속임수를 사용하기도 한다.

성취 요구가 높으면 도전적 과제를 선호하고 학업에 전념한다. 반면, 실패회피 요구가 높으면 도전적 과제를 회피하고 실패확률이 낮은 쉽고 안전한 과제를 선호하며 학업에 전념하지 않는다. 실패회피 요구는 실패확률을 줄일 수 있으나 성공확률도 낮추므로 실패회피 요구가 높으면 성취가 낮아진다.

성취동기이론에 따르면 성취행동은 성취 요구와 실패회피 요구의 절충으로 결정된다. 성취 요구와 실패회피 요구가 독립적이라고 가정할 때 학습에 접근하는 학습자 유형은 네 가지로 구분할 수 있다.

성취 요구

	고	저
고	과잉노력자	실패회피자
저	성공지향자	실패수용자

실패회피 요구

[그림 12-2] **성취 요구와 실패회피 요구에 따른 학습자 유형**

① **성공지향자**(success orienter): 능력에 대한 자신감이 높고, 학습을 극대화할 수 있는 행동 및 사고를 하며, 실패에 관해 별로 걱정하지 않는다.
② **실패회피자**(failure avoider): 실패의 두려움이 크고 학업에 전념하지 않으며 실패가 자신이 무능하다는 함의를 주지 않도록 지연행동과 같은 자기손상 전략을 구사한다.
③ **과잉노력자**(overstriver): 실패를 심각하게 생각하고 실패를 피하려고 극단적으로 노력한다.
④ **실패수용자**(failure acceptor): 학업에 아예 관심이 없고, 따라서 거의 노력하지 않는다.

2) 자기결정

42.195km의 풀코스마라톤을 완주하려면 극한의 고통이 수반된다. 그런데 아마추어 마라토너들은 늘 마라톤을 생각하고 달리기를 즐긴다. 왜일까? 해답은 의외로 간단하다. 마라톤을 스스로 선택했고 결정했기 때문이다. 어떤 일이나 행동을 스스로 선택하고 결정하면 동기가 높아진다. 공부를 예로 들면 공부를 스스로 선택한 학생은 학습동기가 높고 공부 자체를 즐긴다. 반대로 다른 사람이 강요하거나 명령하거나 통제하는 일을 억지로 하면 전혀 즐겁지 않다. 억지로 공부하는 학생은 공부를 지긋지긋한 지옥으로 여긴다.

자기결정이론(self-determination theory; Deci, 1980; Ryan & Deci, 2000)에 따르면 무엇을 어떻게 할 것인지 스스로 선택하는 자기결정은 내재적 동기를 높이지만, 통제(지시, 간섭 등)는 내재적 동기를 낮추고 외재적 동기를 높인다. 자기결정이론은 내재적 동기에 영향을 미치는 유능 요구, 자율 요구, 관계 요구를 타고난다고 가정한다.

① **유능 요구**(competence need): 과제, 일, 대인관계 등에서 유능성을 경험하려는 요구를 말한다. 모든 사람은 유능한 존재가 되기를 원한다.

② **자율 요구**(autonomy need): 과제나 행동을 스스로 선택하려는 요구를 말한다. 모든 사람은 무엇을 언제 어떻게 할 것인지 스스로 선택하기를 원한다.

③ **관계 요구**(relatedness need): 타인과 긴밀한 정서적 유대를 맺고, 타인의 사랑과 존중을 받으려는 요구를 가리킨다. 모든 사람은 삶에서 중요한 사람과 배려와 사랑을 주고받기를 원한다. 타인의 인정을 받고 긍정적 평가를 받으려는 승인 요구(need for approval)는 관계 요구와 관련된다.

요컨대, 유능 요구, 자율 요구, 관계 요구가 충족되면 내재적 동기가 높아진다. 유능 요구, 자율 요구, 관계 요구를 충족시키는 방안은 다음과 같다.

〈표 12-2〉 요구를 충족시키는 방안

요구	방안
유능 요구	• 최적의 도전감을 경험할 수 있는 과제를 제시한다. • 학습과제, 활동을 구조화(설계)한다. 구조화의 3요소는 ① 명료한 기대, ② 지도, ③ 피드백이다.
자율 요구	• 규칙/지시를 통제적 방식이 아니라 정보적인 방식으로 제시한다. • 학습과제와 활동을 선택하는 기회를 준다. • 비통제적 방식으로 평가한다. • 과외활동의 자율성을 부여한다. • 외적 보상은 필요할 때 최소한으로 사용한다.
관계 요구	• 배려한다. • 개별적으로 대화한다. • 우호적인 상호작용을 한다. • 학습을 도와준다.

3) 인지부조화

인지부조화(cognitive dissonance)는 두 개의 신념 또는 신념과 행동이 불일치할 때 경험하는 긴장상태를 말한다(Festinger, 1957). 두 개의 신념 혹은 신념과 행동은 조화(consonance)를 이룰 수도 있고, 관련이 없을 수도 있으며, 부조화(dissonance)를 이룰 수도 있다. 예를 들어, '테니스를 좋아한다.'라는 생각과 '테니스를 친다.'라는 행동은 조화관계가 있고, '테니스를 좋아한다.'라는 생각과 '극장에 간다.'는 행동은 관련이 없으며, '테니스를 싫어한다.'라는 생각과 '테니스를 친다.'라는 행동은 부조화관계에 있다.

인지부조화 이론을 정립하게 된 계기는 흥미롭다. Festinger는 1954년 12월 21일 세상이 끝날 것이라고 믿는 사교집단을 참여 관찰했는데, 막상 그날이 되어도 아무 일도 일어나지 않았다. 한동안 인지부조화에 빠져 안절부절못하던 신도들은 "신도 여러분의 굳은 믿음 덕분에 구원받아 세상의 종말이 오지 않았다."라는 교주의 설교를 듣고 더 열심히 포교에 나서는 것이었다. 신도들은 기존 신념에 배치되는 증거를 왜곡하여 인지부조화를 해결했다. Festinger는 이 관찰을 토대로 인지부조화 이론을 정립했다.

인지부조화 이론에 따르면 신념과 신념 혹은 신념과 행동이 일치하지 않으면 인지부조화를 경험하는데, 인지부조화는 인지일관성을 회복하는 데 필요한 에너지를 제공한다. 인지부조화에 기저한 동기적 과정은 다음과 같다.

① 인지부조화가 유발되면 심리적 긴장을 경험한다.
② 인지부조화를 해소하여 인지조화를 회복하려는 동기가 유발된다.
③ 인지부조화를 해소하기 위한 전략을 실행한다.
④ 인지부조화가 해소되고 인지조화(인지일관성)를 회복한다.

인지부조화를 해소하여 인지조화를 회복하기 위한 구체적인 전략은 다음과 같다.

• 신념을 바꾼다(예: 흡연이 해롭다고 생각하면서도 흡연하는 사람은 흡연이 스트레스 해소에 긍정적인 영향을 준다고 생각한다).
• 행동을 바꾼다(예: 흡연이 해롭다고 생각하면서도 흡연하는 사람이 담배를 피우지 않는다).
• 인지부조화를 유발하는 정보를 무시하거나 왜곡한다(예: 흡연이 해롭다고 생각하면서도 흡연하는 사람은 흡연이 부정적 영향을 미친다는 정보를 무시한다).

- 인지부조화를 해소할 수 있는 정보를 수집한다(예: 흡연이 해롭다고 생각하면서도 흡연하는 사람이 경험하는 부조화는 많은 사람이 흡연한다는 정보를 접하면 상당히 해소된다. 시험점수가 낮아 실망하는 학생이 경험하는 부조화는 학생 대부분이 시험을 망쳤다는 사실을 알면 상당히 해소된다).
- 인지부조화를 유발하는 정보가 인지부조화를 유발하지 않도록 구획화(compart-mentalization)한다(예: 흡연이 해롭다고 생각하면서도 흡연하는 사람은 자신이 건강하므로 흡연해도 문제가 없다고 생각한다. 경찰을 싫어하면서도 경찰로 근무하는 창수를 좋아하는 영희는 그가 다른 경찰과 다르다고 생각한다).

신포도 우화를 예로 들어 여우가 인지부조화를 해소하는 과정을 설명해 보자. 길을 가던 여우는 탐스럽게 익은 포도를 따 먹고 싶었다. 그러나 포도가 너무 높아서 도저히 딸 수 없었다. 이 상황에서 여우가 인지부조화를 해소하기 위해 사용할 수 있는 전략은 다음과 같다.

- 포도를 좋아하지 않는다고 생각한다. 여우는 포도에 대한 태도 혹은 인지를 바꾸었다.
- 까마귀의 도움을 얻어 포도를 따 먹는다. 여우는 행동을 바꾸었다.
- 포도가 신맛이 난다고 왜곡한다. 여우는 정보를 왜곡했다.
- 포도가 해롭다는 정보를 수집하거나 포도를 먹고 배탈이 난 적이 있다는 기억을 떠올린다(새로운 정보를 수집한다).
- 포도가 너무 높이 매달려 있어서 이 세상에 포도를 딸 수 있는 여우는 없다고 생각한다.

인지부조화 이론에 따르면 동기를 유발하려면 인지부조화를 유발해야 한다. 인지부조화를 유발하는 방안은 다음과 같다.

- 신념에 반(反)하는 행동을 하도록 한다.
- 신념을 바꾸도록 설득한다.

4) 요구위계

인간은 생리적 요구, 안전 요구, 통제 요구, 인정 요구, 성취 요구 등 다양한 요구를 갖고 있다. 요구(need, 욕구)는 내부의 긴장상태를 뜻한다. 따라서 요구가 충족되지 않으면 긴장을 경험하고 요구를 충족시키기 위해 행동한다.

Maslow(1970)의 **요구위계**(要求位階, needs hierarchy, 욕구단계라고도 함)는 생리적 요구 및 심리적 요구(안전 요구, 소속 및 애정의 요구, 존중 요구, 자기실현 요구)를 강도를 기준으로 위계로 배열한 것이다. 요구위계에 포함된 요구는 다음과 같다.

[그림 12-3] 요구위계

① **생리적 요구**(physiological needs): 음식, 물, 산소, 수면, 성, 감각자극 등 생존과 관련된 요구를 말한다. 생리적 요구는 가장 기본적이고 강력한 요구로, 이 요구가 충족되지 않으면 더 높은 요구가 출현하지 않는다.

② **안전 요구**(safety needs): 자신이 처한 환경에서 안전감을 경험하려는 요구를 말한다. 안전 요구로 인해 질서, 구조, 예측가능성을 선호하고 불안과 공포로부터 해방

되려고 한다. 취업, 저축, 보험, 종교는 안전 요구를 반영한다. 안전 요구는 전쟁, 범죄, 홍수, 지진, 혁명과 같은 상황에서 특히 중요하다. 주위 환경을 깔끔하게 정돈하려고 애쓰는 강박증 환자들의 행동은 안전 요구의 영향을 받은 것이다.

③ 소속 및 애정의 요구(belongingness and love needs): 타인(배우자, 가족, 친지, 친구 등)과 친밀한 관계를 맺고, 집단에 속하려는 요구를 가리킨다. 이 요구가 충족되지 않으면 고독, 소외감, 우울증을 경험한다.

④ 존중 요구(esteem needs): 자신의 긍정적 평가를 받으려는 자기존중 요구(self-esteem need)와 다른 사람들의 존중을 받으려는 요구(need for esteem from others)를 가리킨다. 자기존중 요구는 성취, 능력, 독립에 관한 요구를 포함한다. 다른 사람들의 존중을 받으려는 요구는 지위, 위신, 인정, 관심, 승인 등에 관한 요구를 포함한다.

⑤ 자기실현 요구(self-actualization needs): 자신이 성취할 수 있는 모든 것을 실현하려는 요구를 말한다. 따라서 자기실현 요구는 자기증진을 위한 갈망이며, 잠재력을 실현하려는 욕망이라고 할 수 있다. 자기실현 요구가 높은 사람들은 잠재력을 실현하기 위해 노력한다. 그런데 자기실현의 형태는 사람에 따라 큰 차이가 있으므로 요구 중에서 자기실현 요구의 개인차가 가장 크다.

〈표 12-3〉 자기실현을 위해 Maslow가 추천하는 행동

1. 성장을 위한 선택을 한다.
   삶을 진보와 성장을 지향한 선택과 퇴보와 두려움에 기반한 선택의 과정으로 생각하라. 진보와 성장을 지향한 선택은 자기실현을 위한 선택이고, 퇴보와 두려움에 기반한 선택은 자기실현에서 멀어지는 선택이다. 쉬운 것이 아니라 어려운 것을 선택하고, 노력하라.

2. 정직하라.
   정직하라. 특히 의구심에 사로잡혔을 때 정직하라. 선택과 선택의 결과에 기꺼이 책임을 지라. 책을 선택할 때는 베스트셀러보다 개인적 관심사를 반영하고 성장에 도움이 되는 책을 선택하라.

3. 절정경험을 하라.
   절정경험을 할 수 있는 상황을 만들라. 삿된 관념을 버리고 착각하지 말라. 지성을 활용하라. 잘 할 수 있고 관심 있는 활동에 몰입하라.

4. 방어를 하지 말라.
   자신이 사용하는 방어기제를 확인한 후 용기를 내어 방어기제를 제거하라. 자기를 과장하는 환상을 버리고 진정한 자기가 되는 데 도움 되는 역량을 개발하라.

5. 자기가 출현하도록 하라(Let self emerge).

　내면을 성찰하고 내면의 외침을 경청하라. 세상의 소음을 무시하라. 너는 무엇을 해야 하고 어떤 사람이 되어야 한다고 말하는 다른 사람의 말에 현혹되지 말고, 내가 무엇을 해야 하고 어떤 사람이 되려고 하는가에 관한 자신의 관심과 열망을 경청하라.

6. 개방적 경험을 하라.

　고도로 집중하고 몰입하여 충실하고 생생한 무아(無我)의 경험을 하라. 마음에 집중하고 마음챙김을 경험하라. 자의식이나 방어가 없는 경험을 하라. 자발적이고, 독창적이며, 경험에 개방적이 되라.

자료: Reeve (2018).

　한편, Maslow는 요구위계에 포함된 5개 요구 이외에 인지적 요구(cognitive needs, 인식과 지식의 요구)와 심미적 요구(aesthetic needs, 질서, 균형, 조화의 요구)를 추가했다.

　요구위계에 포함된 요구는 결손 요구와 성장 요구로 나뉜다. **결손 요구**(deficiency needs, D 요구)는 결핍상태에서 유발되는 긴장을 해소하려는 하위수준 요구(생리적 요구, 안전 요구, 소속과 애정의 요구, 존중 요구)를 말한다. 결핍상태는 음식, 직업안정성, 소속, 사회적 지위 등에 관한 결핍을 망라한다.

　성장 요구(becoming or meta needs, B 요구)는 잠재력을 실현하려는 원대한 요구를 말한다. 결손 요구가 충족되면 성장 요구가 출현한다. 진선미, 정의, 질서를 추구하는 행동은 성장 요구에서 기인한다. 위계를 이루는 결손 요구와 달리 성장 요구는 위계를 이루지 않는다. 삶을 풍요롭게 함으로써 삶의 기쁨을 높이려는 성장 요구는 선천적으로 타고난다. 심리적 건강을 유지하고 성장하려면 성장 요구가 충족되어야 한다. 성장 요구가 충족되지 않은 데서 기인하는 메타병리(metapathologies)는 무관심, 소외, 우울, 냉소와 같은 특징을 보인다.

　요구위계의 특징은 다음과 같다.

　첫째, 요구들은 강도에 따라 위계를 이룬다. 요구는 요구위계에서 수준이 낮을수록 강도가 높다. 따라서 생리적 요구의 강도가 가장 높고, 자기실현 요구의 강도가 가장 낮다.

　둘째, 하위수준 요구가 상위수준 요구보다 발달과정에서 먼저 출현한다. 따라서 생리적 요구가 가장 먼저 출현하고, 자기실현 요구가 가장 늦게 출현한다. 그 결과 아동들은 주로 하위수준 요구(생리적 요구와 안전 요구)가 있지만, 성인들은 모든 요구를 경험한다.

셋째, 상위수준 요구는 하위수준 요구가 충족된 후 출현한다. 따라서 안전 요구는 생리적 요구가 충족된 후 출현하며, 소속과 애정의 요구는 생리적 요구 및 안전 요구가 충족된 후 출현한다.

넷째, 심리적으로 건강한 사람은 당면하는 요구의 수준이 높은 사람이다. 따라서 생리적 요구 충족에 전념하는 사람보다 자기실현 요구 충족에 전념하는 사람이 심리적으로 더 건강하다.

요구위계는 교육, 경영, 심리치료 등 다양한 분야에 널리 적용되었다. 요구위계의 교육적 함의는 다음과 같다.

첫째, 당면 요구는 사람에 따라 다르다. 당면 요구가 생리적 요구인 사람도 있고, 안전 요구인 사람도 있으며, 자기실현 요구인 사람도 있다. 따라서 모든 학생에게 상위수준의 요구를 충족하도록 획일적으로 지도할 것이 아니라 개별 학생의 당면 요구를 파악한 다음 그에 맞추어 지도해야 한다.

둘째, 하위수준 요구를 먼저 충족시켜야 한다. 하위수준 요구가 충족되지 않으면 상위수준 요구가 출현하지 않는다. 따라서 모든 학생에게 상위수준 요구, 가령 자기실현 요구를 획일적으로 강조하지 말고 하위수준의 요구가 충족되었는지 먼저 확인해야 한다.

한편, 요구위계의 문제점은 다음과 같다. 첫째, 요구위계가 전제하는 요구들의 우선순위의 타당성을 경험적으로 검증하기 어렵다. 사람에 따라 요구의 우선순위가 다르다는 견해도 있다. 둘째, 다섯 가지 수준으로 구성된 요구위계의 타당성이 경험적으로 검증되지 않았다. 요구를 결손 요구와 성장 요구로 구분하는 2수준 위계가 더 타당하다는 견해도 있다. 셋째, 자기실현 요구를 측정하기 어렵다.

5) 실현경향성

실현경향성(actualizing tendency)은 유기체를 보존하고 향상하려는 내재적 경향성을 말한다. Rogers(1963)에 따르면 실현경향성은 인간의 유일하고 근본적인 동기원으로 모든 동기는 실현경향성에서 파생된다.

실현경향성은 보존기능과 향상기능을 갖고 있다. 보존기능은 생존을 위해 기본적 요구를 충족하도록 하는 기능이고, 향상기능은 성장과 잠재력을 실현하도록 하는 기능이다. 보존기능과 향상기능의 동기기제는 다르다. 보존기능은 기본적 요구를 충족시켜 긴장을 감소시키지만, 향상기능은 성장을 추구하기 위해 긴장을 증가시킨다.

실현경향성과 관련된 모든 경험은 유기체적 평가과정에 비추어 평가된다. **유기체적 평가과정**(organismic valuation process)은 경험이 성장에 도움이 되는지 아니면 성장을 방해하는지에 관한 정보를 제공하는 피드백 시스템인데, 성장에 도움을 주는 경험은 긍정적인 평가를 받고 성장을 방해하는 경험은 부정적인 평가를 받는다. 요컨대, 실현경향성은 새롭고 도전적인 경험을 하도록 동기를 유발하며, 유기체적 평가과정은 경험이 성장을 촉진하는지에 관한 정보를 제공한다.

한편, 실현경향성이 분화되어 자기(self)가 형성되면 자기를 보존하고 향상하려는 **자기실현경향성**(self-actualizing tendency)이 출현한다. 자기실현경향성은 자기개념(self-concept)과 일치하는 행동을 하도록 동기를 제공한다. 실현경향성과 자기실현경향성은 갈등을 빚기도 하는데, 유기체적 경험과 자기개념이 일치하면 실현경향성과 자기실현경향성이 통합되지만, 실현경향성과 자기실현경향성이 불일치하면 상반된 요구를 추구하므로 부적응행동을 일으킨다.

자기가 출현하면 긍정적 존중의 요구와 자기존중 요구가 나타난다. **긍정적 존중의 요구**(need for positive regard)는 가족, 친구, 중요한 타인의 사랑, 인정, 동정, 존경을 받으려는 요구를 말한다. **자기존중 요구**(need for self-regard)는 자신의 인정을 얻으려는 요구로, 긍정적 존중의 요구를 내면화한 것이다. Rogers는 실현경향성 이외에 긍정적 존중의 요구와 자기존중 요구를 이차적인 동기원으로 가정하는데, 이 요구들은 실현경향성에서 파생된다.

긍정적 존중의 요구로 인해 개체는 다른 사람들의 피드백(칭찬이나 비난)에 민감하게 반응하고 다른 사람들이 설정한 **가치조건**(conditions of worth, 다른 사람이 행동이나 개인적 특성의 적절성을 판단하는 기준. 자녀 행동의 적절성을 판단하기 위해 부모가 설정한 기준이 가치조건이다.)을 내면화한다.

Rogers(1959)에 따르면 인간은 2개의 세계(유기체적 평가과정이라는 내적 세계와 가치조건이라는 외적 세계)에 살고 있는데, 가치조건을 내면화하면 경험을 가치조건에 비추어 판단한다. 이는 경험이 자신의 성장에 도움이 되는지를 기준으로 판단하지 않고 다른 사람의 인정 여부를 기준으로 판단한다는 것을 뜻한다. 가치조건을 지향하고 유기체적 평가과정에서 멀어지는 것은 발달에 부정적인 영향을 준다. 왜냐하면 가치조건을 지향하는 것은 자신이 진정으로 원하는 방식이 아니라 다른 사람이 원하는 방식으로 살아간다는 것을 의미하기 때문이다.

실현경향성을 촉진하려면 **무조건적 긍정적 존중**(unconditional positive regard, 아무 조건 없이 있는 그대로 수용하고 존중하는 것)을 해야 한다. 중요한 타인이 무조건적 긍정적 존중을 하면 가치조건을 내면화하지 않고 자신이 진정으로 원하는 존재가 되려고 노력한다. 무조건적 긍정적 존중은 충분히 기능하는 인간으로 성장하도록 북돋운다. **충분히 기능하는 인간**(fully functioning person)은 Rogers가 상정하는 이상적인 인간으로, Maslow에 따르면 자기를 실현한 사람이다.

반면, **조건적 존중**(conditional regard, 가치조건을 충족시킬 때 존중하는 것)을 하면 심리적인 문제가 발생한다. 조건적 존중을 지향하면 자신이 진정으로 원하는 존재가 되기 위해 노력하는 것이 아니라 다른 사람이 원하는 존재가 되려고 하므로 늘 심리적 긴장을 경험한다. 조건적 존중은 복종하거나 성공할 때 사랑과 애정을 주는 긍정적 조건적 존중(positive conditional regard)과 복종하지 않거나 실패할 때 사랑과 애정을 철회하는 부정적 조건적 존중(negative conditional regard)으로 나뉜다. 부모가 긍정적 조건적 존중을 하면 자녀는 내적 강제감을 경험하고 높은 성적을 받기 위해 노력하지만, 부모의 기대를 충족시키지 못하면 죄책감과 수치심을 경험한다. 한편, 부모가 부정적 조건적 존중을 하면 자녀는 불안과 분노를 경험하고 학습동기가 유발되지 않으며 학업에 냉담한 태도를 보인다. 그로 인해 부모-자녀 관계가 악화되고 부모는 자녀를 거부한다. 긍정적 조건적 존중과 부정적 조건적 존중은 남녀관계에도 작용한다.

3. 기대 및 가치

기대-가치 이론(Wigfield & Eccles, 2000)에 따르면 동기는 기대와 가치에 따라 결정된다.

기대(expectancy)는 어떤 것을 잘할 수 있는 능력이 있는가에 대한 신념과 판단, 즉 "나는 그것을 할 수 있는가?"라는 물음에 대한 대답을 말한다. 과제를 잘할 수 있다고 생각할수록 기대가 높다. 사람들은 일반적으로 잘할 수 있다고 생각하는 과제나 활동을 선택하는 경향이 있으므로 기대가 높을수록 동기가 높다. '오르지 못할 나무는 쳐다보지도 마라'라는 속담은 기대의 중요성을 잘 나타낸다.

한편, 가치(value)는 왜 과제를 하려고 하는가에 관한 주관적 지각과 판단, 즉 "나는 왜 그것을 해야 하는가?"라는 물음에 대한 대답을 말한다. 사람들이 어떤 것을 하려고 하는 이유는 매우 다양하다. 즉, 흥미 있고 즐거워서 하기도 하고, 자신에게 중요하다고 생각해서 하기도 하며, 과제가 자신의 목표(취업, 진학 등)를 달성하는 데 도움을 준다고 생각해서 하기도 한다.

기대-가치 이론에 따르면 기대와 가치가 높을수록 동기가 높아진다. 예컨대, A 학점을 받을 수 있는 자신이 있고 학점이 중요하다고 생각하면 열심히 노력한다. 기대 및 가치가 낮으면 당연히 동기가 낮아진다. A 학점을 받을 자신이 없고 학점이 중요하지 않다고 생각하면 공부하지 않는다. 기대나 가치 중 어느 하나가 낮아도 동기가 낮아진다. A 학점을 받을 자신이 있어도 학점이 중요하지 않다고 생각하거나 학점이 중요하다고 생각해도 A 학점을 받을 자신이 낮으면 동기가 유발되지 않는다.

기대(고, 저)와 가치(고, 저)를 기준으로 학습자 유형은 다음과 같이 네 유형으로 구분할 수 있다(Hansen, 1989).

성공기대

		고	저
과제가치	고	전념형	위장형
	저	회피형	거부형

[그림 12-4] 기대와 가치에 따른 학습자 유형

① **전념형**(engaging): 성공기대가 높고 학습에 높은 가치를 부여하는 유형이다. 이 유형은 도전적인 과제를 해결하기 위해 최대한 노력한다.

② **위장형**(dissembling): 성공기대는 낮으나 학습에 높은 가치를 부여하는 유형이다. 위장형은 과제를 잘하고 싶지만 무엇을 어떻게 해야 하고 제대로 할 수 있을지 확신하지 못한다. 이러한 불확실성으로 인해 이해한 척하고, 변명하며, 어려움을 부정하거나, 자아를 보호하기 위한 행동을 한다.

③ **회피형**(evading): 성공기대는 높으나 과제를 해야 할 이유를 찾지 못한 유형이다.

④ **거부형**(rejecting): 성공기대가 낮고 과제를 해야 할 이유도 갖고 있지 않은 유형이다. 이 유형은 노력해도 성공할 수 없을 뿐만 아니라 노력할 이유가 전혀 없다고 생각하므로 학업행동을 하지 않고 자신을 방어하지도 않는다.

4. 사건에 관한 신념

개인의 신념은 학습동기에 큰 영향을 미친다. 개인이 사건에 대해 갖고 있는 신념인 통제소재와 신념을 살펴본다.

1) 통제소재

통제소재(locus of control)는 삶에서 중요한 사건이나 결과(성공/실패)를 자신이 통제하는지 아니면 외부 요인이 통제하는지에 관한 일반적인 신념을 가리킨다. Rotter(1966)의 통제소재이론에 따르면 통제소재는 동기 및 행동을 결정한다.

통제소재는 내적 통제소재와 외적 통제소재로 나뉘는데 **내적 통제소재**(internal locus of control)는 사건이나 결과를 자신이 통제할 수 있다는 신념을, **외적 통제소재**(external locus of control)는 다른 사람이나 운 또는 상황이 사건이나 결과를 통제한다는 신념을 지칭한다.

통제소재는 결과기대(outcome expectation, 자신의 행동이 결과와 관련된다는 신념)를 반영한다. 따라서 내적 통제소재는 긍정적 결과기대(자신의 행동으로 긍정적인 결과를 얻을 수 있다는 신념)를, 외적 통제소재는 부정적 결과기대(자신의 행동으로 긍정적 결과를 얻을 수 없다는 신념)를 반영한다. 외적 통제소재의 극단적인 형태는 학습된 무력감인데, 학습된 무력감에 빠지면 자신이 의도하는 결과를 얻기 위해 할 수 있는 것은 아무것도 없다고 생각하고 전혀 노력하지 않는다. 노력하지 않으면 결국 실패하고 실패를 거듭하면 무력 감이 '학습된다'.

DeCharms(1968)는 통제소재의 양극단을 각각 주인(origins)과 꼭두각시(pawns)로 명 명했다. 주인은 운명을 스스로 결정하고 통제할 수 있다고 믿는 사람으로, 동기가 높고 낙관적이며 자신감이 높다. 반면, 꼭두각시는 운명이 외적 힘의 지배를 받고 있어 통제 할 수 없다는 신념을 가진 사람으로 동기가 낮고 비관적이며 자신감이 낮다.

통제소재는 동기에 큰 영향을 준다. 내적 통제자는 행동으로 긍정적인 결과를 얻을 수 있다고 생각하고 열심히 노력한다. 반면, 외적 통제자는 행동이 결과와 전혀 관련이 없 으며 운이나 다른 사람이 삶에 결정적인 영향을 준다고 생각하고 노력하지 않는다. 설사 결과가 좋더라도 그 원인을 외부 요인으로 귀인하는 경향이 높다.

학생의 경우 내적 통제자는 자신의 능력, 지식, 노력이 성적을 결정한다고 생각하지 만, 외적 통제자는 운이나 교사가 성적을 결정한다고 생각한다. 교사의 경우 내적 통제

〈표 12-4〉 내적 통제자와 외적 통제자의 특징

내적 통제자	외적 통제자
실패하더라도 쉽게 포기하지 않는다.	실패했을 때 쉽게 포기한다.
과제해결에 몰두한다.	과제해결에 거의 시간을 보내지 않는다.
스트레스에 잘 대처한다.	스트레스에 적절하게 대처하지 못한다.
고민거리에 민감하게 반응하지 않는다.	고민거리에 민감하게 반응한다.
새로운 도전을 좋아한다.	새로운 도전을 싫어한다.
중요한 사건에 대한 정보를 수집한다.	사건이 일어나는 대로 내버려 둔다.
단점을 적극적으로 보완한다.	단점을 보완하지 않는다.
성취동기가 높다.	성취동기가 낮다.
우울한 기분에 둔감하다.	우울한 기분에 민감하다.
가능하면 삶을 통제하려고 한다.	삶을 통제하려고 노력하지 않는다.
성공할 가능성이 높고 부자가 될 수 있다.	부자가 되기 어렵다.
정치에 관심이 많고 투표를 좋아한다.	정치에 관심이 적고 투표를 기피한다.

자는 자신의 행동이 학생의 성적에 영향을 준다고 생각하고, 외적 통제자는 가정환경이나 운과 같이 자신이 통제할 수 없는 요인이 성적에 영향을 준다고 생각한다. 결국 능력이 같아도 내적 통제자가 외적 통제자보다 동기가 더 높으므로 더 많이 노력하고 지속성과 성취가 높은 경향이 있다.

2) 귀인

좋은 성적을 받았다고 하자. 이때 능력이 높아서 좋은 성적을 받았다고 생각할 수도 있고, 열심히 노력해서 좋은 성적을 받았다고 생각할 수 있으며, 운이 좋아서 높은 성적을 받았다고 생각할 수도 있다. 나쁜 성적을 받았을 때 능력이 낮아서 기말고사를 망쳤다고 생각할 수 있고, 공부하지 않아서 기말고사를 망쳤다고 생각할 수도 있으며, 운이 나빠 기말고사를 망쳤다고 생각할 수도 있다. 위의 예시와 같이 사건, 행동, 결과의 원인을 설명하고 추리하는 과정을 귀인(歸因, attribution)이라고 한다. 성적이 높을 때 능력이 높아서 좋은 성적을 받았다고 생각하는 학생은 성적이 높은 원인을 능력으로 귀인하고 있고, 공부하지 않아 성적이 낮다고 생각하는 학생은 성적이 낮은 원인을 노력으로 귀인하고 있으며, 운이 나빠 성적이 낮았다고 생각하는 학생은 성적이 낮은 원인을 운으로 귀인하고 있다. 통제소재이론을 확장한 귀인이론(attribution theory; Weiner, 1985, 1986)은 성공이나 실패의 원인을 설명하는 귀인이 동기에 미치는 영향을 분석한다.

성취(학업성취, 스포츠 경기 결과, 직업적 성취 등)에 영향을 주는 주요 원인은 능력, 노력, 운, 과제곤란도, 기분, 다른 사람의 도움(또는 방해), 건강 등이다. 〈표 12-5〉는 수학시험 성적이 높은 경우와 낮은 경우의 귀인을 예시하고 있다.

〈표 12-5〉수학성적에 대한 귀인

성적	귀인	예시
높을 때	능력	나는 수학에 소질이 있어.
	노력	나는 시험공부를 열심히 했어.
	능력 + 노력	나는 수학에 소질이 있고 공부도 열심히 했어.
	과제곤란도	수학시험이 쉬웠어.
	운	운이 좋았어. 공부한 내용에서 시험이 출제되었지.
낮을 때	능력	나는 수학에 소질이 없어.
	노력	시험공부를 제대로 못했어.
	능력 + 노력	수학에 소질도 없고 공부도 제대로 못했어.
	과제곤란도	수학시험이 너무 어려웠어.
	운	운이 나빴어. 하필 공부하지 않은 부분에서 출제되었어.

(1) 귀인 차원

귀인이 동기에 미치는 영향은 구체적인 원인이 아니라 **귀인 차원**(즉, 원인의 속성)에 따라 달라진다. 귀인 차원은 소재 차원, 안정성 차원, 통제가능성 차원으로 나뉜다.

① **소재 차원**(locus dimension): 원인의 장소, 즉 원인이 행위자 내부 혹은 외부에 존재하는가를 가리킨다. 능력과 노력은 내부에 존재하는 원인이고, 과제곤란도와 운은 외부에 존재하는 원인이다. 따라서 소재 차원의 귀인은 사건이나 결과의 원인을 내부 원인(능력, 노력 등)과 외부 원인(운, 다른 사람 등) 중 어느 원인으로 귀인하는가를 가리킨다. 사건이나 결과의 원인을 내부 원인으로 귀인하는 것을 내적 귀인, 외부 원인으로 귀인하는 것을 외적 귀인이라고 한다. '잘되면 제 탓, 못되면 조상 탓'이란 속담은 소재 차원의 귀인이다.

② **안정성 차원**(stability dimension): 행동이나 결과의 원인이 장면이나 시간의 흐름에 따라 변화될 수 있는 정도를 가리킨다. 능력은 안정성이 높은 원인이고, 일시적 노력과 운은 안정성이 낮은 원인이다. 따라서 안정성 차원의 귀인은 사건이나 결과의 원인을 안정성이 높은 원인으로 귀인하는지 아니면 불안정한 원인으로 귀인하는지

를 말한다.

③ **통제가능성 차원**(controllability dimension): 자신이 원인에 직간접으로 영향을 주거나 원인을 변화시킬 수 있는가를 가리킨다.[3] 노력은 통제할 수 있지만, 능력, 과제곤란도, 운은 통제할 수 없다. 따라서 통제가능성 차원의 귀인은 사건이나 결과의 원인을 통제할 수 있는 원인으로 귀인하는지 아니면 통제할 수 없는 원인으로 귀인하는지를 말한다.

구체적인 원인은 귀인 차원에 따라 〈표 12-6〉과 같이 분류할 수 있다. 이에 따르면 능력은 내적이고 안정적이며 통제하기 어려운 원인이고, 운은 외적이고 불안정하며 통제하기 어려운 원인이다.

〈표 12-6〉 귀인의 차원

	내적 차원		외적 차원	
	안정	불안정	안정	불안정
통제가능	장기적 노력	일시적 노력	교사 편견	타인의 도움
통제불가	능력	기분	과제곤란도	운

(2) 귀인의 영향

귀인이 동기에 미치는 영향은 사건이나 결과의 원인을 어떤 차원으로 귀인하는가에 따라 달라진다. 귀인의 영향은 다음과 같이 요약할 수 있다.

소재 차원의 귀인은 자부심과 자기존중에 영향을 준다. 내적 귀인은 성공했을 경우 자기존중을 높이지만, 실패했을 경우 자기존중을 손상시킨다. 자부심과 자기존중이 성취행동을 촉진한다는 점에서 성공을 능력으로 귀인하면 동기가 높아진다. 외적 귀인은 자기존중에 별 영향을 주지 않는다.

---

3) 통제가능성과 자율성은 중첩되는 개념이다. 통제가능성은 자신이 사건이나 결과에 영향을 줄 수 있다는 신념을, 자율성은 행동과 행동경로를 스스로 선택할 수 있다는 신념을 가리킨다. 즉, 통제가능성은 사건이나 결과를 자신이 통제할 수 있다는 신념이지만, 자율성은 행동을 스스로 통제할 수 있다는 신념이다.

안정성 차원의 귀인은 성공기대에 영향을 준다. 구체적으로 긍정적 결과를 능력과 같은 안정적인 원인으로 귀인하면 성공기대가 높아지고, 실패와 같은 부정적인 결과를 능력과 같은 안정성 있는 원인으로 귀인하면 실패를 예상하기 때문에 성공기대가 낮아진다. 실패 원인을 노력부족과 같은 불안정한 원인으로 귀인하면 동기가 높아진다.

통제가능성 차원의 귀인은 분노, 죄책감, 수치심과 같은 정서에 영향을 준다. 구체적으로 자신이 통제할 수 있는 요인(노력 부족, 불성실)에 의해 실패했을 경우 죄책감을 경험하고, 다른 사람이 통제하는 요인(소음, 편견 등)에 의해 성공이 방해를 받았으면 분노를 경험한다. 또 다른 사람이 통제불가능한 원인(능력 부족, 신체장애 등)으로 인해 실패할 때 연민과 동정심을, 노력 부족과 같은 통제가능한 원인으로 인해 실패했을 경우 분노를 경험한다. 이러한 정서반응은 귀인단서로 작용할 수 있다. 교사가 학생의 실패에 연민과 동정심을 보이면 학생은 실패를 능력 부족으로 귀인할 수 있는데, 이 경우 교사의 연민은 학생의 능력에 관한 신념을 손상시킬 수 있다.

〈표 12-7〉 귀인에 대한 정의적 및 인지적 반응 예시

	귀인	예시	정의적 반응	인지적 반응
성공	노력	시험공부를 열심히 했다.	자존감 증가	높은 성적 기대
	능력	나는 수학에 소질이 있다.	자존감 증가	비슷한 성적 기대
	과제곤란도	시험이 쉬웠다.	자존감 손상	비슷한 성적 기대
	운	운이 좋았다.	자존감 손상	낮은 성적 기대
실패	노력	공부를 열심히 하지 않았다.	수치심 증가	높은 성적 기대
	능력	수학에 소질이 없다.	수치심 증가	비슷한 성적 기대
	과제곤란도	시험이 어려웠다.	수치심 감소	비슷한 성적 기대
	운	운이 나빴다.	수치심 감소	높은 성적 기대

(3) 바람직한 귀인

성취장면에서는 성공할 수도 있고 실패할 수도 있는데, 학습동기의 측면에서 성공 및 실패 장면의 바람직한 귀인은 다음과 같다.

① **성공장면**: 성공했을 경우 내부에 존재하고, 불안정하며, 통제할 수 있는 원인으로

귀인하는 것이 바람직하다. 세 요건을 모두 충족시키는 원인은 노력이다. 따라서 성공했을 경우 원인을 노력으로 귀인하는 것이 가장 바람직하다. 열심히 노력해서 성공했다고 생각하면 앞으로도 열심히 노력할 것으로 예상된다. 성공했을 때 능력 귀인도 무방한데, 그 경우 자기존중이 높아진다.

② **실패장면**: 실패했을 경우 내부에 존재하고, 불안정하며, 통제할 수 있는 원인으로 귀인하는 것이 바람직하다. 노력은 내부에 존재하고, 불안정하며, 통제할 수 있는 원인이다. 따라서 실패했을 경우 노력으로 귀인하는 것이 가장 바람직하다. 공부하지 않아 성적이 낮다고 생각하면 앞으로 열심히 공부할 것이라고 예상된다. 실패했을 때 가장 바람직하지 않은 귀인은 내부의 안정적이고 통제불가능한 원인, 즉 능력으로 귀인하는 것이다. 능력이 낮아서 실패했다고 귀인하면 노력해도 능력이 낮아서 성공할 수 없다고 생각하고 노력하지 않으며, 자기존중이 손상된다.

결론적으로 학습동기를 높이려면 성공 및 실패 원인을 노력으로 귀인하는 것이 가장 바람직하다. 특히 능력이 낮다고 생각할수록 노력으로 귀인하는 것이 좋다. 많이 노력해서 성공했다고 생각하거나 노력하지 않아 실패했다고 생각하면 앞으로 노력을 많이 할 것으로 예상된다. 능력귀인의 효과는 다소 애매하다. 능력귀인은 성공했을 경우 자기존중을 높이지만 동기를 낮출 수도 있다. 왜냐하면 능력이 높다고 생각하는 학생은 능력이 낮아서 노력을 많이 한다고 해석하여 노력하지 않을 개연성이 있기 때문이다.

귀인변경 프로그램(attribution change program)은 학습동기를 손상시키는 비적응적 귀인을 학습동기를 높이는 적응적 귀인으로 변화시켜 학습동기를 높이려는 프로그램이다. 이 프로그램의 핵심은 실패 원인을 능력 부족과 같은 안정적인 원인이 아니라 노력 부족이나 부적절한 학습방법과 같은 불안정한 원인으로 귀인하도록 하는 데 있다. 학습에 실패하는 학생들은 실패원인을 능력 부족으로 귀인하는 경향이 있는데 실패원인을 능력 부족으로 귀인하면 동기가 손상되어 성취가 낮아진다. 능력이 낮아 실패했다고 생각하면 노력해도 능력이 낮아서 성공할 수 없다고 생각하고 노력하지 않는다. 귀인변경 프로그램은 노력귀인을 특별히 강조한다. 노력은 통제할 수 있는 원인이기 때문이다. 노력이 부족해서 실패했다고 생각하면 열심히 노력하면 성공할 수 있다고 기대하기 때문에 학습동기가 높아진다.

(4) 설명양식(귀인양식)

설명양식(explanatory style)은 사건이나 결과를 해석하거나 설명하는 전형적인 귀인패턴을 말한다. 숙달지향성(mastery orientation)은 성공을 능력과 노력으로 귀인하는 설명양식(I can do it style.)이고, 학습된 무력감은 성공을 자신이 통제할 수 없는 외적 원인으로 귀인하고 실패를 능력으로 귀인하는 설명양식(I can't do it even I try style.)이다.

살아가면서 경험하는 부정적 사건(예: 실격, 실패 등)을 설명하는 양식은 낙관적 설명양식과 비관적 설명양식으로 나뉜다. **낙관적 설명양식**(optimistic explanatory style)은 부정적 사건을 안정성이 낮고 자신이 통제할 수 없는 외부 원인으로 설명하는 양식이고, **비관적 설명양식**(pessimistic explanatory style)은 부정적 사건을 안정성이 높고 자신이 통제할 수 없는 내부 원인으로 설명하는 양식이다. 따라서 부정적 사건에 대한 낙관적 설명양식과 비관적 설명양식의 귀인은 다음과 같은 차이가 있다.

① 낙관적 설명양식
- 소재 차원: 다른 사람이나 상황으로 귀인한다.
- 안정성 차원: 일시적이고 시간에 따라 바뀌는 원인으로 귀인한다.
- 통제가능성 차원: 자신이 통제할 수 있는 원인으로 귀인한다.

② 비관적 설명양식
- 소재 차원: 내부 원인으로 귀인한다.
- 안정성 차원: 시간이 흘러도 바뀌지 않는 원인으로 귀인한다.
- 통제가능성 차원: 자신이 통제할 수 없는 원인으로 귀인한다.

시험에 실패했을 경우 낙관적 설명양식과 비관적 설명양식의 귀인은 다음과 같은 차이가 있다.

〈표 12-8〉 부정적 사건에 대한 설명양식의 차이

설명양식	귀인차원	예시
낙관적 설명양식	소재	시험장소가 소란스러워 시험을 망쳤다(외적 귀인).
	안정성	컨디션이 나빠 시험에 집중하지 못했다(불안정한 귀인)
	통제가능성	시험공부를 제대로 하지 못해 실패했다(통제가능한 원인).
비관적 설명양식	소재	능력이 낮아 시험을 망쳤다(내적 귀인).
	안정성	능력이 낮아 시험을 망쳤다(안정 귀인).
	통제가능성	능력이 낮아 시험을 망쳤다(통제불가능한 원인).

부정적 사건이 발생했을 때 낙관적 설명양식을 가지고 있는 사람은 실패에 좌절하지 않고 더 열심히 노력하지만, 비관적 설명양식을 가지고 있는 사람은 좌절하고 쉽게 포기하는 경향이 있다.

5. 자기지각

자기지각(self-perception)은 자신을 어떻게 지각하는가를 가리킨다. 성취장면에서 자기지각과 관련된 자기가치, 자기효능, 학습된 무력감은 동기에 큰 영향을 준다.

1) 자기가치

자기가치(self-worth)는 자신에 관한 긍정적 평가를 말한다. 따라서 자기가치는 자기존중(self-esteem or self-respect)과 유사한 개념이다. 자기가치이론(self-worth theory; Covington, 1992)에 따르면 인간은 자신을 가치 있는 존재로 인식하려는 요구를 갖고 있다. 가치 있는 존재는 유능한 존재이므로 사람들은 자신이 유능하다는 사실을 자신 및 다른 사람에게 증명 내지 과시함으로써 자기가치를 높이기 위해 전력을 다한다.

성공 혹은 실패는 자기가치에 큰 영향을 준다. 구체적으로 성공은 자기가치에 긍정적 영향을 주지만, 실패는 능력이 낮다는 함의가 있으므로 자기가치를 손상시킨다. 따라서 사람들은 실패했을 때 자기가치 손상을 방지하기 위해 자기열등화 전략이나 방어적 비관주의와 같은 비적응적 전략을 사용한다.

자기열등화 전략(self-handicapping strategy)은 성취를 방해하는 장애물(handicap)을 의도적으로 만들어 실패를 능력이 아닌 장애물로 귀인하여 자기가치를 보호하려는 전략이다. 실패 원인을 능력 부족으로 귀인하면 자기가치가 손상되지만, 장애물로 귀인하면 자기가치가 손상되지 않는다. 시험 전날 일부러 공부하지 않고 노는 학생은 자기열등화 전략을 사용하고 있다. 노느라 공부하지 않아 시험성적이 낮았다고 생각하면 자기가치가 손상되지 않는다. 성공하면 능력으로 귀인할 수 있으므로 자기가치가 보호된다.

방어적 비관주의(defensive pessimism)는 비현실적으로 낮은 표준을 설정하여 자기가치를 보호하려는 전략이다. 표준이 낮으면 실패확률이 낮으므로 실패로 인한 자기가치 손상을 방지할 수 있다.

자기가치이론은 실패 원인을 노력 부족으로 귀인하는 이유를 잘 설명한다. 노력해서 성공하면 자기가치를 보호할 수 있지만, 노력을 많이 하고도 실패하면 능력이 낮다는 것을 시사하므로 자기가치가 훼손된다. 그래서 노력은 '양날의 칼'에 비유된다. 학생들이 "열심히 공부했다면 성적이 훨씬 좋을 것이다.", "(실제로 공부를 열심히 하고도) 공부를 하지 않았다.", "운이 나빴다. 예상하지 못한 부분에서 시험이 출제되었다."라고 변명하는 것은 자기가치를 보호하기 위한 전략이다.

자기가치이론과 귀인이론은 다음과 같은 차이가 있다. 첫째, 자기가치이론은 능력귀인을 자기존중의 결정요인으로 간주하지만, 귀인이론은 능력의 상위개념인 소재 차원의 귀인을 자기존중의 결정요인으로 간주한다. 둘째, 자기가치이론은 자기가치에 긍정적인 함의를 갖는 정보를 선택적으로 추구하고 부정적인 함의를 갖는 정보는 회피한다고 보지만, 귀인이론은 정확한 자기평가 요구(설령 그 정보가 자기존중에 부정적인 함의를 주더라도)에 의해 동기화된다고 주장한다.

2) 자기효능

자기효능(self-efficacy)은 어떤 행동을 일정한 수준에서 할 수 있는 능력에 관한 신념과

판단을 뜻한다(Bandura, 1977). 즉, 자기효능은 어떤 결과를 얻을 수 있는 행동을 할 수 있는 능력이 있는가에 관한 판단을 가리킨다. "사차방정식 문제를 정확하게 풀 수 있다."라는 신념이나 "컴퓨터 프로그램을 잘 작성할 수 있다."라는 신념이 자기효능이다.

사람들은 자신이 잘할 수 있다고 믿는 일을 열심히 하는 경향이 있으므로 자기효능은 성취행동에 큰 영향을 준다. 즉, 자기효능이 높을수록 학습활동에 적극적으로 참여하고, 노력을 많이 하며, 지속성이 높고, 효과적인 학습전략을 사용하며, 스트레스와 불안을 효과적으로 통제한다. 결국 자기효능이 높을수록 성취도가 높다.

〈표 12-9〉 자기효능이 높은 학생과 낮은 학생의 행동

자기효능이 높은 학생	자기효능이 낮은 학생
• 학업활동에 적극적으로 참여한다.	• 학업활동에 적극적으로 참여하지 않는다.
• '할 수 있다.'라고 생각한다.	• '할 수 없다.'라고 생각한다.
• 어려움이 있어도 지속한다.	• 조금만 어려우면 쉽게 포기한다.
• 도전적 과제를 선택한다.	• 쉬운 과제를 선택한다.
• 일단 시도해 보고 안 되면 다른 사람에게 도와 달라고 한다.	• 해 보지도 않고 도와달라고 하거나 어려움이 있어도 도와달라고 하지 않는다.

〈표 12-10〉 학업에 관한 긍정적인 신념을 형성하기 위한 방안

■ 학업에 관해 긍정적인 신념을 가진 학생의 특징
• 성공기대와 특정 과목 자기효능이 높다.
• 학업적으로 유능하다고 지각한다.
• 성적을 통제할 수 있다고 지각한다. 즉, 성적이 행동과 관련된다고 믿고, 좋은 성적을 받을 수 있는 행동을 할 수 있다고 믿는다.
• 낮은 성적은 노력 부족과 부적절한 전략으로, 높은 성적은 노력과 능력으로 귀인한다.

■ 학업에 관한 긍정적인 신념을 형성하는 방안
학습과제
• 적당한 노력으로 해결할 수 있는 도전적인 학습과제를 제시한다.
• 어려운 과제는 하위과제로 나누어 쉽게 달성할 수 있도록 한다.
• 학생과 학습시간에 따라 차별화한다.

성공 · 평가 · 보상의 기준
• 성공을 상대적 관점이 아니라 개인적 성취나 진보에 비추어 정의한다.

- 경쟁하도록 할 때는 모든 학생의 성공확률이 같게 한다.
- 유능성에 관한 정보를 전달하는 구체적 피드백을 자주 제공한다.
- 노력 · 진보 · 우수성을 기준으로 보상한다.

교사행동
- 성적이 높은 학생과 성적이 낮은 학생을 차별하지 않는다.
- 실패 원인으로 노력과 전략을, 성공 원인으로 능력과 노력을 강조한다.
- 능력이 낮다는 것을 함축할 수 있는 미묘한 표현(예: 실패 시 동정, 쉬운 과제에 성공했을 때 칭찬, 불필요한 도움 등)을 삼간다.

3) 학습된 무력감

인간을 포함한 모든 생명체는 쾌락을 추구하고 고통을 피하려고 한다(이를 쾌락 원리라고 한다). 그런데 고통스러운 상황을 피하지 않는 경우가 있다. 고전적인 실험(Seligman & Maier, 1967)에 따르면 도저히 피할 수 없는 전기충격을 계속 경험한 개는 전기충격을 피하려는 시도조차 하지 않았다. 개는 왜 고통스러운 전기충격을 피하려고 시도하지 않았을까? 원래 개는 전기충격을 피하려고 여러 차례 시도했으나 매번 실패했다. 전기충격을 피하려는 모든 시도가 실패하자 개는 아무리 해도 전기충격을 피할 수 없다고 생각하고 전기충격을 피하려고 시도하지 않았다. 학습된 무력감이 형성된 탓이다.

〈표 12-11〉 학습된 무력감과 관련된 전형적 실험

실험조건	단계 1	단계 2	단계 3
피할 수 없는 전기충격 조건	피할 수 없는 전기충격을 준다.	피할 수 있는 전기충격을 준다.	전기충격을 피하려고 시도하지 않는다.
피할 수 있는 전기충격 조건	피할 수 있는 전기충격을 준다.	피할 수 있는 전기충격을 준다.	전기충격을 피한다.
전기충격을 주지 않는 조건	전기충격을 주지 않는다.	피할 수 있는 전기충격을 준다.	전기충격을 피한다.

학습된 **무력감**(learned helplessness, 학습된 무기력)은 행동이 결과(성공 혹은 실패)와 아무 관련이 없으며, 따라서 무엇을 하더라도 좋은 결과를 얻거나 나쁜 결과를 피할 수 없다는 신념을 가리킨다. 행동으로 결과를 통제할 수 없다고 지각하면, 즉 행동해도 좋은 결과(성적, 취업, 친구 사귀기 등)를 얻거나 나쁜 결과(실격, 해고, 왕따 등)를 피할 수 없다고 지각하면 학습된 무력감이 형성된다. 개를 대상으로 한 실험결과에 근거하여 정립된 학습된 무력감은 인간은 물론 물고기, 유인원, 쥐를 포함한 다양한 동물에서 광범하게 나타나는 것으로 알려져 있다.

일단 학습된 무력감이 형성되면 아무리 노력해도 좋은 결과를 얻을 수 없다고 생각하고 전혀 노력하지 않는다. 학생의 경우 학습된 무력감이 형성되면 아무리 노력해도 좋은 성적을 받을 수 없다고 생각하고 전혀 공부하지 않는다. 학습된 무력감을 나타내는 학생의 특징은 다음과 같다(Stipek, 2002).

- '할 수 없다.'라는 말을 한다.
- 공부에 전혀 관심이 없다.
- 필요할 때도 도와달라고 하지 않는다.
- 아무것도 하지 않는다(예: 창밖을 멍하니 바라본다).
- 답을 추측하거나 아무 답이나 한다.
- 성공해도 자부심을 경험하지 않는다.
- 지루해하고 무관심하다.
- 교사의 노력에 냉담하다.
- 쉽게 낙담한다.
- 교사의 질문에 마지못해 답한다.
- 교실에서 벗어날 궁리를 한다.

학습된 무력감은 귀인과 관련되는데 학습된 무력감이 높을수록 실패 원인을 ① 내부의, ② 안정적이고, ③ 통제할 수 없으며, ④ 일반성이 높은 원인으로 귀인한다. 이 네 요건을 모두 충족시키는 원인은 능력이다. 따라서 학습된 무력감이 형성되면 실패 원인을 능력이 낮아서 실패했다고 귀인하는 경향이 있다.

요컨대, 학습된 무력감에 빠지면 노력해도 좋은 결과를 얻을 수 없다고 생각하므로 동기가 고갈되어 전혀 노력하지 않는다. 아무 노력을 하지 않기 때문에 학업성적은 당연히 낮아지고, 노력해도 좋은 성적을 얻을 수 없다는 부정적 신념은 더 강화된다. 또 부정적인 자기개념이 형성되고 위축되며 불안과 우울을 경험한다.

4) 마인드셋

마인드셋(mindset, 정신자세, 마음자세, 지능변화신념)은 지능(능력)의 가변성(可變性)에 관한 내재적 이론을 말한다. 내재적 이론(implicit theory)은 지능, 성격, 운동능력 등에 관한 신념을 가리키는데 그중에서도 지능의 가변성에 관한 내재적 이론은 인지동기적 개념으로 많은 주목을 받고 있다.

지능의 가변성에 관한 내재적 이론은 증진론(incremental theory, 노력하면 지능을 변화시킬 수 있다는 신념)과 **실체론**(entity theory, 지능은 선천적으로 고정되어 있어 아무리 노력해도 바꿀 수 없다는 신념)으로 나뉜다(Dweck & Leggett, 1988). 그 후 Dweck(2006)은 증진론을 **성장 마인드셋**(growth mindset), 실체론을 **고정 마인드셋**(fixed mindset)으로 명명했다. 성장 마인드셋을 가진 학생들과 고정 마인드셋을 가진 학생들은 다음과 같은 차이가 있다.

① **노력**: 마인드셋에 따라 노력의 가치에 관한 신념이 다르다. 성장 마인드셋을 갖고 있으면 노력이 학습 및 성장과 비례한다고 생각하고 노력을 많이 한다. 반면, 고정 마인드셋을 갖고 있으면 노력의 중요성을 평가절하하고 능력을 중요시하며 많이 노력하는 것은 능력이 낮음을 의미한다고 생각하고 노력을 하지 않는다.

② **성취목표**: 성장 마인드셋을 갖고 있으면 숙달목표를 지향하고, 고정 마인드셋을 갖고 있으면 수행목표를 지향한다.

③ **실패귀인**: 실패원인을 성장 마인드셋을 갖고 있으면 노력부족으로 귀인하지만, 고정 마인드셋을 갖고 있으면 낮은 능력으로 귀인한다.

④ **학습전략**: 성장 마인드셋을 갖고 있으면 심층적 학습전략과 메타인지전략을 적극

적으로 활용하지만, 고정 마인드셋을 갖고 있으면 피상적인 학습전략을 활용한다.

⑤ 자기조절: 성장 마인드셋은 자기조절을 촉진하지만, 고정 마인드셋은 자기조절을 방해한다.

이러한 차이로 인해 성장 마인드셋을 갖고 있는 학생들은 고정 마인드셋을 갖고 있는 학생들보다 더 많이 노력하고 지속성이 더 높다. 발달적인 측면에서 초등학생들은 성장 마인드셋을 갖고 있지만, 청소년이 되면 고정 마인드셋으로 바뀐다.

6. 성취목표

공부하는 의도나 이유는 학생마다 다르다. 즉, 새로운 지식 및 기능을 마스터하려고 공부하는 학생도 있고 다른 학생들보다 유능하다는 사실을 입증하려고 공부하는 학생도 있다. 학점을 예로 들면 학습내용을 마스터하기 위해 A 학점을 받으려는 학생도 있고, 다른 사람들(교사, 친구, 부모 등)에게 자신의 우수성을 과시하기 위해 A 학점을 받으려는 학생도 있다. 이처럼 성취행동을 하는 의도나 이유를 **성취목표**(achievement goals) 또는 **목표지향성**(goal orientation)이라고 한다.[4] 여기서 성취목표는 성취하려고 하는 성과(학점, 인정 등)가 아니라 성취하기 위해 노력하는 의도와 이유를 가리킨다는 점에 유의해야 한다. 성취목표이론은 동기의 양이 아니라 동기의 질적 차이를 분석하는 데 주안을 둔다. 성취목표의 유형 및 영향을 살펴본다.

1) 성취목표의 유형

숙달목표와 수행목표는 대표적인 성취목표 유형이다. **숙달목표**(mastery goals)는 학습

---

4) 성취목표는 통상적인 목표와 의미가 다르다는 점에 유의해야 한다. 통상적으로 목표는 달성하려고 하는 바람직한 결과(좋은 성적, 경기에서 이기는 것 등)를 뜻하지만, 성취목표는 어떤 것을 달성하려고 하는 의도나 이유를 가리킨다. 구체적으로 왜 좋은 성적을 얻으려고 하고, 경기에서 이기려고 하는가를 지칭한다.

과제를 마스터하여 지식 및 기술을 습득하고 유능성을 높이려는 목표를 말한다. 반면, **수행목표**(performance goals)는 다른 사람보다 상대적으로 유능하다는 것을 입증 내지 과시하려는 목표를 가리킨다.

숙달목표와 수행목표는 **유능성**(competence, 지식 및 기능을 활용하여 환경을 효과적으로 다루는 능력)을 다르게 정의한다. 유능성은 세 가지 방식으로 정의할 수 있다(Elliot & McGregor, 2002). 절대적 유능성(absolute competence)은 절대성취수준이 높으면 유능하다고 정의하고, 개인내 유능성(intrapersonal competence)은 과거에 비해 나아지면 유능하다고 정의하며, 대인간 유능성(interpersonal competence)은 다른 사람보다 우수하면 유능하다고 정의한다. 숙달목표를 지향하면 절대성취수준이나 과거보다 나아졌는가를 기준으로 유능성을 정의하므로 절대성취수준이 높거나 과거보다 성취수준이 높으면 유능하다고 생각한다. 반면, 수행목표를 지향하면 다른 사람보다 우수하면 유능하다고 생각한다. 요컨대, 숙달목표는 유능성을 높이기 위해 학습 자체를 위한 학습을 중시하고, 수행목표는 유능성을 입증하기 위해 다른 사람보다 잘하는 것을 중시한다. 단, 성취목표는 상호배타적인 것이 아니므로 숙달목표와 수행목표를 동시에 지향할 수도 있다.

그 후 숙달목표 및 수행목표는 접근경향(성공지향경향) 및 회피경향(실패회피경향)을 고려하여 다음의 네 가지 유형으로 분리되었다.

① **숙달접근목표**(mastery approach goal): 지식 및 기능을 습득하여 유능성을 높이려는 성취목표(예: 나는 이 과목에서 가능하면 최대한 학습하려고 한다.)

② **숙달회피목표**(mastery avoidance goal): 지식 및 기능을 습득하지 못해 유능성이 손상되는 것을 회피하려는 성취목표(예: 나는 이 과목의 내용을 충분히 이해하지 못할까 봐 걱정된다.)

③ **수행접근목표**(performance approach goal): 다른 사람들로부터 유능하다는 긍정적 평가를 받으려는 성취목표(예: 나는 이 과목에서 친구들보다 더 높은 성적을 받으려고 한다.)

④ **수행회피목표**(performance avoidance goal): 다른 사람들로부터 무능하다는 부정적 평가를 회피하려는 성취목표(예: 나는 이 과목에서 친구들보다 더 낮은 성적을 받을까 봐 걱정된다.)

〈표 12-12〉 성취목표의 주안점 및 성공의 정의

	숙달목표	수행목표
접근경향	숙달접근목표 • 주안점: 학습, 개선, 숙달 • 성공: 진보, 지식획득	수행접근목표 • 주안점: 상대적 우수성 입증 • 성공: 다른 사람보다 잘하는 것
회피경향	숙달회피목표 • 주안점: 학습실패로 인한 유능성 손상 회피 • 성공: 유능성 손상 방지	수행회피목표 • 주안점: 상대적인 열등성 회피 • 성공: 다른 사람보다 못하지 않는 것

숙달접근목표는 과제를 마스터하거나 과거보다 더 높은 성취를 하려고 노력하고, 숙달회피목표는 과제를 마스터하지 못하거나 과거보다 못한 성취를 하지 않으려고 노력한다. 숙달회피목표는 실수를 무능의 증거로 간주하고 실수하지 않으려고 애쓴다. 높은 자기표준에 도달하지 못할까 봐 염려하는 완벽주의자나 과거보다 기량이 낮아지는 것이 두려워 돌연 은퇴하는 운동선수는 숙달회피목표를 지향한다고 할 수 있다. 한편, 수행접근목표는 다른 사람보다 더 높은 성취를 하여 상대적 유능성을 입증하려고 노력하고, 수행회피목표는 다른 사람보다 낮은 성취를 하지 않음으로써 자신이 무능하다는 부정적 평가를 회피하려고 주력한다.

이 네 가지 이외의 성취목표는 다음과 같다.

① **외재적 목표**(extrinsic goal): 좋은 성적, 특권, 보상 등을 얻는 데 주력하는 성취목표
② **회피목표**(work-avoidance goal): 과제 자체를 회피하거나 최소의 노력으로 과제를 수행하려는 목표
③ **대충목표**(doing-just-enough goal): 쉬운 방법(암기, 숙제 베끼기, 인터넷에서 과제를 다운받기 등)으로 괜찮은 성적을 얻으려는 성취목표
④ **사회적 목표**(social goas): 다른 사람의 인정을 받고 원만한 사회관계를 형성하는 데 주안을 두는 성취목표

숙달목표 및 수행목표의 개념적 특성과 그 영향을 비교하면 다음 〈표 12-13〉과 같다.

〈표 12-13〉 숙달목표와 수행목표의 비교

숙달목표	정의/영향	수행목표
유능성 개선	목적	유능성의 입증, 과시
개선, 진보, 숙달	성공의 정의	다른 사람보다 더 잘하는 것
변화가능(성장 마인드셋)	능력의 개념	변화불가(고정 마인드셋)
노력, 도전적 과제 시도	가치 부여	다른 사람보다 유능한 것
새로운 지식 및 기능 학습, 과제 숙달을 통한 성장	노력하는 이유	다른 사람보다 유능하다는 것 입증
절대성취수준이나 진보 여부를 기준으로 평가	평가	다른 사람과 비교한 상대적 평가
정보제공 학습의 일부	실수에 대한 견해	실패 능력이 낮다는 증거
적응적 귀인 • 실패를 노력부족으로 귀인 • 결과가 노력에 비례한다고 생각	귀인	부적응적 귀인 • 실패를 능력으로 귀인 • 결과가 능력에 비례한다고 생각
심층적인 정보처리전략 및 자기조절전략 (계획수립, 성찰, 자기점검 등) 활용	인지	피상적인 학습전략 활용
노력으로 성공 시 자부심/만족감 경험, 노력 부족 시 죄책감 경험 학습에 대한 긍정적 태도 내재적 동기가 높음	정서	실패 시 부정정서 경험 외재적 동기가 높음
도전적이고 새로운 과제 선택 위험추구성향이 높음 타인의 도움을 적극적으로 요청함	행동	쉬운 과제 선택, 새로운 과제 기피 위험추구성향이 낮음 타인의 도움을 요청하지 않음

2) 성취목표의 영향

숙달목표 및 수행목표가 인지, 정의, 행동에 미치는 영향을 요약하면 다음과 같다.

① **귀인**: 숙달목표를 지향하면 성공 및 실패 시 노력귀인을 하고 능력이 노력과 비례한다고 생각한다. 반면, 수행목표를 지향하면 성공 및 실패 시 능력귀인을 하고, 능력과 노력이 반비례한다고 생각하며 능력과 자기가치를 보호하기 위해 노력을 회피하는 경향이 있다.

② **인지전략**: 숙달목표를 지향하면 심층적인 인지전략(정교화, 조직화 등), 메타인지전략, 자기조절전략을 적극적으로 활용한다. 반면, 수행목표를 지향하면 시연과 같은 피상적이고 기계적인 학습전략을 활용하는 경향이 있다.

③ **정서**: 숙달목표를 지향하면 노력해서 성공하면 자부심을 경험하고, 실패하면 죄책감을 경험하며, 내재적 동기가 높고 학습태도가 긍정적이며, 과제에 가치를 부여한다. 수행목표를 지향하면 학습에 가치를 부여하지 않고 외재적 동기가 높다.

④ **행동**: 숙달목표를 지향하면 시간 및 노력을 효율적으로 관리하고, 도전적이고 새로운 과제를 선호하며, 위험추구경향(risk-taking tendency)이 높고, 다른 사람의 도움을 적극적으로 요청한다. 수행목표를 지향하면 위험추구경향이 낮기 때문에 새로운 과제나 도전적인 과제를 기피하고 쉬운 과제를 선호하며, 다른 사람의 도움이 능력부족을 함축한다고 보고 다른 사람의 도움을 요청하지 않는다.

요약

1. 동기는 행동의 개시, 강도, 방향에 영향을 주는 과정을 말한다. 따라서 동기는 ① 행동을 시작하고, ② 열정적으로 행동하며, ③ 행동을 지속하게 한다.

2. 내재적 동기는 행동 자체를 목적으로 하는 동기로 행동의 동력이 행동 내부에 존재하고, 외재적 동기는 행동을 통해 어떤 것을 얻으려는 동기로 행동의 동력이 행동 외부에 존재한다.

3. 자기결정이론은 동기의 유형을 ① 무동기, ② 외재적 동기, ③ 내재적 동기로 구분한다. 외재적 동기는 자율성의 정도를 기준으로 ① 외적 조절, ② 내사조절, ③ 동일시 조절, ④ 통합조절로 구분된다.

4. 내재적 동기와 외재적 동기는 상호 독립적인 관계가 있다. 일반적으로 내재적 동기가 외재적 동기보다 바람직하다. 원래 내재적 동기가 높은 활동에 보상을 주면 내재적 동기가 감소한다. 보상은 특정 방식으로 행동하도록 강요하고 통제하는 기능을 하면 내재적 동기가 감소하지

만, 행동의 적절성에 대한 피드백을 제공하는 정보적 기능을 하면 내재적 동기가 증가한다.

5. 인지부조화는 내적 긴장상태로 부조화를 해소하기 위한 동기를 유발한다.

6. 도전적이고 어려운 과제를 성취하려는 성취 요구가 높으면 동기가 높지만, 실패를 회피하려는 실패회피 요구가 높으면 동기가 낮아진다.

7. 자기결정이론에 따르면 자기결정은 내재적 동기를 높인다. 이 이론에 따르면 ① 유능 요구, ② 자율 요구, ③ 관계 요구가 충족되면 내재적 동기가 높아진다.

8. 요구위계이론에 따르면 요구는 강도에 따라 위계를 이루며 요구위계의 최하위수준에는 생리적 요구가 위치하고 최상위수준에는 자기실현 요구가 위치한다. 요구위계에서는 하위수준의 요구 강도가 가장 높으므로 그것이 충족되지 않으면 상위수준의 요구가 출현하지 않는다.

9. 실현경향성은 유기체를 보존하고 향상하려는 내재적 경향성을 가리킨다. 긍정적 존중의 요구는 타인의 인정과 존경을 받으려는 요구를, 자기존중 요구는 자신의 인정을 받으려는 요구를 말한다.

10. 기대-가치 이론에 따르면 동기는 기대와 가치에 의해 결정된다. 기대는 과제를 잘할 수 있는 능력이 있는가에 관한 신념을, 가치는 과제를 할 이유가 있는가에 관한 신념을 가리킨다.

11. 통제소재는 사건이나 결과를 통제할 수 있는가에 대한 개인적 신념을 말한다. 내적 통제는 사건이나 결과를 통제할 수 있다는 신념을, 외적 통제는 운이나 다른 사람이 사건을 결과를 통제한다는 신념을 지칭한다. 내적 통제가 외적 통제보다 동기에 긍정적인 영향을 미친다.

12. 귀인은 사건이나 결과의 원인을 설명하는 과정을 말한다. 귀인 차원은 ① 소재(원인이 내부에 존재하는가 아니면 외부에 존재하는가), ② 안정성(원인이 시간의 경과에 따라 변화될 수 있는 정도), ③ 통제가능성(자신이 원인에 영향을 줄 수 있는 정도)로 나뉘는데, 어떤 차원으로 귀인하는가에 따라 동기나 정서에 미치는 영향이 달라진다. 학습동기의 측면에서 가장 바람직한 귀인은 ① 내부에 존재하고, ② 불안정하며, ③ 통제할 수 있는 원인, 즉 노력으로 귀인하는 것이다.

13. 자기가치이론에 따르면 사람은 자신을 가치 있는 존재로 지각하려는 요구가 있으므로 자존심을 보호하기 위해 다양한 전략을 구사한다.

14. 자기효능은 어떤 결과를 얻을 수 있는 행동을 할 수 있는 능력이 있는가에 관한 판단을 말한다. 자기효능이 높을수록 학습동기 및 학업성취가 높다.

15. 학습된 무력감은 행동이 결과와 관련이 없으며 무엇을 하더라도 좋은 결과를 얻을 수 없다는 부정적인 신념을 뜻한다. 무력감에 빠진 사람들은 아무것도 시도하지 않고, 우울증이나 행동

장애를 나타내며, 실패를 통제할 수 없는 원인으로 귀인한다.

16. 지능(능력)의 가변성에 관한 신념을 뜻하는 마인드셋은 노력으로 지능을 변화시킬 수 있다는 신념인 성장 마인드셋과 노력해도 지능을 변화시킬 수 없다는 고정 마인드셋으로 구분된다.

17. 성취목표는 성취행동을 하는 이유나 의도를 말한다. 성취목표는 ① 숙달접근목표(지식이나 기능을 습득하여 유능성을 높이려는 성취목표), ② 숙달회피목표(지식이나 기능을 습득하지 못하는 것을 회피하려는 성취목표), ③ 수행접근목표(다른 사람들로부터 유능하다는 평가를 받으려는 성취목표), ④ 수행회피목표(다른 사람들로부터 무능하다는 평가를 회피하려는 성취목표)로 구분된다.

제 **13**장
학습동기의 유발

학습 목표

- 학습동기에 영향을 주는 학급특성을 기술한다.
- 학습동기에 영향을 주는 과제특성을 기술한다.
- 학습동기에 영향을 주는 교사 특성 및 행동을 기술한다.
- 학습동기를 유발하기 위한 TARGETS를 기술한다.
- 학습동기를 유발하기 위한 MUSIC을 기술한다.

교육현장에는 학습내용을 완벽하게 이해하는 학생들도 있고 학습내용을 거의 이해하지 못하는 학생들이 있을 정도로 학업격차(학업성취의 개인차)는 놀랄 만큼 크다. 대학수학능력시험의 등급을 기준으로 할 때 학업격차는 1등급에서 9등급까지 분포한다. 학업격차는 상당 부분 학생들의 학습동기 차이에서 비롯된다. 이는 학업격차를 줄이려면 학습동기가 낮은 학생들의 학습동기를 높여야 함을 시사한다.

그런데 학습동기가 낮은 학생들의 학습동기를 유발하기란 쉽지 않다. 동기유발의 어려움은 다음 속담에도 잘 반영되어 있다.

- 소를 물가에 끌고 갈 수 있어도 억지로 물을 먹도록 할 수는 없다.
- 평안 감사도 저 싫으면 그만이다.

학습동기 유발이 어려운 이유 중 하나는 학습동기가 다양한 개인내적 요인 및 외적 요인들의 영향을 받고 학생마다 다른 요인의 영향을 받기 때문이다. 제12장에서 다룬 모든 동기이론은 학습동기를 유발하기 위한 나름의 방안을 제시하고 있지만, 엄밀한 의미에서 그것은 동기를 유발할 수 있는 하나의 방안에 지나지 않는다. 이는 특정 동기이론이 제시한 방안으로 모든 학생의 동기를 유발할 수 없음을 시사한다. 모든 학생의 학습동기를 일거에 유발할 수 있는 마법은 존재하지 않는다.

교육현장에 존재하는 다음 요인들도 동기유발의 장애요인으로 작용한다. 첫째, 출석은 의무사항이고 교육과정 및 수업은 학생의 요구가 아니라 학교 및 사회의 요구에 따라 결정, 운영되고 있다. 둘째, 학생수가 과다하여 교사가 모든 학생의 요구를 고려할 수 없다. 셋째, 학교는 공개적인 상황으로 학업실패는 당혹감을 유발한다. 넷째, 상대평가가 많은 학생의 학습동기를 떨어뜨린다. 다섯째, 대부분의 수업이 학생들의 이해 여부나 흥미와 관계없이 교사가 계획한 일정에 따라 일방적으로 진행되고 있다.

그럼에도 교육에서는 학습동기가 낮은 학생들의 학습동기를 높이기 위해 최대한 노력해야 한다. Nicholls(1979)가 지적한 것처럼 교육은 학습동기가 낮은 학생들의 학습동기를 높여 **동기 공평성**(motivational equity, 모든 학생의 학습동기가 동등한 상태)을 달성하기 위해 노력해야 한다.

이 장에서는 먼저 학습동기를 유발할 때 고려해야 할 요인으로 과제, 학급의 특성, 교사의 특성 및 행동, 학습동기 유발모형을 소개한다.

1. 과제

과제는 학생들의 사고와 학습동기에 큰 영향을 주는 요인이다. 과제가 학습동기를 유발하려면 다음 요건을 갖추어야 한다.

1) 과제가치

학습동기를 유발하려면 과제가 가치 있어야 한다. 학생들이 과제를 가치 있다고 지각하면 학습동기가 높아지나, 과제가 가치 없다고 지각하면 학습동기가 유발되지 않는다. 학습동기를 성공기대 및 과제가치에 비추어 설명하는 기대–가치 이론은 과제가치를 중요성, 흥미, 유용성, 비용으로 구분한다(Wigfield & Eccles, 2000).

① **중요성**(importance, 획득가치): 과제가 중요하다는 인식(예: 이 과목의 내용을 이해하는 것은 나에게 매우 중요하다.)

② **흥미**(interest): 과제의 내재적 가치, 즉 과제 자체를 즐기는 것(예: 나는 이 과목에서 다루는 내용을 좋아한다.)

③ **유용성**(utility): 과제가 단기목표 및 장기목표(예: 진학, 취업 등) 달성에 도움이 된다는 인식(예: 이 과목의 내용은 취업에 도움이 된다고 생각한다.)

④ **비용**(cost): 과제에 투입되는 시간과 노력(예: 이 과목을 공부하는 데 시간이 너무 많이 든다.)

요컨대, 과제가 ① 중요하다고 생각하고, ② 흥미 및 요구와 일치하며, ③ 자신의 목표

달성에 도움이 된다고 지각하면 학습동기가 높아진다(단, 비용은 학습동기와 반비례한다). 따라서 학생들이 과제에 가치를 부여하도록 하려면 과제의 중요성 및 유용성에 대해 합당한 근거를 제시하고, 과제를 학생의 흥미, 요구, 목표와 관련지어야 한다.

2) 흥미

학습동기를 유발하려면 과제가 개인적 흥미에 부합하거나 상황적 흥미를 유발해야 한다. **흥미**(interest)는 특정 영역(교과, 사건, 대상, 활동)에 관여하려는 선행경향성 및 심리상태(주의집중, 활발한 인지활동, 지속성, 정서적 관여)를 가리키며 특정 대상, 활동, 교과에 관련된다는 전형적인 특징이 있다.

흥미는 개인적 흥미와 상황적 흥미로 나뉜다. **개인적 흥미**(personal interest)는 특정 영역(교과, 대상, 사건, 활동 등)에 대한 장기적이고 안정적인 선호도를 말한다. 개인적 흥미는 안정성이 높아서 장기간 일관된 패턴을 보인다. 예컨대, 야구에 대한 개인적 흥미가 높은 사람은 야구 경기 시즌 내내 야구장이나 TV에서 야구를 관람하고 늘 야구를 생각한다. 학생마다 개인적 흥미가 있는 영역은 다르다. 즉, 수학에 개인적 흥미가 있는 학생도 있고, 과학에 개인적 흥미가 있는 학생도 있다. 사람들은 개인적으로 흥미가 있는 대상에 주의를 기울이고 행동·인지·정서적으로 깊이 관여하는 경향이 있으므로 개인적 흥미에 부합하는 과제는 학습동기를 유발한다. **상황적 흥미**(situational interest)는 특별한 환경자극(장면, 과제, 대상 등)이 유발한 일시적인 흥미를 가리킨다. 신기한 자극, 신념과 불일치하는 상황, 좋은 교재 등은 상황적 흥미를 유발한다.

3) 과제수준

학습동기를 유발하려면 과제가 적정 수준의 도전감이 있어야 한다. 적정 수준의 도전감(optimal challenge)이란 다소 어렵지만 노력하면 달성할 수 있는 수준, Vygotsky의 이론으로 설명하면 근접발달영역에 속하는 과제를 말한다. 적정 수준의 도전감이 있는 과제는 성취감, 유능감, 몰입을 높이고 내재적 동기를 유발한다. 반면, 과제가 너무 쉬우면 지루함을 유발하고 과제가 너무 어려우면 불안과 좌절을 유발하기 때문에 학습동기를 높이는 데 도움이 되지 않는다.

그런데 과제수준은 학생의 능력수준과 관련되기 때문에 같은 과제라도 능력이 높은 학생에게는 쉬울 수 있으나 능력이 낮은 학생에게는 어려울 수 있다. 따라서 모든 학생에게 같은 수준의 과제를 제시하지 말고 과제를 능력수준에 맞추어 제시하는 것이 바람직하다.

4) 과제의 명료성과 실제성

학습동기를 유발하려면 과제의 종류, 수행방법, 완성 및 제출 시점이 명료해야 한다. 과제가 명료하지 않으면 무엇을 어떻게 해야 할지 알 수 없으므로 통제감을 갖기 어렵고 따라서 학습동기가 유발되지 않는다.

또 과제는 실생활과 관련되어야 한다. 실생활에서 당면하는 과제와 유사한 실제적 과제(authentic task)는 가치부여에 도움을 주어 학습동기를 유발할 뿐만 아니라 전이를 촉진한다. 따라서 학습동기를 유발하려면 실제적 과제를 제시하고 과제가 실생활에서 어떤 관련이 있는지 설명해야 한다.

2. 학급의 특성

학급의 특성은 학습동기에 큰 영향을 미친다. 학습동기에 영향을 주는 학급특성을 ① 긍정적 학급풍토 조성, ② 자율성 부여, ③ 긍정적 관계 형성, ④ 평가로 나누어 살펴본다.

1) 긍정적 학급풍토 조성

학습동기를 유발하려면 긍정적 학급풍토를 조성해야 한다. **학급풍토**(classroom climate)는 학급의 분위기, 즉 학급의 사회 · 심리 · 정서적 특성을 가리킨다. 학급풍토는 학습동기를 높여 학업성취를 촉진하는 긍정적 학급풍토와 학습동기를 손상시켜 학업성취에 부정적 영향을 주는 부정적 학급풍토로 구분할 수 있다. 긍정적인 학습풍토는 다음과 같은 특징을 갖고 있다(Eggen & Kauchak, 2004).

- 질서 있고 안전하다. 질서 있고 안전한 학급환경은 사기, 신뢰, 정숙, 질서, 유대, 배려, 협력과 같은 특징을 갖고 있으며 심리적 안정감을 높이고 소속감을 높인다.
- 학생들이 학업에 가치를 부여하고, 성공기대가 높다. 즉, 학생들은 학업이 중요하다고 생각하고, 노력하면 성공할 수 있다는 신념을 갖고 있다.
- 학생들이 공부하는 이유와 학습내용을 정확하게 이해한다. 왜 공부를 해야 하는지 그리고 학습내용을 정확하게 이해할수록 공부가 자신의 인생에 도움이 된다고 확신하고, 자기조절기능(목표를 설정하고, 효과적인 학습전략을 선택하며, 어려움에 직면했을 때 노력을 지속하는 기능)이 향상된다.

2) 자율성 부여

학습동기를 유발하려면 학생들에게 자율성을 부여해야 한다. 자율성을 부여하면 자율 요구가 충족되므로 내재적 동기가 높아지고, 자기조절기능이 향상되며, 학업 행동 및 결과를 통제할 수 있다고 지각한다. 학업 행동 및 결과를 통제할 수 있다고 지각하면 도전적 과제를 선택하고, 높은 표준을 설정하며, 실패를 노력 부족으로 귀인하고, 어려움이 있어도 포기하지 않고 지속한다. 반면, 학업 행동 및 결과를 통제할 수 없다고 지각하면 쉬운 과제를 선택하고, 낮은 표준을 설정하며, 실패를 능력으로 귀인하고, 어려우면 쉽게 포기한다.

그런데 교육현장에서 학생들은 통상적으로 교사가 부과한 과제를 억지로 수행하는 경우가 많으므로 자율성을 부여하기가 쉽지 않다. 또 자율성을 부여하더라도 학생들이 자율성을 경험하지 못할 수 있는데, 그렇게 되면 학습동기가 높아지지 않는다. 예컨대, 학생들에게 마음대로 선택하도록 허용하면(예: 마음대로 주제를 정해서 보고서를 작성하게 하는 경우) 자율성을 경험하기는커녕 혼란과 불안을 유발할 수 있다.

따라서 자율성을 부여할 때는 학교의 관행과 상충하지 않으면서 학생들이 자율성을 경험할 수 있도록 다음 사항을 고려해야 한다.

- 과제의 종류, 수행방식, 수행시점, 난이도를 선택하도록 한다.
- 과제의 주제 및 형식에 관해 대안을 제시하여 선택하도록 한다.
- 통제하기 위한 목적이 아니라 학습을 촉진하기 위한 목적으로 피드백을 준다.
- 성취에 도움을 준다.
- 주요 의사결정에 학생들을 참여시킨다.
- 자신이 선택한 결과에 책임을 지도록 한다.
- 동기가 낮은 학생들에게는 최소의 자율성을 부여한다.
- 과제 및 학생의 요구를 고려하여 시간일정(배당시간, 작업부담, 수업속도 등)을 계획하고, 시간일정에 융통성을 부여한다.

선택의 역설(paradox of choice)

자유와 선택은 주체적인 삶의 요건이고 심리적 건강의 지표이지만 양날의 칼과 같이 대가를 치러야 한다. 자유와 선택의 폭이 넓을수록 대가는 더 커진다. 따라서 직업 선택, 배우자 선택, 거주지 선택과 같은 중요한 선택의 경우 선택의 폭이 넓다고 해서 반드시 좋은 것은 아니다. 왜냐하면 선택의 폭이 넓을수록 ① 고려할 정보가 많고, ② 잘못된 선택을 할 확률이 높으며, ③ 후회와 스트레스를 경험할 확률이 높기 때문이다. 선택지가 많을수록 포기할 수밖에 없는 선택지에 대한 후회와 미련이 커진다. Schwartz(2000)는 선택의 폭이 넓은 데서 기인하는 이러한 현상을 자유의 폭정(The tyranny of freedom)이라고 불렀다. Robert Frost의 명시 〈가지 않은 길(The road not taken)〉은 숲속의 두 갈래 길 중 가지 않았던 길에 대한 회한을 토로한다. 노란 숲속에 외길만 있었다면 Frost는 그 유명한 시를 쓰지 못했을 것이다.

---

3) 긍정적 관계 형성

긍정적인 관계는 교사와 학생, 학생과 학생 간에 배려하고 존중하는 관계를 말한다. 긍정적 관계는 소속 요구 및 관계 요구를 충족시켜 학습동기를 높인다. 학습동기를 유발하기 위해 긍정적 관계를 형성하는 몇 가지 방안은 다음과 같다.

- 학생들을 인격체로 존중한다. Rogers의 표현대로 무조건적이고 긍정적으로 존중한다.
- 이름을 기억하고 불러 준다. "내가 그의 이름을 불러 주었을 때 그는 나에게로 와서 꽃이 되었다."(김춘수 시인의 시「꽃」중에서)
- 학생들의 생각, 요구, 관심사에 공감적으로 반응한다.
- 학생들이 필요로 하는 도움을 준다.
- 학생들의 학습과 성장을 북돋우고 격려한다.
- 학생들을 수용하고 있다는 사실을 상호작용 과정에서 전달한다.
- 위협이 없는 안전한 환경을 조성한다.
- 학생 상호 간에 서로 존중하고 배려하도록 돕는다.
- 학생들이 학급에 소속감을 느끼도록 한다.
- 긍정적 상호의존관계를 형성한다. 공동목표를 달성하기 위해 구성원들이 협력하는 협동학습(cooperative learning)은 긍정적 상호의존관계 형성에 도움을 준다.
- 학생들을 정서적으로 지지한다.
- 관심과 애정을 갖고 학생들을 대한다.

4) 평가

평가는 학습동기에 큰 영향을 미치는 요인이다. 학습동기를 유발하려면 평가에서 다음과 같은 사항을 고려해야 한다.

- 상대평가를 최소화하고 가능하면 절대평가를 한다. 상대평가는 수행목표를 채택하도록 하고, 절대평가는 숙달목표를 채택하도록 한다.
- 성적보다 학습을 강조한다.
- 개선, 진보, 숙달을 강조한다.
- 개선하고 보완할 기회를 준다.
- 실수를 실패가 아닌 학습의 일부로 간주한다.
- 평가기준을 명료화한다.

- 명료하고 정보적인 피드백을 제공한다.
- 공개적인 평가를 최소화한다.
- 스스로 학습을 평가하고, 점검하도록 한다.
- 실제적 평가(authentic assessment, 실제 상황과 관련된 평가)를 한다.

3. 교사의 특성 및 행동

학습동기에 영향을 미치는 교사의 특성 및 행동은 매우 다양하다. 이 절에서는 그중 전문성, 명료성, 열정, 교사자기효능, 교사기대, 인정 및 칭찬을 살펴본다.

1) 전문성 및 명료성

학생들의 학습동기를 높이려면 교사의 전문성이 높아야 한다(Wlodkowski, 2008). 역량 혹은 지식이라고도 하는 **전문성**(expertise)은 가르치는 내용에 정통한 정도를 뜻한다.

자신이 가르치는 내용을 정확하게 이해하지 못하는 교사는 결코 학생들의 학습동기를 유발할 수 없다. 전문성은 교사에게 자신감을 심어 주고 융통성과 창의성을 부여한다. 전문성이 높은 교사는 학습자에게 무엇이 도움이 되는지 알고 제대로 가르칠 수 있다.

다음 질문은 전문성을 확인하는 데 도움이 된다.

- 가르치는 내용을 정확하게 이해하는가? 가르치는 내용을 정확하게 이해하면 자신의 말로 설명할 수 있고, 학생들이 이해하기 쉽게 설명할 수 있다.
- 가르치는 내용의 다양한 사례를 제시할 수 있는가?
- 가르치는 내용을 시범을 보일 수 있는가?
- 가르치는 내용의 한계 및 결과를 알고 있는가? 예컨대, 경영기법을 가르칠 때 그 기법이 적용되지 않는 상황과 경영기법이 미치는 영향을 알고 있는가?
- 가르치는 내용을 학습자의 선행지식, 경험, 흥미, 관심과 관련지을 수 있는가?

• 자신이 모르는 내용과 분야를 정확하게 알고 있는가?

한편, **명료성**(clarity)은 학습내용을 이해하기 쉽게 조직화해서 가르치는 정도를 말한다. 교사는 학습내용을 학생들이 쉽게 이해할 수 있도록 명료하게 설명해야 한다. 전문성과 열정이 높아도 명료성이 부족하면 학습내용을 제대로 설명할 수 없다. 아는 것과 가르치는 것은 완전히 다르다. Einstein은 학문적으로 탁월했으나 최악의 교사로도 유명했다.

수업의 명료성을 확보하려면 모든 학습자가 쉽게 이해할 수 있도록 수업을 계획, 실행해야 한다. 수업명료성의 지표는 다음과 같다.

• 이해하기 쉽게 단순하게 설명한다.
• 너무 빠르지도 않고 너무 느리지도 않은 속도로 가르친다.
• 이해할 수 있도록 시간을 준다.
• 이해하는 데 도움을 주는 그래픽, 도표를 사용한다.
• 친숙한 용어, 그림, 예시를 사용한다.
• 요점을 정리하고 강조한다.
• 핵심 개념을 명확하게 설명한다.
• 정확한 발음, 적당한 목소리로 전달한다.
• 수업을 마무리할 때 정리, 요약한다.

2) 열정

열정(enthusiasm)은 교과목 및 수업에 대한 확고한 사랑을 갖고 수업에 전심전력하는 것을 말한다. 교사는 열정이 높아야 한다. 열정적인 교사는 가르치는 내용이 자신은 물론 학생에게 중요하다고 생각하고, 그것을 다음과 행동으로 표현한다.

• 목소리의 속도, 크기, 성량, 고저를 다양화한다.

- 학생과 시선을 맞춘다.
- 적절한 제스처를 한다.
- 강의실 안을 적절하게 옮겨 다닌다.
- 생동감 있고 다양한 표정을 짓는다.
- 적절한 예시와 용어를 사용한다.
- 학생들의 생각과 감정을 적극적으로 수용한다.
- 수업 내내 활력과 생동감을 유지한다.

열정적인 교사는 강력한 모델이다. 열정은 효과적인 교사의 중요한 특성으로 열정적인 교사는 학생들을 매료시켜 학습동기 및 학업성취에 긍정적인 영향을 준다. 교사의 열정이 학업성취를 촉진하는 기제에 관한 몇 가지 설명은 다음과 같다.

① 교사의 열정적인 행동은 학생의 주의집중을 유도하여 학업성취를 촉진한다. 즉, 주의는 교사의 열정이 학업성취에 미치는 영향을 매개한다.
② 열정적인 교사는 롤모델 역할을 하여 학업성취를 촉진한다. 교사가 열정적으로 수업하면 학생들이 교사의 태도를 내면화하여 학습내용에 가치를 부여하고 학습에 집중하기 때문에 학업성취가 촉진된다.
③ 학생이 교사의 정서에 감염(emotion contagion)되어 교사와 같은 정서를 경험하기 때문에 학습동기 및 학업성취가 높아진다.

요컨대, 열정적인 교사의 비언어적 행동은 주의에 영향을 주고, 역할 모델로서의 교사는 동기 및 정서에 영향을 줌으로써 학업성취를 촉진한다.

3) 교사자기효능

교사자기효능(teacher self-efficacy)은 학생들의 학업성취를 촉진할 수 있다는 교사의 신념과 자신감을 뜻한다. 교사자기효능은 교사 자신의 행동에 영향을 주고 결과적으로 학생의 학습동기 및 학업성취에 영향을 준다. 구체적으로 자기효능이 높은 교사는 학생들의 학업성취를 촉진할 수 있다는 믿음에 따라 학생에 대해 높은 기대를 하고, 도전적 과제를 제시하며, 학생들이 성공하도록 격려하고, 어려움이 있을 때 적극적으로 도와준다. 또 학생의 실패를 능력이나 환경 탓으로 돌리지 않고 열정적으로 노력한다. 반면, 자기효능이 낮은 교사는 학생에 대한 기대수준이 낮고, 수준 높은 과제를 제시하지 않으며, 학생들이 더 잘 이해하도록 가르치려고 노력하지 않고, 성적이 낮은 학생을 포기하며, 학생의 실패를 학생 탓으로 귀인하는 경향이 있다.

4) 교사기대

기대(expectancy)는 자신에 관한 기대와 타인에 관한 기대로 나뉜다. 자신에 관한 기대는 성공기대, 즉 어떤 것을 어느 정도 성취할 수 있는가에 관한 신념을 가리킨다. 타인에 관한 기대는 다른 사람이 무엇을 어느 정도 성취할 수 있는가에 관한 신념을 말한다. 부모나 교사의 학생에 대한 기대는 타인에 관한 기대에 해당된다.

학생에 대한 교사의 기대는 학생에게 큰 영향을 준다. Rosenthal과 Jacobson(1968)은 학년 초 무작위로 표집한 20%의 학생명단을 교사에게 주고 그 학생들이 놀랄 만한 성장잠재력이 있다고 말해 주었다. 학생들은 무작위로 선정했으므로 교사에게 제공한 정보는 허위정보였다. 그런데 학년말 학생들의 지능지수는 유의하게 향상되었다. 이 연구는 학생에 관한 교사기대가, 허위정보에 근거해 형성되었지만, 학생들의 성취에 큰 영향을 준다는 것을 보여 준다.

교사가 학생에게 기대하는 결과가 실제로 실현되는 현상을 Pygmalion 효과(Pygmalion은 그리스 신화에 등장하는 조각가 이름), **자기충족적 예언**(自己充足的 豫言, self-fulfilling prophecies), 자성예언(自成豫言)이라고 한다(자기충족이나 자성은 기대하는 결과가 스스로 이루어지는 현상을 뜻한다). Pygmalion 효과는 기대가 기대하는 바로 그 결과를 실현하는 행동을 유도하는 현상을 일컫는다. 저명인사(예: 금융감독원장)가 어떤 은행이 파산할 것이라고 예언(기대)하면 그 말을 믿은 고객들이 너도나도 돈을 인출하므로[이러한 현상을 뱅크런(bank run)이라고 한다], 저명인사의 예언대로 은행은 파산한다. 은행이 파산할 것이라는 저명인사의 기대가 실현되는 것이다.

교육에서 자기충족적 예언은 학생이 교사기대(근거 없는 기대)에 부응하여 행동한 결과로 성취가 높아지는 현상을 일컫는다. 교사기대가 형성되고 영향을 주는 과정은 개략적으로 다음과 같다.

① 교사는 각종 정보(성적, 배경, 성별 등)를 토대로 학생에 관한 기대를 형성한다.
② 교사는 자신의 기대를 말과 행동으로 학생에게 전달한다.
③ 교사는 기대와 일치하는 행동을 한다. 긍정적 기대를 하면 우호적인 행동(미소, 인정, 눈 맞추기 등)을 하고, 학습기회를 더 주며, 긍정적인 상호작용을 하고, 실수할 경우에도 다시 질문하거나 힌트를 준다. 또 기대수준이 높으면 칭찬을 많이 하고, 기대수준이 낮으면 비난을 많이 한다.
④ 학생은 교사기대에 부응하여 행동한다.
⑤ 그 결과 교사의 기대가 실현된다.

한편, **기대지속 효과**(sustaining expectation effect)는 교사가 학생에 관한 기대를 바꾸지 않아 학생의 성취가 교사의 기대수준에 머무르는 현상을 말한다(Woolfolk, 2007). 학생의 성취가 나아지는데도 교사가 기대를 바꾸지 않으면 학생의 성취는 더 이상 높아지지 않고 교사가 기대하는 수준을 유지한다. 자기충족적 예언은 저학년에서 나타나고, 기대지속 효과는 고학년에서 나타나는 것으로 알려져 있다.

교사의 부정적인 기대도 자기충족적 성질을 갖고 있는데, 부정적인 기대가 실현되는 현상을 Golem 효과(or stigma effect)라고 한다(Babad, Inbar, & Rosenthal, 1982). Golem 효과는 학생이 교사의 부정적 기대에 부응하여 노력하지 않은 데서 기인하는 것으로 추정된다.

교사기대의 긍정적 효과를 극대화하고 부정적 효과를 회피하는 방안은 다음과 같다(Stipek, 2002).

• 긍정적인 기대를 전달한다. 성취할 수 있다고 말하고, 도전적 과제를 제시하며, 어

러움이 있어도 지속하도록 격려하는 것은 긍정적 기대를 전달하는 방식이다. 당연히 부정적인 기대를 하지 않아야 한다.

- 높은 성취표준을 설정한다. 성취표준이 낮으면 기대수준이 낮음을 암시한다.
- 타당한 정보에 근거하여 합리적이고 현실적인 기대를 한다.
- 학생의 성적, 성별, 배경 등에 따라 차별적인 기대를 하지 않는다.
- 학생에 관한 자신의 기대와 판단이 그릇되지 않았는지 성찰하고, 학생들을 차별하는 경우가 있는지 수시로 점검한다.
- 단 한 명의 학생도 포기하지 않는다. 특정 학생이 절대로 성취할 수 없다고 단정하지 말아야 한다.

5) 인정 및 칭찬

모든 사람은 다른 사람들의 인정을 받고 싶어 한다. 당연히 학생들도 교사, 부모, 친구들의 인정을 받고 싶어 한다. 따라서 학습동기를 유발하려면 인정 요구를 충족시켜야 한다.

보편적인 강화물인 **칭찬**(praise)은 상대방(학생)을 인정한다는 긍정적 피드백이다(Brophy, 2004). 칭찬은 애정과 가치 있고 유능하다는 정보를 전달한다. 따라서 칭찬은 행동의 정확성이나 적절성에 대한 단순한 피드백과 다르다. "정답이야, 잘했어."라는 표현에서 '정답이야.'는 단순한 피드백이고, '잘했어.'는 칭찬이다. 결국, 칭찬은 인정 요구를 충족시키고 긍정적 자기개념을 형성시켜 학습동기를 높여 '고래도 춤추게 한다.'

그런데 모든 칭찬이 효과가 있는 것은 아니다. 칭찬이 효과를 거두려면 다음 사항을 고려해야 한다.

- 모든 학생에게 칭찬받을 기회를 준다. 상대적으로 비교하여 칭찬하면 일부 학생만 칭찬받는다는 문제가 있다. 이러한 문제를 개선하려면 가장 많이 진보한 학생, 개인적으로 최고의 성취를 한 학생, 어려운 과제에 도전하는 학생, 꾸준히 노력하는 학생, 창의성을 발휘하는 학생 등을 칭찬하면 된다.
- 개선, 숙달, 노력을 기준으로 칭찬한다. 가령, 다른 학생과 비교하여 칭찬하지 말고

성취를 과거 성취와 비교하여 칭찬한다.

- 진보 여부, 유능성, 성취의 가치에 관해 구체적인 정보를 제공한다.
- 바람직한 행동이나 결과만 칭찬한다. 바람직하지 않은 행동이나 결과를 칭찬하면 역효과가 난다.
- 상당한 노력으로 달성할 수 있는 결과만 칭찬한다. 별로 노력하지 않고 달성할 수 있는 결과를 칭찬하면 능력이 낮거나 노력이 가치 없다는 메시지를 주므로 학습동기를 떨어뜨린다.
- 원칙을 갖고 일관성 있게 칭찬한다. 무분별한 칭찬은 역효과가 있다.
- 칭찬할 때 말과 행동(표정)이 일치해야 한다. 칭찬하면서도 실망스러운 표정을 지으면 칭찬이 역효과를 나타낼 수 있다.
- 구체적인 행동과 결과를 칭찬한다. 따라서 막연한 행동과 결과를 칭찬하거나 단순히 참여했다고 칭찬하지 말아야 한다.
- 자연스럽게 칭찬하고 과장하지 말아야 한다.
- 칭찬할 때 인정한다는 것을 비언어적 행동(표정, 몸짓 등)으로 표현하면 좋다.
- 학습에 주의를 집중하고 학습을 중시하도록 칭찬한다.
- 성공을 능력이 아니라 노력으로 귀인하도록 칭찬한다.
- 학습의 원인으로 교사의 인정, 경쟁, 보상과 같은 외적 원인으로 귀인하지 말고 내재적 흥미로 귀인하도록 칭찬한다.
- 결과가 아니라 과정을 칭찬한다.
- 칭찬이 역효과를 나타내지 않도록 유의해야 한다.

한편, 칭찬은 ① 보편적인 효과가 없고, ② 권위적 인물에 대한 의존성을 심화시키며 (칭찬은 권위적 인물이 평가하고 있다는 메시지를 전달한다), ③ 내재적 동기를 감소시키고 (내재적 동기가 높을 때 칭찬하면 내재적 동기가 감소할 수 있다), ④ 역효과를 나타낼 수 있다 (예: 여러 학생의 성취가 비슷할 때 특정 학생만 칭찬하면 칭찬받은 학생은 자신의 능력이 낮다고 생각할 수 있다.)는 부정적인 측면도 갖고 있다.

4. 학습동기 유발모형

TARGETS는 학습동기에 영향을 주는 7가지 요소로 구성된 모형이다(Anderman &
Anderman, 2009). 이 모형은 원래 6가지 요소로 구성된 TARGET(Epstein, 1989)에 사회적
지지를 추가한 모형이다. TARGETS의 요소는 다음과 같다(〈표 13-1〉 참조).

① 과제(task)
② 자율성(autonomy)
③ 인정(recognition)
④ 집단편성(grouping)
⑤ 평가(evaluation)
⑥ 시간계획(time)
⑦ 사회적 지지(social support)

〈표 13-1〉 TARGETS의 요소, 목표, 전략

요소	목표	전략
과제 (task)	과제의 내재적 가치를 높인다. 학습을 유의미화한다.	• 과제를 학생의 배경, 경험과 관련짓는다. • 흥미 있는 과제를 제시한다. • 과제를 학생의 삶 및 목표와 관련짓는다. • 도전감 있는 과제를 제시한다. • 실제적 과제를 제시한다.
자율성 (autonomy)	학생이 선택하고 책임지도록 자율성을 부여한다.	• 과제의 대안을 제시한다. • 무엇을 어떻게 학습할 것인지 선택하도록 한다. • 자기조절전략을 가르친다. • 학급활동과 규칙에 학생 의견을 반영한다.

인정
(recognition)
	모든 학생에게 인정받을 기
	회를 준다.
	목표를 향한 진전도, 도전 및
	창의를 인정한다.
		• 과거보다 개선된 정도를 인정한다.
		• 학업성취는 물론 개인적 성취와 사회적 성취를
		  인정한다.
		• 목표를 향한 진보를 인정한다.
		• 구체적 강화물은 내재적 동기가 없을 때 사용한다.
		• 노력과 전략이 성공에 어떻게 영향을 주는지 학생
		  들에게 보여 준다.

집단편성 (grouping)	모든 학생을 수용하는 환경 을 조성한다. 사회적 상호작용을 촉진하고, 사회적 기술을 개발한다.	• 상호작용 기회(예: 협동학습, 또래학습)를 자주 준다. • 소집단활동을 통해 모든 학생이 기여를 하게 한다. • 상호작용하는 데 필요한 사회적 기술을 가르친다.
평가 (evaluation)	과정을 평가한다. 목표 및 표준을 구체적으로 정의한다.	• 경쟁 및 상대평가를 최소화한다. • 학습진전도를 평가한다. • 평가에 학생을 참여시킨다. • 평가기준을 명료화하고 공지한다. • 구체적 피드백을 제공한다. • 개선/진보할 수 있는 방안을 제시한다.
시간계획 (time)	학습에 장기간 참여할 기회 를 준다. 과제 및 학생 요구를 고려하 여 일정을 편성한다.	• 학생들이 자신의 속도로 학습하도록 한다. • 융통성 있는 일정을 계획한다. • 중요한 주제/기능을 숙달하도록 충분한 시간을 준다.
사회적 지지 (social support)	학생들을 배려, 존중, 지지 한다.	• 배려, 존중, 지지하는 분위기를 형성한다. • 모든 학생에게 애정과 존중을 전달한다. • 모든 학생이 편안하게 학급활동에 능동적으로 참여할 수 있는 환경을 조성한다.

한편, MUSIC은 학습동기에 영향을 주는 5가지 요소로 구성된 모형이다(Jones, 2009). MUSIC의 다섯 가지 요소는 다음과 같다(〈표 13-2〉 참조).

① 권한부여(empowerment)

② 유용성(usefulness)

③ 성공(success)

④ 흥미(interest)

⑤ 배려(caring)

MUSIC의 몇몇 요소는 TARGETS의 요소와 중첩된다. 즉, 권한부여는 자율성에 대응되고, 유용성 및 흥미는 과제에 대응되며, 배려는 사회적 지지에 대응된다.

〈표 13-2〉 MUSIC의 요소, 원리, 전략

요소	원리	전략
권한부여 (empowerment)	학생들은 학습에 관한 결정권한이 있다고 지각해야 한다.	• 과제나 활동을 선택하도록 한다. • 학습 중 해결하고 싶은 질문을 하도록 한다. • 학생들이 의견을 표현할 수 있는 장치(예: 블로그)를 마련한다. • 과제제출 일시와 평가기준에 학생 의견을 반영한다.
유용성 (usefulness)	학생들은 학습이 개인적으로 유용하다고 지각해야 한다.	• 교과목을 학생들의 가치 및 목표와 관련짓는다. • 교과목과 직업의 관련성을 설명한다. • 학습내용을 실생활에 적용하도록 한다.
성공 (success)	학생들은 노력하면 성공할 수 있다는 신념을 가져야 한다.	• 합리적인 성취기대를 전달한다. • 새로운 기능을 숙달하는 기회를 제공한다. • 진보하고 성공할 수 있는 구체적 방안을 제공한다. • 나이 및 능력에 맞추어 지도, 격려한다. • 큰 과제는 쉽게 성취할 수 있는 작은 과제로 나눈다.
흥미 (interest)	학생들은 수업에 흥미를 갖고 있어야 한다.	• 수업에서 상황적 흥미를 유발한다. • 흥미와 열정을 갖고 수업한다. • 수업을 개인적 흥미에 관련짓는다. • 수업방법과 활동을 다양화한다.
배려 (caring)	학생들은 교사와 친구들이 학습 및 일반적 안녕감을 위해 배려하고 있다고 믿어야 한다.	• 친구들을 존중하도록 한다. • 학생들의 관심사를 파악하고, 필요시 도와준다. • 협동학습을 하면서 서로 도움을 주고받도록 한다. • 학급 밖에서 당면하는 특별한 상황에 관심을 가진다.

요약

1. 학생들의 학업격차는 상당 부분 학습동기 차이에서 비롯되므로 학업격차를 줄이려면 학습동기가 낮은 학생들의 학습동기를 높여야 한다.

2. 학습동기를 유발하려면 학급이 ① 긍정적인 학급풍토를 조성하고, ② 자율성을 부여하며, ③ 긍정적 관계를 형성하고, ④ 학습동기를 높일 수 있는 방식으로 평가해야 한다.

3. 과제가 학습동기를 유발하려면 ① 학생들이 가치 있다고 지각하고, ② 흥미에 부합되며, ③ 수준이 적절하고, ④ 명료하고 실제성이 높아야 한다.

4. 교사가 학습동기를 유발하려면 ① 가르치는 내용에 대한 전문성을 바탕으로 명료하게 가르치고, ② 열정이 높으며, ③ 교사자기효능이 높고, ④ 학생에 대해 긍정적 기대를 하며, ⑤ 칭찬을 적절하게 활용하여 인정 요구를 충족시켜야 한다.

5. TARGETS와 MUSIC은 학습동기를 유발하기 위해 개발된 모형이다. TARGETS는 학습동기에 영향을 주는 7개 요소, 즉 ① 과제(task), ② 자율성(autonomy), ③ 인정(recognition), ④ 집단편성(grouping), ⑤ 평가(evaluation), ⑥ 시간계획(time), ⑦ 사회적 지지(social support)로 구성되어 있다. MUSIC은 학습동기에 영향을 주는 5가지 요소, 즉 ① 권한부여(empowerment), ② 유용성(usefulness), ③ 성공(success), ④ 흥미(interest), ⑤ 배려(caring)로 구성되어 있다.

참고문헌

권대훈(2016). 교육심리학의 이론과 실제(3판). 서울: 학지사.

권대훈(2017). 심리학의 이해. 서울: 신정.

Abramson, L., Seligman, M., & Teasdale, T. (1978). Learned helplessness in humans: Critique and reformulation. *Journal of Abnormal Psychology, 87*, 49-74.

Anderman, L. H., & Anderman, E. M. (2009). Oriented towards mastery: Promoting positive motivational goals for students. In R. Gilman, E. S. Huebner, & M. J. Furlong (Eds.), *Handbook of positive psychology in schools* (pp. 161-173). New York, NY: Routledge.

Anderman, E. M., & Anderman, L. H. (2010). *Classroom motivation*. Upper-Saddle River, NJ: Pearson Education.

Anderson, J. R. (1983). *The architecture of cognition*. Cambridge, MA: Harvard University Press.

Ashton, P. T., & Webb, R. B. (1986). *Making a difference: Teachers' sense of efficacy and student achievement*. New York: Longman.

Atkinson, J, W. (1964). *Introduction to motivation*. Princeton, NJ: Van Nostrand.

Atkinson, R. C., & Shiffrin, R. M. (1968). Human memory: A proposed system and its' control process. In K. W. Spence & J. T. Spence (Eds.), *The Psychology of learning and motivation: Advances in research and theory*, 2 (pp. 89-195). New York: Academic Press.

Ausubel, D. P. (1963). *The psychology of meaningful verbal learning*. New York: Grune & Stratton.

Ausubel, D. P. (1968). *Educational psychology: A cognitive view*. New York: Holt, Rinehart & Winston.

Babad, E. Y., Inbar, J., & Rosenthal, R. (1982). Pygmalion, Galatea, and the Golem: Investigations of biased and unbiased teachers. *Journal of Educational Psychology, 74*, 459-474.

Baker, L. (1989). Children's effective use of multiple standards for evaluating their comprehension. *Journal of Educational Psychology, 76*, 588-597.

Bandura, A. (1977). *Social learning theory.* Morristown, NJ: General Learning Press.

Bandura, A. (1982). Self-efficay mechanism in human agency. *American Psychologist, 37*, 122-147.

Bandura, A. (1986). *Social foundations of thought and action: A social cognitive theory.* Englewood Cliffs, NJ: Prentice-Hall.

Bandura, A., Ross, D., & Ross, S. A. (1961). Transmission of aggression through imitation of aggressive models. *Journal of Abnormal and Social Psychology, 63*, 575-582.

Bartlett, F. C. (1932). *Remembering: An experimental and social study.* Cambridge: Cambridge University Press.

Berk, L. E., & Garvin, R. A. (1984). Development of private speech among low-income Appalachian children. *Developmental Psychology, 20*, 271-286.

Bjorklund, D. F. (2000). *Children's thinking: Developmental function and individual differences* (3rd ed.). Belmont, CA: Wadsworth Publishing Co.

Bower, G. H. (1981). Mood and memory. *American Psychologist, 36*, 129-148.

Brewer, W. F., & Treyens, J. C. (1981). Role of schemata in memory for places. *Cognitive Psychology, 13*, 207-230.

Brophy, J. (2004). *Motivating students to learn* (2nd ed.). New Jersey: Lawrence Erlbaum.

Bruer, J. T. (1997). Education and the brain: A bridge too far. *Educational Researcher, 26*(8), 4-16.

Bruner, J. (1960). *The process of education.* Cambridge, MA: Harvard University Press.

Bruner J. (1961). The act of discovery. *Harvard Educational Review, 31*, 21-32.

Bruner, J. (1985). Models of the learner. *Educational Researcher, 14*, 5-8.

Cameron, J. (2001). Negative effects off reward on intrinsic motivation-A limited phenomenon: Comment on Deci, Koestner, and Ryan (2001). *Review of Educational Research, 71*, 29-42.

Cameron, J., & Pierce, W. D. (1994). Reinforcement, reward and intrinsic motivation: A meta-analysis. *Review of Educational Research, 64*, 363-423.

Cherry E. C. (1953). Some experiments on the recognition of speech, with one and with two ears. *Journal of the Acoustical Society of America, 25,* 975-979.

Clark, R., Nguyen, F., & Sweller, J. (2006). Efficiency in learning: Evidence-based guidelines to manage cognitive load. San Francisco, CA: Pfeiffer.

Clark, J. M., & Paivio, A. (1991). Dual coding theory and education. *Educational Psychology Review, 3*(3), 149-170.

Cognition and Technology Group at Vanderbilt (1993). Anchored instruction and situated cognition revisited. *Educational Technology, 33*(3), 52-70.

Collins, A., Brown, J. S., & Newman, S. E. (1989). Cognitive apprenticeship: Teaching the crafts of reading, writing, and mathematics. In L. B. Resnick (Ed.), *Knowing, learning, and instruction: Essays in honor of Robert Glaser* (pp. 453-494). Hillsdale, NJ: Lawrence Erlbaum Assoiciation Publishers.

Covington, M. (1984). The motive for self-worth. In R. Ames & C. Ames (Eds.), *Research on motivation in education*, 1 (pp. 77-113). New York: Academic Press.

Covington, M. (1992). *Making the grade: A self-worth perspective on motivation and school reform.* Cambridge, UK: Cambridge University Press.

Craik, F. I. M. (1979). Levels of processing: Overview and closing comments. In L. S. Cermak & F. I. M. Craik (Eds.), *Levels of processing in human memory* (pp. 447-461). Hillsdale, NJ: Lawrence Erlbaum Associations Publishers.

Craik, F. M., & Lockhart, R. S. (1972). Levels of processing: A framework for memory research. *Journal of Verbal Learning and Verbal Behavior, 11,* 671-684.

Craik, F. I. M., & Tulving, E. (1975). Depth of processing and the retention of words in episodic memory. *Journal of Experimental Psychology: General, 104,* 268-294.

Dansereau, D. F., Collins, K. W., McDonald, B. A., Holley, C. D., Garland, J., Diekhoff, G., & Evans, S. H. (1979). Development and evaluation of a learning strategy training program. *Journal of Educational Psychology, 71,* 64-73.

DeCharms, R. (1968). *Personal caution: The internal affective determinants of behavior.* New York: Academic Press.

DeCharms, R. (1972). Personal causation training in the schools. *Journal of Applied Social Psychology, 3,* 95-113.

Deci, E. L. (1972). Intrinsic motivation, extrinsic reinforcement, and inequity. *Journal of Personality and Social Psychology, 18,* 105-115.

Deci, E. L. (1975). *Intrinsic motivation.* New York: Plenum Press.

Deci, E. L. (1980). *The psychology of self-determination.* Lexington, MA: DC Health.

Deci, E. L., & Ryan, R. M. (1985). *Intrinsic motivation and self-determination in human behavior.* New York: Plenum.

Derry, S. J. (1996). Cognitive schema theory in the constructivist debate. *Educational Psychologist, 31,* 163-174.

Dochy, F. J. R. C. (1996). Prior knowledge and learning. In E. D. Corte & F. E. Weinert (Eds.), *International encyclopedia of developmental and instructional psychology* (pp. 459-464). New York: Elsevier Science Ltd.

Driscoll, M. P. (2000). *Psychology of learning for instruction* (2nd ed.). Boston: Allyn & Bacon.

Dunne, E., & Bennett, N. (1990). *Talking and learning in groups.* New York: Macmillan.

Dweck, C. S. (1986). Motivational processes affecting learning. *American Psychologist, 41,* 1040-1048.

Dweck, C. S. (2000). *Self-theories: Their role in motivation, personality, and development.* Philadelphia, PA: Psychology Press.

Dweck, C. S., & Leggett, E. L. (1988). A social-cognitive approach to motivation and personality. *Psychological Review, 95,* 256-273.

Eggen, P. D., & Kauchak, D. (2004). *Educational Psychology: Windows on classroom* (6th ed.). Upper Saddle River, NJ: Pearson Education.

Eich, J. E. (1980). Cue-dependent nature of state-dependent retrieval. *Memory & Cognition, 8,* 157-158.

Ellis, A. K., Bond, J. B., & Denton, D. W. (2012). An analytical literature review of the effect of metacognitive teaching strategies in primary and secondary student populations. *Asia Pacific Journal of Educational Development, 1*(1), 9-23.

Elliot, A. J., & McGregor, H. (2002). 2×2 achievement goal framework. *Journal of Personality and Social Psychology, 80,* 510-519.

Epstein, J. (1989). Family structure and student motivation: A developmental perspective. In C. Ames & R. Ames (Eds.). *Research on motivation in education* (vol. 3, pp. 259-295). San Diego, CA: Academic Press.

Festinger, L. (1957). *A theory of cognitive dissonance.* Evanston, IL: Row Paterson & Co.

Fischer, K. W., & Daley, S. G. (2007). Connecting cognitive science and neuroscience to education: Potentials and pitfalls in inferring executive processes. In L. Meltzer (Ed.), *Executive function in education: From theory to practice* (pp. 55-72). New York: Guilford Press.

Flavell, J. (1976). Metacognitive aspects of problem-solving. In L. Resnick (Ed.), *The nature of intelligence.* Hillsdale, NJ: Erlbaum Associations Publishers.

Flavell, J. (1979). Metacognition and cognitive monitoring: A new area of cognitive developmental inquiry. *American Psychologist, 34,* 906-911.

Gagné, R. M. (1985). *The conditions of learning and theory of instruction.* New York: Holt, Rinehart & Winston.

Gagné, R. M., & Briggs, L. J. (1979). *Principles of instructional design* (2nd ed.). New York: Holt, Rinehart and Winston.

Gagné, R. M., & Driscoll, M. P. (1988). *Essentials of learning for instruction* (2nd ed.). Englewood Cliffs, NJ: Prentce-Hall.

Gathercole, S. E., Pockering, S. J., Ambridge, B., & Wearing, H. (2004). The structure of working memory from 4 to 15 years of age. *Developmental Psychology, 40,* 177-190.

Gay, L. R., & Airasian, P. (2000). *Educational research: Competencies for analysis and application.* Englewood Cliffs, NJ: Prentice-Hall.

Godden, D., & Baddley, A. D. (1975). Cue-dependent memory in two natural environment: On land and under water. *British Journal of Psychology, 66,* 325-331.

Gray, J. A. (1970). The psychophysiological base of introversion-extroversion. *Behaviour Research and Therapy, 8,* 249-266.

Gredler, M. E. (2005). *Learning and instruction: Theory into practice* (5th ed.). Upper Saddle River, NJ: Merrill Prentice-Hall.

Greenough, W. T., Black, J. E., & Wallace, C. S. (1987). Experience and brain development. *Child Development, 58,* 539-559.

Griffin, M. M. (1995). You can't get there from here: Situated learning transfer, and map skills. *Contemporary Educational Psychology, 20,* 65-87.

Gruber, H. E., & Voneche, J. J. (Eds.). (1977). *The essential Piaget.* New York: Basic Books.

Guthrie, E. R. (1935). *The psychology of learning.* New York: Harper.

Guthrie, E. R. (1942). Conditioning: A theory of learning in terms of stimulus, response, and association. In N. B. Henry (Ed.), *National Society for the Study of Education Yearbook,* Part II (pp. 17-60). Chicago, IL: University of Chicago Press.

Hansen, D. (1989). Lesson evading and lesson dissembling: Ego strategies in the classroom. *American Journal of Education, 97,* 184-208.

Hebb, D. O. (1964). *The organization of behavior: A neuropsychological theory* (7th ed.). New York: John Wiley.

Hmelo-Silver, C. E. (2004). Problem-based learning: What and how do students learn? *Educational Psychology Review, 16*(3), 235-266.

Henson, K. T., & Eller, B. F. (1999). *Educational Psychology for effective teaching.* Belmont, CA: Wadsworth Publishing Co.

Hergenhahn, B. R., & Olson, M. H. (1997). *An introduction to theories of learning* (5th ed.). Englewood Cliffs, NJ: Prentice-Hall.

Hohn, R. L. (1995). *Classroom learning and teaching.* New York: Longman Group Ltd.

Jacobs, J. E., & Paris, S. G. (1987). Children's metacognition about reading: Issues in definition, measurement, and instruction. *Educational Psychologist, 22,* 255-278.

James, W. (1890). *Principles of psychology.* New York: Holt.

Jones, B. D. (2009). Motivating students to engage in learning: The MUSIC model of academic motivation. *International Journal of Teaching and Learning in Higher Education, 21,* 272-285.

Jones, B. D. (2018). *Motivating students by design: Practical strategies for professors* (2nd ed.). http://hdl.handle.net/10919/107128.

Katona, G. (1940). *Organizing and memorizing.* New York: Columbia University Press.

Keller, F. S. (1977). *Summers and sabbaticals: Selected papers on psychology and education.* Champaign, IL: Research Press.

Kemp, J. E., Morrison, G. R., & & Ross, S. M. (1998). *Designing effective instruction* (2nd ed.). Upper Saddle River, NJ: Merrill Prentice-Hall.

Lave, J., & Wenger, E. (1991). *Situated learning: Legitimate peripheral participation.* New York: Cambridge University Press.

Lefcourt, H. M. (1982). *Locus of control: Current trends in theory and research* (2nd ed.). Hillsdale, NJ: Lawrence Erlbaum Assiciation Publishers.

Lefrançois, G. R. *(2006). Theories of human learning: What the old woman said* (5th ed.). Belmont, CA: Thomson Wardsworth.

Lepper, M. (1981), Intrinsic and extrinsic motivation in children: Detrimental effects of superfluous social controls. In Collins (Ed.), *Aspects od development of competence: The Minnesota Symposium on Child Psychology* (Vol. 14, pp. 155-214). Hillsdale, NJ: Erlbaum.

Marshall, H. H. (1992). Reconceptualizing learning for restructured schools. Paper presented at the Annual Meeting of the American Educational Research Association, April 1992

Martinez, M. E. (2010). *Learning and cognition: The design of the mind.* New Jersey: Merrill.

Maslow, A. H. (1970). *Motivation and personality* (2nd ed.). New York: Harper & Row.

Mayer, R. E. (1996). Learners as information processors: Legacies and limitations of educational psychology's second metaphor. *Educational Psychologist, 31*, 151-161.

Meichenbaum, D. (1977). *Cognitive behavior modification: An integrative approach.* New York: Plenum Press.

Miller, G. A. (1956). The magical number of seven, plus or minus two: Some limits on our capacity for processing information. *Psychological Review, 63*, 81-97.

Moore, K. D. (2009). *Effective instructional strategies* (2nd ed.). Los Angeles: Sage.

Nicholls, J. C. (1979). Quality and equality in intellectual development: The role of motivation in education. *American Psychologist, 34*, 1071-1084.

Ormrod, J. E. (2003). *Educational psychology: Developing learners* (4th ed). Upper Saddle River, NJ: Merill Prentice-Hall.

Ormrod, J. E. (2004). *Human learning* (4th ed.). Upper Saddle River, NJ: Pearson Education.

Ormrod, J. E. (2020). *Human learning* (8th ed.). NJ: Pearson Education.

Paivio, A. (1971). *Imagery and verbal processes.* New York: Holt, Rinehart & Winston.

Palincsar, A. S., & Brown, A. (1984). Reciprocal teaching of comprehension-fostering and comprehension-monitoring activities. *Cognition and Instruction, 1*, 117-175.

Paris, S. G., & Lindauer, B. K. (1982). The development of cognitive skills in childhood. In B. Wolman (Ed.), *Handbook of Developmental Psychology* (pp. 333-349). Englewood Cliffs, NJ: Prentice-Hall.

Paris, S. G., Lipson. M. Y., & Wixson, K. K. (1983). Becoming A strategic reader. *Contemporary Educational Psychology, 8*, 293-316.

Pervin, L. A. (2003). *The science of personality* (2nd ed.). New York: Oxford University Press.

Phyne, C. D. (Ed.). (1997). *Handbook of academic learning: Construction of knowledge.* New York: Academic Press.

Piaget, J. (1960). *Psychology of intelligence.* Paterson, NJ: Littlefield, Adams & Co.

Piaget, J. (1977). Problems of equilibration. In M. H. Appel & L. S Goldberg (Eds.), *Topics in cognitive development, 1. Equilibration: Theory, research, and application.* New York: Plenum Press.

Piaget, J. (1983). Piaget's theory. In P. H. Mussen (Ed.), *Handbook of child psychology, 1.* New York: John Wiley & Sons.

Pintrich, P. R. (2002). The role of metacognitive knowledge in learning, teaching, and assessing. *Theory into Practice, 41*, 220-225.

Pintrich, P. R., & Schunk, D. H. (2002). *Motivation in education: Theory, research, and applications* (2nd ed.). Upper Saddle River, NJ: Pearson Education.

Reeve, J. (2018). *Understanding motivation and emotion* (7th ed.). New York: John Wiley & Sons.

Rieber, R. W., & Robinson, D. K. (2004). *The essential Vygotsky*. New York: Kluwe Academic/Plenum Publishers.

Robinson, F. P. (1946). *Effective study*. New York: Harper & Brothers.

Rogers, C. R. (1959). A theory of therapy, personality and interpersonal relationships as developed in the client-centered framework. In S. Koch (Ed.), *Psychology: A study of a science, vol. III. Formulations of the person and the social Context* (pp. 184-256). New York: McGraw-Hill.

Rogers, C. R. (1963). The concept of fully functioning person. *Psychotherapy: Theory, Research, and Practice, 1*, 17-26.

Rogers, C. R., & Freiberg, H. J. (1994). *Freedom to learn* (3rd ed.). Columbus, OH: Charles E. Merrill Publishing Co.

Rogoff, B. (2003). *The cultural nature of human development*. Oxford, England: Oxford University Press.

Rosenthal, R. (1974). *On the social psychology of the self-fulfilling prophecy: Further evidence for Pygmalion effects and their mediating mechanisms*. New York: MSS Modular.

Rosenthal, R., & Jacobson, L. (1968). *Pygmalion in the classroom: Teacher expectations and pupils' intellectual development*. New York: Holt, Rinehart and Winston.

Rotter, J. (1966). Generalized expectancies for internal versus external control of reinforcement. *Psychological Monographs, 80*, 1-28.

Rumelhart, D. E., & Norman, D. A. (1978). Accretion, tuning, ad restructuring: Three modes of learning. In J. W. Cotton & R. L. Klatzky (Eds.). *Semantic factors in cognition* (pp. 37-53). Hillsdale, NJ: Erlbaum.

Ryan, R. M., & Deci, E. L. (2000). Self-determination theory and the facilitation of intrinsic motivation, social development and well-being. *American Psychologist, 55*, 68-78.

Schab, F. R. (1990). Odors and remembrance of things past. *Journal of Experimental Psychology: Learning, Memory and Cognition, 16*, 648-655.

Schacter, D. L. (2001). *Seven sins of memory: How the mind forgets and remember*. New York: Houghton Mifflin.

Schnotz, W., & Kurschner, C. (2007). A reconsideration of cognitive load theory. *Educational*

Psychological Review, 19, 469–508.

Schuh, K. L., & Barab, S. A. (2008). Philosophical perspectives. In J. M. Spector, M. D. Merrill, J. van Merrienboer, & M. P. Driscoll (Eds.), *Handbook of research on educational communication and technology* (3rd ed., pp. 67–84). New York: Routledge.

Schunk, D. H. (1991). Self-efficacy and academic motivation. *Educational Psychologist, 26,* 207–232.

Schunk, D. H. (2000). *Learning theories: An educational perspective* (3rd ed.). Englewood Cliffs, NJ: Prentice-Hall.

Schunk, D. H. (2012). *Learning theories: An educational perspective* (6th ed.). Boston, MA: Peason Education.

Schunk, D. H., & Meece, J. (Eds.). (1992). *Student perceptions in the classroom.* Hillsdale, NJ: Lawrence Erlbaum Association Publishers.

Schunk, D. H., Pintrich, P. R., & Meece, J. (2008). *Motivation in the classroom: Theory, research, and applications* (3rd ed.). Upper Saddle, New Jersey: Pearson.

Schwartz, B. (2000). Self-determination: The tyranny of freedom. *American Psychologist, 55,* 79–88.

Seligman, M. E. P. (1975). *Helplessness: On depression, development, and death.* San Francisco: W. H. Freeman.

Seligman, M. E. P., & Maier, S. F. (1967). Failure to escape traumatic shock. *Journal of Experimental Psychology, 94,* 1–9.

Siegler, R. S. (1986). *Children's thinking.* Englewood-Cliffs, NJ: Prentice-Hall.

Simons, D. J., & Chabris, C. F. (1999). Gorillas in our midst: Sustained inattentional blindness for dynamic events. *Perception, 28,* 1059–1074.

Simons, P. R-J. (1996). Meta-cognition. In E. D. Corte & F. E. Weinert (Eds.), *International encyclopedia of developmental and instructional psychology* (pp. 436–441). New York: Elsevier Science Ltd.

Simpson, T. L. (2002). Do I oppose to constructivist theory. *Educational Psychologist, 21,* 209–233.

Skaalvik, E. M. (1997). Self-enhancing and self-defeating ego orientation: Relation with task and avoidance orientation, achievement, self-perceptions, and anxiety. *Journal of Education Psychology, 89,* 71–81.

Skinner, B. F. (1948). *Walden Two.* New York: Macmillan Publishing Co.

Skinner, B. F. (1950). Are theories of learning necessary? *Psychological Review, 57*(4), 193–

216.

Skinner, B. F. (1954). The science of learning and the art of teaching. *Harvard Educational Review, 24*, 86-97.

Skinner, B. F. (1968). *The technology of teaching*. New York: Appleton-Century-Crofts.

Skinner, B. F. (1972). *Beyond freedom and dignity*. New York: Vintage Books.

Skinner, B. F. (1990). Can Psychology be a science of mind? *American Psychologist, 45*, 1206-1210.

Slavin, R. E. (1995). *Cooperative learning: Theory, research and practice* (2nd ed.) Boston: Allyn & Bacon.

Smith, S. M. (1979). Remembering in and out of context. *Journal of Experimental Psychology: Human Learning and Memory, 5*, 460-471.

Snowman, J. (1986). Learning tactics and strategies. In G. D. Phye & T. Andre (Eds.), *Cognitive classroom learning: Understanding, thinking, and problem-solving* (pp. 243-275). Orland: Academic Press.

Snowman, J., & Biehler, R. (2000). *Psychology applied to teaching* (9th ed.). New York: Houghton Mifflin.

Snowman, J., McCown, R., & Biehler, R. (2009). *Psychology applied to teaching* (12th ed.). New York: Houghton Mifflin.

Sternberg, T., & Sternberg, K. (2017). *Cognitive Psychology* (7th ed.). Boston, MA: Cengage Learning.

Stipek, D. J. (1996). Motivation and instruction. In D. C. Berliner & R. C. Calfee (Eds.), *Handbook of educational psychology* (pp. 85-116). New York: Simon & Schuster Macmillan.

Stipek, D. (2002). *Motivation to learn: Integrating theory and practice* (4th ed.). Boston, Massachusetts: Pearson.

Sweller, J. (1988). Cognitive load during problem solving: Effects on learning. *Cognitive Science, 12*(2), 257-285.

Sweller, J., Ayres, P., & Kalyuga, S. (2011). *Cognitive load theory*. New York: Springer.

Tanner, K. D. (2012). Promoting student metacognition. *CBE-Life Sciences Education, 11*, 113-120.

Tappan, M. B. (1998). Sociocultural psychology and caring pedagogy: Exploring Vygotsky's "hidden curiculum." *Educational Psychologist, 33*(1), 23-33.

Thomas, R. M. (2005). *Comparing theories of child development* (6th ed.). Belmont, CA:

Wadsworth Publishing Co.

Thomson, D. M., & Tulving, E. (1970). Associative encoding and retrieval: Weak and strong cues. *Journal of Experimental Psychology, 86*, 255-262.

Thorndike, E. L. (1931). *Human learning.* New York: Century.

Thorndike, E. L., & Woodworth, R. S. (1901). The influence of improvement in one mental function upon the efficiency of other functions: II. The estimation of magnitudes. *Psychological Review, 8*, 384-395.

Tulving, E. (1974). Cue-dependent forgetting. *American Scientist, 62*, 74-82.

Tulving, E., & Thomson, D. M. (1973). Encoding specificity and retrieval processes in episodic memory. *Psychological Review, 80*, 352-373.

Urdan, T. C., & Maehr, M. L. (1995). Beyond a two-goal theory of motivation and achievement: A case for social goals. *Review of Educational Research, 65*, 213-243.

Vygotsky, L. S. (1962). *Thought and language.* Cambridge, MA: MIT Press.

Vygotsky, L. S. (1978). *Mind in society.* Cambridge, MA: Harvard University Press.

Weiner, B. (1985). Spontaneous' causal thinking. *Psychological Bulletin, 97*, 74-84.

Weiner, B. (1986). *An attributional theory of motivation and emotion.* New York: Springer-Verlaga.

Weiner, B. (1992). *Human motivation: Metaphors, theories and research.* Newbury Park, CA: Sage.

Weinstein, C. F., & Mayer, R. F. (1986). The teaching of learning strategies. In M. C. Wittrock (Ed.), *Handbook of research on teaching.* New York: Macmillan & Co.

West, C. K., Farmer, J. A., & Wolff, P. M. (1991). *Instructional design: Implications from cognitive science.* Englewood Cliffs, NJ: Prentice-Hall.

Wertheimer, M. (1945). *Productive thinking.* New York: Harper & Row.

Wigfield, A., & Eccles, J. S. (2000). Expectancy-value theory of achievement motivation. *Contemporary Educational Psychology, 25*, 68-81.

Windschitl, M. (2002). Framing constructivism in practice as the negotiation of dilemmas: An analysis of the conceptual, pedagogical, cultural, and political challenges facing teachers. *Review of Educational Research, 72*(2), 131-175.

Wlodkowski, R. J. (2008). *Enhancing adult motivation to learn: A comprehensive guide for teaching all adults* (3rd ed.). San Francisco, CA: Jossey-Bass.

Wolpe, J. (1958). *Psychotherapy by reciprocal inhibition.* Stanford, CA: Stanford University Press.

Wood, D. J., Bruner, J. S., & Ross, G. (1976). The role of tutoring in problem solving. *Journal of Child Psychology and Psychiatry, 17*, 89-100.

Woolfolk, A. E. (2007). *Educational psychology* (10th ed.). Boston: Allyn & Bacon.

Zimmerman, B. J., & Kitsantas, A. (1996). Self-regulated learning of a motoric skill: The role of goal setting and self-monitoring. *Journal of Applied Sport Psychology, 8*, 69-84.

● **찾아보기** ● ● ● ● ● ● ● ● ● ● ● ● ●

내용

저자 소개

권대훈(Kwon, Dae Hoon)
경북대학교 사범대학 졸업
경북대학교 대학원 교육학과 교육심리 전공(석사 및 박사)
현 안동대학교 사범대학 교육공학과 교수

〈주요 저서〉
교육심리학의 이론과 실제(3판, 학지사, 2015)
교육평가(3판, 학지사, 2016)
심리학의 이해(신정, 2017)
사회과학 연구를 위한 통계학(2판, 학지사, 2018)
프로그램 평가(신정, 2022) 외

학습 이론과 실제
Learning: Theory and Practice

2024년 2월 25일 1판 1쇄 인쇄
2024년 2월 29일 1판 1쇄 발행

지은이 • 권대훈
펴낸이 • 김진환
펴낸곳 • ㈜**학지사**

04031 서울특별시 마포구 양화로 15길 20 마인드월드빌딩
대표전화 • 02-330-5114   팩스 • 02-324-2345
등록번호 • 제313-2006-000265호

홈페이지 • http://www.hakjisa.co.kr
인스타그램 • https://www.instagram.com/hakjisabook

ISBN 978-89-997-3102-0 93370

정가 24,000원

출판미디어기업 학지사
간호보건의학출판 **학지사메디컬** www.hakjisamd.co.kr
심리검사연구소 **인싸이트** www.inpsyt.co.kr
학술논문서비스 **뉴논문** www.newnonmun.com
교육연수원 **카운피아** www.counpia.com
대학교재전자책플랫폼 **캠퍼스북** www.campusbook.co.kr